이순신의 백의종군, 조선의 운명을 바꾸다.

이 그림은 박기당 화백이 그린 〈이순신 백의종군도〉이다.
이순신 장군의 백의종군의 상황을 알아볼 수 있는 그림이다.

ⓒ 박기당, 해군사관학교

4월 3일 한성을 출발하여 8월 3일 삼도수군통제사로 재임명되는
손경례의 집까지 이동한 이순신의 백의종군로이다.
이 기간동안 이순신은 하늘의 뜻을 알고, 조선의 운명을 바꿀 준비를 한다.

ⓒ 조창배

이순신이 8월 3일 삼도수군통제사 임명 교서를 받은 곳이
경남 진주의 손경례의 집이다.
관직을 박탈당한 백의종군은 이곳에서 끝이 나게 된다.

# 이순신 백의종군
### 하늘의 뜻을 알다 ───

# 이순신 백의종군
### 하늘의 뜻을 알다

글 | 제장명
2011년 4월 28일 1판 1쇄 발행
2011년 12월 24일 1판 2쇄 발행

\* 이 책을 만든 사람들
책임 기획 | [사람과사람] 홍종남

\* 이 책을 함께 만든 사람들
디자인 | 김효정(Book Design Director)
캘리그래피 | 이근산(이산캘리그래피연구소 실장)
그림 | 조창배(일러스트레이터)
교정 | 안종군 님(미래채널 실장)
종이 | 제이피씨 정동수 님
출력 | GAP 유재욱 님
인쇄 | 태성인쇄사 김태철 님

\* 도움을 주신 분들
사진 | 홍순승 님
십경도 | 윤상구 님(문화재청 현충사 관리소 물품담당)

펴낸이 | 김경아
펴낸곳 | 행복한나무
출판등록 | 2007년 3월 7일. 제 2007-5호
주소 | 서울시 마포구 서교동 394-25 동양트레벨 1303호
전화 | 02-322-3856
팩스 | 02-322-3857
홈페이지 | www.ihappytree.com
문의(출판사 e-mail) | book@ihappytree.com
문의(저자 e-mail) | jjmksg@yahoo.co.kr
※ 이 책을 읽다가 궁금한 점이 있을 때는 저자 e-mail을 이용해주세요.

ⓒ 제장명, 2011
ISBN 978-89-93460-16-2 03900
행복한나무 도서번호 031

::이 책은 신저작권법에 의거해 한국 내에서 보호를 받는 저작물이므로 무단 전재 및 복제를 금합니다.

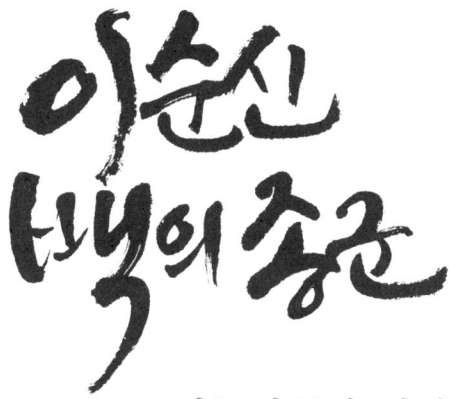

# 이순신 백의종군

## 하늘의 뜻을 알다

글 제장명 | 그림 조창배 | 캘리그래피 이근산

# 프롤로그

　최근 우리 학계에서는 인문학의 대중화 바람이 점점 거세지고 있다. 이러한 상황 변화의 배경에는 그동안 학자의 전유물로만 인식되어 왔던 인문학 관련 연구 성과들이 대중들의 관심에 부응하지 못했으며, 이와 같은 상황에서는 진정한 의미에서의 발전을 기대할 수 없다는 인식이 깔려 있다.
　필자 또한 이러한 변화에 적극 공감하고 있다. 이러한 측면에서 필자는 그동안 학술지에 발표했던 논문들을 대중이 읽기 쉬운 형태로 각색하는 노력을 지속적으로 기울여 왔다. 필자가 이순신의 상像을 그리기 위해 많은 노력을 한 것은 자타가 인정하는 사실이지만 수년이 지난 지금까지도 이순신에 대한 완벽한 상을 만들기에는 역부족이라는 생각에는 변함이 없다. 가장 근본적인 이유는 필자 자신의 능력 부족이겠지만, 이 밖에도 이순신 생애를 포괄하는 사료가 부족하다는 현실과 400여 년 전의 다양한 제도를 이해하는 데는 한계가 있다는 사실 또한 한몫을 한다. 그러나 그렇다고 해서 완벽한 연구가 이루어질 때까지 기다릴 수가 없기에 우선 불완전하나마 연구 성과를 세상에 선보이는 노력을 하고 있다. 이 책 또한 이러한 연장선상에서 이루어진 것이다.
　요즘 들어 이순신에 대한 대중적 시각이 20세기와는 분명히 구분되지는 듯하다. 새천년의 희망을 알리는 21세기가 시작된 지도 벌써 10년이 훌쩍 넘은 시점에서 이러한 인식이 갈수록 두드러지고 있는 것이다. 예를 들어 20세기에는 이순신으로부터 이상적인 교훈을 얻고자 했다면 이제는 현실적인 교훈에 좀 더 주목하고 있는 경향이 강해졌다. 즉, 지난 세기에는 이순신의 인격과 충효사상을 높이 선양했다면 21세기에는 이순신의 리더십과 전술적인 부문에 좀 더 주목하고 있는 것이다. 대중들은 이순신을 탐구하는 데에 있어 그를 절대적인 존대로 신격화하는 것보다는 정확한 역사적 사실 확인을 통해 이순신의 진정한 면모를 찾는 것이 더 의미 있는 일이라 여기고 있다. 진정한 교훈은 정확한 사실을 통해 얻어지는 것이 바람직하기 때문이다.

이 책은 이러한 대중적 요구와 필자 개인의 필요성, 그리고 시대 변화에 따른 대중적 인식을 바탕으로 하여 탄생한 것이다. 이 책에서는 이순신의 일생 중 가장 파란만장했던 정유재란기의 다양한 쟁점들을 소개하고, 이에 대한 필자 나름의 답안을 마련하여 그동안 제기되었던 문제점들을 일부나마 해소하고자 노력하였다.

### 조선 수군 최고의 격변기(1597~1598년)를 재조명하다

주지하는 바와 같이 이순신은 54년의 일생 중 22년을 무관으로서 보냈다. 이 중에서 전라좌수사로서 활동한 기간이 8년에 이르고, 7년은 7년전쟁(임진왜란)이라는 민족 미증유의 전란을 극복하는 데 보냈다. 이순신의 일생에서 가장 어려웠던 시기를 꼽는다면 7년전쟁 중의 정유재란 시기(1597~1598년)였을 것이다. 이 기간 중에는 이순신과 조선 수군에게 과거 어느 때보다 견디기 힘든 시련이 닥쳐왔다. 이순신 개인적으로는 백의종군이라는 삭탈관작을 당했고, 이 와중에 어머니의 죽음을 맞이하였다. 엎친 데 덮친 격으로 조선 수군의 궤멸적 패배도 이어졌다. 이 영향으로 인해 조선 수군이 피땀 흘려 지켜 왔던 전라도가 함락되었다. 통제사에 복직한 이후에도 불과 10여 척의 패잔 전선으로 수백 척의 일본군을 맞아 싸워야하는 절체절명의 위기상황에 직면하게 된다. 그렇지만 이순신은 세계 해전 사상 유례가 없는 명량대첩이라는 큰 승리를 거두게 된다. 그러나 그 이후에도 시련은 계속 되었다. 아끼는 셋째 아들이 전사하는 슬픔을 겪었고, 총체적으로 피폐된 나라 형편 속에서 수군을 재건해야 하는 시대적 과제를 수행해 나가야만 하였다. 이러한 힘겨운 노력의 결과 명량해전 때보다 5배나 많은 규모의 수군 전력을 보강하여 명 수군과 연합작전을 수행해 나갈 수 있었다. 그리고 이순신은 그의 마지막 전투였던 노량해전에서 적을 크게 물리친 후 파란만장한 일생을 마감하게 된다.

필자는 이순신을 연구하면서 정유재란 시기 조선 수군의 활동에 더욱 주목하게 되었다. 왜냐하면 이순신이 주도한 조선 수군의 활동 중 임진왜란 발발 후 5년간은 이순신의 기록들이 풍부하게 남아 있었고, 이로 인해 논란의 여지가 대폭 축소되었지만, 이후 정유재란 시기 2년간은 그 의미에 비해 현전 자료가 절대적으로 부족하고 연구 성과 또한 매우 소략하기 때문이다. 이순신에게 많은 관심을 가지고 있는 많은 독자들이 혼란을 겪고 있는 것은 당시에 관련된 자료의 부족으로 인한 학자들의 시각차 때문이다. 이는 이 시기의 수군 활동에 대한 연구가 제대로 이루어지지 못했기 때문이기도 하고, 이 분야에 대한 연구자들이 많지 않다는 사실을 의미하기도 한다.

### 1597~1598년, 조선 수군의 활동에 주목하다

어쨌든 기존 정유재란 시기 수군활동 관련 논쟁점들과 이 책에서 주목한 내용은 다음과 같이 정리할 수 있다.

첫째, 정유재란이 발발한 초기 조선 수군의 상황과 조정의 수군정책에 대한 연구가 제대로 이루어지지 못한 측면이 있다. 특히 통제사 원균이 이끈 조선 수군의 활동에 관해서는 애써 무시하는 경향을 보여 온 것이 사실이다. 따라서 이 책에서는 정유재란이 발발할 당시 조정의 수군 정책과 수군의 실상, 그리고 통제사가 원균으로 교체된 이후의 수군 활동에 대해 살펴보았다.

둘째, 이순신이 백의종군했을 때의 행적에 관한 검토가 부족한 실정이다. 그러다 보니 백의종군 중의 이순신의 신분을 졸병으로 간주하기도 하고, 이순신의 백의종군에 대해 과도한 의미를 부여하기도 하였다. 이에 대해 필자는 조선시대 백의종군의 개념과 사례에 대해 살펴보고, 이순신의 백의종군은 어떤 의미와 성격을 가지는지를 살펴보았다.

셋째, 칠천량해전에 관한 연구 성과 중에서 그 패배 원인에 대한 보다 명확한 탐구가 이루어져야 한다. 기존 연구에서는 패배의 가장 큰 요인을 원균의 리더십 부족으로 꼽고 있는데, 이는 타당한 판단이라 보기 어렵다. 이에 이 책에서는 칠천량해전의 전반적인 진행 과정에 대한 보다 면밀한 접근을 통해 정확한 패전 요인을 도출하고자 하였다.

넷째, 칠천량해전에서 패배한 후 통제사로 재임명된 이순신이 어떤 과정을 거쳐 수군을 재건할 수 있었는지에 주목할 필요가 있다. 기존의 연구에서는 이순신의 '상유십이尙有十二'라는 정신적 이미지를 강조하고 있다. 이 책에서는 실제 이순신이 명량해전 직전까지 어떤 노력을 기울여 나갔는지에 대해 서술하였다.

다섯째, 명량해전에서 조선 수군이 극적으로 승리한 요인에 대해서는 '사실'과 '설화'가 혼재하는 상태이다. 특히 명량해전에서 조선 수군이 왜군과 싸운 지역의 위치와 승리한 요인에 대한 논란이 계속되고 있다. 이에 명량해전의 전반적인 진행상황을 면밀히 검토하면서 그 경과와 승리 요인에 대해 재검토하였다.

여섯째, 명량해전 이후 조선 수군의 재건 과정에 대한 기존 연구는 매우 소략한 상태이다. 아울러 조선 수군이 재건된 전력 규모에 대해 연구자들마다 상이한 시각을 드러내고 있다. 여기서는 이순신이 이끈 조선 수군이 어떤 과정을 거쳐 5배 규모의 전력을 보강할 수 있었는지를 살펴보았다.

일곱째, 명 수군이 참전한 이후 조명연합작전이 어떻게 수행될 수 있었는지를 살펴볼 필요가 있다. 아울러 현재까지 전해지는 자료에는 당시에 조명연합군이 구사했던 작전과 수군의 활동에 대한 언급이 부족한 면이 있기 때문에 이를 보완해야 할 필요성이 있다. 이 책은 이와 같은 측면에서 7년전쟁의 마지막 해에 있었던 조명연합군의 작전과 수군 활동의 전개 양상에 대해 언급하였다.

여덟째, 조선 수군의 마지막 해전이자 7년전쟁의 대미를 장식한 노량해전은 어떻게 전개되었으며, 그 의미는 무엇인지에 대한 검토가 필요하다. 아울러 학자마다 견해를 달리하고 있는 이순신의 죽음에 대한 고찰도 필요하다. 이 책에서는 이순신의 마지막 무대였던 노량해전에 대해 보다 면밀하게 검토함은 물론 이순신이 전사할 당시의 상황에 대해 보다 심도 있게 분석하였다.

아홉째, 이순신의 전사 후 운구 경로는 어떻게 이루어졌는가에 대한 연구가 부족한 현실이다. 그러다보니 이순신의 죽음에 대한 억측이 제기되기도 한다. 필자는 이순신이 전사 후 고금도를 거쳐 아산 금성산에 안장되었다가 현재의 묘소로 이장하기까지의 과정에 대해서도 검토하였다.

위와 같은 내용을 담아 필자는『이순신 백의종군』이라는 제목 아래 정유재란 시기 조선 수군의 활동을 정리해 보았다. 이 책은 필자가 학술지에 발표

한 논문들을 바탕으로 하여 일반 독자들이 읽기 쉽도록 수정, 보완한 것이다. 따라서 필자의 창작과 허구가 가미된 것이 아님을 밝혀 둔다.

**고맙고, 고맙고, 또 고마운 사람들······**

이 책의 출간 역시 많은 분들의 도움을 받았다. 우선 필자가 소속되어 있는 대한민국 해군에서 많은 편의를 제공해 주었고, 해군교육사 충무공리더십센터의 많은 분들이 필자의 연구를 도와주셨다. 지면을 빌어 이 모든 분들께 감사드린다. 아울러 『이순신 파워인맥』에 이어 출판을 흔쾌히 맡아 주신 '행복한나무' 출판사의 홍종남 기획위원과 김경아 대표께도 재삼 감사의 말씀을 전한다.

또한 부족한 면이 많은 필자에게 든든한 버팀목이 되어 주고 있는 '이순신을 배우는 사람들' 회원님들, 늘 푸른 소나무와 같이 살아가는 동문수학한 동료들, 그리고 사랑하는 가족에게도 고마운 마음을 전한다. 이러한 분들의 관심과 격려가 있었기에 이 조그마한 결실이 이루어질 수 있었다고 생각한다.

많은 질타가 예상되는 출간이기에 두려운 면도 있지만, 아무쪼록 이러한 조그마한 노력이 우리 민족의 영웅인 이순신의 정신을 선양하고, 그분이 주는 진정한 교훈을 얻기 위한 한 과정이라고 생각하여 감히 용기를 내 보았다. 독자 제현들의 과감한 질정을 기대한다.

2011년 4월
구산성지龜山城址에서 저자 배상

차례

_프롤로그     004

## PART 1. 이순신의 백의종군, 7년전쟁의 전환점이 되다     014

01. 1596년 7년전쟁의 새로운 상황이 만들어지다     016
02. 선조, 이순신을 버리다     021
03. 조선 조정의 판단, 전쟁의 흐름을 바꾸다     025
04. 부산 진공 작전과 삼도수군통제사의 교체     030
05. 백의종군, 이순신에게만 국한된 것이 아니었다     033
06. 1587년 이순신의 제1차 백의종군     041
07. 제1차 백의종군, 이순신은 어떤 활동을 했나?     048
08. 1597년 10년만에 제2차 백의종군을 당하다     053
09. 제2차 백의종군, 이순신의 행적을 따라가보자     060
10. 경상도 초계에서 59일간의 백의종군 활동     064
11. 칠천량 참패, 조선에게는 '위기', 이순신에게는 '기회'가 되다     070

## PART 2. 칠천량해전, 7년전쟁의 흐름을 바꾸다     074

01. 상처뿐인 승리, 원균의 기문포해전     076
02. 원균의 체면을 살린 안골포·가덕도 해전     083
03. 부산 진공의 한계를 보여 준 절영도 외양해전     095
04. 기문포해전~절영도 외양해전, 칠천량해전의 서막을 알리다     098
05. 칠천량해전의 배경은 무엇인가?     104
06. 칠천량해전은 어떻게 진행되었나?     107
07. 칠천량해전, 7년전쟁의 흐름을 바꾸다     113

## PART 3. 명량해전, 조선의 운명을 바꾸다     122

01. 칠천량해전 후 조선 수군은 어떻게 되었나?     124
02. **이순신의 조선 수군 재건 키워드. 하나**
    : 정예 인력의 확충과 장졸들의 전의 고양     130
03. **이순신의 조선 수군 재건 키워드. 둘**
    : 전선과 군수 물자의 확보     136
04. **이순신의 조선 수군 재건 키워드. 셋**
    : 명량(울돌목), 하늘이 조선에게 준 최고의 격전지     142
05. 명량해전, 조류가 전세를 바꾸다     144
06. 명량해전, 12시간의 치열한 전투에서 승리하다     156
07. **조선 수군 승리의 원동력. 하나**
    : 전선과 무기체계의 위력     159

08. 조선 수군 승리의 원동력. 둘
　　: 다양한 수군 전술　　　　　　　　　　　　　164
09. 조선 수군 승리의 원동력. 셋
　　: 의병들의 참전과 활약　　　　　　　　　　　171

## PART 4. 명량해전 후 수군의 재건, 7년전쟁 최후의 결전을 준비하다　　178

01. 명량해전 직후의 전황은 어떠했는가?　　　　180
02. 명량해전 직후 조선 수군의 활동　　　　　　184
03. 고하도 수군 재건 프로젝트. 하나
　　: 군수물자의 확보　　　　　　　　　　　　191
04. 고하도 수군 재건 프로젝트. 둘
　　: 정예병력의 확보　　　　　　　　　　　　196
05. 고하도 수군 재건 프로젝트. 셋
　　: 전선의 건조　　　　　　　　　　　　　　200
06. 고금도 수군 강화 프로젝트. 하나
　　: 고금도의 입지조건　　　　　　　　　　　204
07. 고금도 수군 강화 프로젝트. 둘
　　: 전문 병력의 충원　　　　　　　　　　　　210
08. 고금도 수군 강화 프로젝트. 셋
　　: 군수물자의 확보　　　　　　　　　　　　212
09. 고금도 수군 강화 프로젝트. 넷
　　: 전선의 건조　　　　　　　　　　　　　　215

10. 조선과 명, 수군으로 일본전을 준비하다　221
11. 7년전쟁 최고의 선택, 사로병진작전　229

# PART 5. 노량해전,
## - 하늘도 울고, 땅도 울고, 사람도 울고　242

01. 노량해전 이전의 조명연합군과 일본군 대치 상황　244
02. 노량해전의 예고편, 예교성 전투　250
03. 동로군과 중로군의 패전, 사로병진작전이 약화되다　255
04. 예교성 전투에서 조선 수군, 혈투를 벌이다　258
05. 도요토미 히데요시의 사망, 노량해전의 배경이 되다　262
06. 노량해전, 조선과 일본의 자존심 대결　265
07. 노량해전, 일본의 재침 야욕을 꺾다　273
08. 노량해전의 승리, 조선 수군의 우수성을 알리다　276
09. 이순신의 죽음, 역사는 알고 있다　281
10. 노량해전 격전지, 이순신이 전사한 곳　285
11. 이순신의 전사와 노량해전 최후의 상황　291
12. 이순신 사후처리, 그것이 알고 싶다　295
13. 하늘이 울고, 땅이 울고, 사람이 울고　298

_에필로그　302
　_기획자의 말. 말. 말: 이순신 시리즈, 함께 만들어 주세요!　306

# 1

## 이순신의 백의종군, 7년전쟁의 전환점이 되다

# 1596년 7년전쟁의 새로운 상황이 만들어지다

1596년(선조 29) 9월에 명과 일본 간에 열렸던 임진왜란 강화회담은 결렬되었다. 이에 근수사신跟隨使臣으로 일본에 갔던 황신黃愼은 일본이 재침할 것이 확실하다고 보고하였다. 이리하여 비변사는 먼저 분의복수군奮義復讐軍●을 전국적으로 조직케 하는 한편 한양에 와 있던 도체찰사 이원익李元翼을 하3도로 급히 보내 도원수 권율權慄 이하 조선군을 총독케 하였다. 동시에 일선 조선군의 지휘관도 주로 실전 경험이 풍부한 의병장 출신의 곽재우郭再祐·홍계남洪季男·이복남李福男·고언백高彦伯 등과 관군출신의 정기룡鄭起龍·한명련韓明璉·이시발李時發·박명현朴名賢 등으로 보강하였다.

● **분의복수군奮義復讐軍**
분의복수군은 초기 의병을 본떠 만든 것이다. 복수의병군의 효시는 고경명의 큰 아들인 종후의 의병군에 연유한다. 부모, 형제, 처자 중에서 일본군에게 희생당한 자를 자원하게 하고, 이 중에서 대장을 뽑아 수효의 다수를 불문하고 이른바 복수군이라 칭하게 하여 일본군을 물리치려는 것이었다. 그러나 이러한 복수군은 소리만 요란했을 뿐 아무런 전과도 없이 유야무야되었다.

아울러 조선 조정에서는 같은 해 11월부터 일본이 재침할 경우에 대비하여 향후의 대책에 대해 논의하였는데, 주로 유성룡柳成龍을 필두로 한

남인들의 전략을 채택하는 형태였다. 이때 논의된 내용은 명군에 대한 지원요청과 청야전법을 위주로 한 방어대책에 관한 것이었다. 이를테면 일본이 침입해 올 때 조선의 방어태세가 부실하므로 중국 조정에 급히 요청하여 명군이 평양성에 출진하도록 조치해야 함을 역설하였다. 이에 선조는 명군을 요청하되 북방이 아닌 남방에 유둔하도록 하는 것이 민심을 안정시키는 길이라고 강조하였다. 그리고 산성중심의 방어 및 청야전淸野戰을 일본의 재침에 대비하는 조정의 기본전략으로 확정하였다. 청야전법을 활용하면 일본군을 부산지역에 묶어둘 수 있다고 판단한 것이다. 또한 조선군이 행주전투처럼 요해지에 웅거하여 힘을 비축하면서 지킬 경우 일본군은 군량부족으로 지칠 것이고, 그 틈을 타서 공격하면 승산이 있다고 보았다.

그러나 당시 일본군의 공격 예상지역은 전라도로 예견됨으로써 선조는 연해 방어가 중요하다는 사실도 강조하였다. 특히 이덕형은 산성보다는 수전水戰이 더욱 중요하므로 수군을 정비하여 적의 공격로를 봉쇄하는 것이 우선이라고 주장하여 선조의 동의를 얻었다.

아울러 이덕형은 일본의 전선출진戰船出陣이 가호家戶단위로 구성되기 때문에 늘 한꺼번에 보낼 수 있다는 점을 우려하였다. 또한 조선의 수군은 튼튼하기 때문에 일본의 전선을 쉽게 물리칠 수 있다고 하면서 문제는 전선이 아니라 이를 운용할 병력임을 역설하였다. 그리하여 연해안의 수군자원을 공천公賤·사천私賤을 막론하고 본역을 면제하고 수군에 전속시킬 것을 요구하였다. 그리고 수군이 이를 위해 한산도와 장문포를 굳게 지켜야 하며 이원익을 남방에 내려 보내 이 임무를 수행하도록 할 것을 건의했다.

### 요시라의 보고에 놀아나는 조선 조정

이러한 논의를 진행하던 중인 1597년(선조 30) 1월에 일본군의 정세에 관한 중요한 정보가 입수되었다. 즉, 1월 11일에 요시라要時羅가 경상우병사 김응서에게 고니시 유키나가小西行長의 뜻을 전달하였는데, 그 요지는 다음과 같았다. 이를테면 가토오 기요마사加藤淸正가 7,000명의 군사를 거느리고 4일에 이미 대마도에 도착해 있는데 순풍이 불면 곧 바다를 건널 것이므로 나오기 전에 예방해야 한다는 것과 당시는 1월 11일 전후로 순풍이 불고 있어 바다를 건너는 데 어려움이 없을 것이므로 조선 수군이 속히 거제도에 나아가 정박하였다가 기요마사淸正가 바다를 건너는 날을 엿보아야 한다는 것이었다. 그런데 당시 범선은 풍향의 영향을 크게 받기 때문에 이를 고려해야만 하였다. 먼저 동풍東風이 세게 불면 거제도로 향할 것이므로 거제도에 주둔하고 있는 조선 수군이 이를 공격하기가 쉬울 것이지만 만약 정동풍正東風이 불면 곧바로 기장機張이나 서생포西生浦로 향하게 되므로 거제도와 거리가 매우 멀어 막을 수가 없을 것이라는 점이다. 따라서 이 경우 전함 50척을 급히 기장 지경에다 정박시켰다가 경상좌도 수군과 합세, 결진結陣하고, 5~6척을 부산이 바라다 보이는 곳에서 왕래하도록 하면 가토오의 도해가 어려울 것이라는 의견이 많았다.

이러한 내용을 김응서가 보고하자 선조는 황신을 보내어 통제사 이순신에게 출전할 것을 비밀리에 지시하였다. 그러나 이순신은 "바닷길이 험난하고 왜적이 필시 복병을 설치하고 기다릴 것이므로 전함을 많이 출동시키면 적이 알게 될 것이고, 적게 출동하면 도리어 습격을 받을 것이다."라고 하면서 행동으로 옮기지 않았다.

그런데 이러한 장계가 올라온 지 이틀 후인 1월 13일에 사도 도체찰사 이원익은 가토오가 전선 200여 척으로 다대포에 도착하여 정박하였다고 보고하였다. 그리고 비슷한 내용으로 경상도 제진위무사 황신은 "1월 12일에 가토오의 배 280척이 바다를 건너 서생포로 향하고 있다."는 보고를 하였다. 이러한 보고를 접한 조정에서는 일본군의 침입에 대비하여 각도에 연락하여 변란에 대비하고 상을 당한 무신들도 기복시켜 경성의 시위와 남쪽의 긴요한 방어처에 보내도록 조치하였다.

일본군의 선발대가 부산에 도착함으로써 전쟁이 재발했다고 판단한 선조는 일본의 침략에 우리나라의 능력으로는 대항할 수 없으며, 잘못되면 후일 중국의 근심거리가 될 수 있다는 요지의 자문咨文을 작성하여 명에 급히 구원을 요청하였다. 비변사에서도 일본이 한양을 침입해 올 가능성에 대비하여 죽령과 조령, 추풍령의 방어를 충실히 할 계획을 선조에게 보고하여 재가를 얻었다.

한편으로 선조는 대신 및 비변사 유사당상과의 인견 자리에서 이번 가토오의 부산 상륙에 대해 아쉬운 점을 피력하면서 통제사 이순신에 대한 부정적인 인식을 표명하였다. 특히 선조는 다음과 같이 절망적인 심정을 피력하면서 수군의 부산근해 진공이 이루어지지 못한 데에 대한 질책을 하였다.

이번에 이순신에게 어찌 청정의 목을 베라고 바란 것이겠는가. 단지 배로 시위하며 해상을 순회하라는 것뿐이었는데 끝내 하지 못했으니 참으로 한탄스럽다. 이제 도체찰사의 장계를 보니 시위할 약속이 갖추어졌다고 한다." 하고 상이 한참동안 차탄嗟歎하고는 길게 한숨지며 이르기를, "우리나라는 이제 끝났다. 어떻게 해야 하는가. 어떻게 해야 하는가.

위의 기록에 나타난 선조의 심정을 살펴보면 요시라와 고니시의 반간계에 의한 제보를 믿고 그대로 실행했더라면 더 이상의 전쟁이 발발하지 않았을 터인데 그렇지 않음으로써 다시 전쟁이 발발했다는 데 대한 아쉬움이 담겨 있다. 또한 이러한 결과의 중심에는 통제사 이순신이 있었다고 보았다. 선조는 이순신의 행동을 아쉬워하였고, 윤두수尹斗壽와 김응남金應南 등은 이순신을 폄훼하는 언급을 하여 선조의 입장에 동의하였다. 동시에 이산해 등은 원균의 능력이 뛰어남을 언급하기도 했다.

한편 이 시점에서 경상도 위무사 황신은 장계를 통해 가토오가 들어온 구체적인 상황을 언급하였다. 즉 1월 12일에 가토오의 관하 왜선 150여 척이 서생포에 정박했고, 13일에는 가토오가 거느리는 관하의 왜선 130여 척도 바다를 건넜는데, 해상 상태가 좋지 못해 가덕도에 정박했다가 14일에 다대포로 옮겨 정박해 있는데, 곧 서생포로 향한다는 것이었다. 그리고 고니시가 이번 가토오의 도해를 차단하지 못한 데에 아쉬움을 피력하면서 조선의 일은 매양 그렇다는 식으로 한탄하였다. 여기에 대해 도원수 권율도 같은 입장을 표명하였다. 이러한 시점에서 황신은 적을 공격할 기회가 아직 남아 있음을 강조하였다. 이를테면 가토오가 비록 상륙했지만 아직까지 근거지를 만들지 못했기 때문에 수륙군을 편성하여 공격할 경우 승산이 있다고 판단한 것이었다.

그러나 적선이 200여 척이라는 점에서 조선으로서는 부담을 가질 수밖에 없었다. 더욱이 울산군수 김태허는 일본군의 선박이 그 포구 2마장 남짓까지 빈틈없이 정박하여 500여 척이나 된다고 급히 보고하였다.

# 선조, 이순신을 버리다

## 02

조정에서는 수군을 어떻게 강화해 나갈 것인가에 대해 선조의 주재하에 대신과 유사당상이 모여 그 대책을 강구하였다. 이때 주 안건은 통제사를 교체하는 데에 집중하였는데, 특히 선조는 이순신에 대해 매우 부정적인 인식을 드러내었다. 이를테면 다음의 언급에서 보는 바와 같이 이순신에 대한 부정적 인식은 부산 진공 거부뿐만 아니라 이전에 있었던 부산 왜영 방화 사건에 대한 허위보고*까지 포함하여 거론하고 있었다.

● 허위보고
부산왜영 방화사건은 1596년 12월 12일에 부산의 왜영에 불이 나서 1천여 가옥과 미곡창고·군기 등이 모두 불타버린 사건을 말한다. 이 사건에 대해 이순신은 1597년 1월 1일 장계에 자신의 부하들이 실행한 것이라며 군공을 요청하였다. 그러나 그 다음날 김신국이 올린 장계에는 이와 다르게 도체찰사 휘하의 정희현과 수군 허수석 등이 수개월의 준비 기간을 거쳐 실행한 것이라고 하였다. 이에 대해 선조는 이순신의 보고를 허위라고 단정하였다(구체적인 내용은 이순신의 백의종군 부분 참조).

이순신은 어떠한 사람인지 모르겠다. 계미년 이래 사람들이 모두 거짓되다고 하였다. 이번에 비변사가 "제장과 수령들이 호령을 듣지 않는다."고 말한 것은 다른 까닭이 아니라, 비변사가 그들을 옹호해 주기 때문이다. 중국

장수들이 못하는 짓이 없이 조정을 속이고 있는데, 이런 습성을 우리나라 사람들도 모두 답습하고 있다. 이순신이 부산왜영을 불태웠다고 조정에 속여 보고하였는데, 영상이 이 자리에 있지만 반드시 그랬을 이치가 없다. 지금 비록 그의 손으로 청정의 목을 베어오더라도 결코 그 죄는 용서해 줄 수 없다.

이렇게 볼 때 선조가 통제사 이순신을 교체하려는 까닭은, 일어나지 않았을 전쟁이 이순신의 소극적 대처로 말미암아 발생했다고 인식한 것이다. 이로 인해 선조는 이번 부산 앞 바다로 출전하지 않은 데에 따른 문책뿐만 아니라 이전의 부산 왜영 방화사건에 대한 허위보고까지 거론하면서 불편한 심기를 드러낸 것이라고 볼 수 있다. 그리하여 이순신의 후임으로는 내심 원균을 낙점하고 있었던 것으로 판단된다.

### 선조, 이순신을 교체하다

원균을 삼도수군통제사로 바로 임명하지는 않았다. 그것은 그만큼 조정의 수군에 대한 기대를 반영한 것이었고, 이순신의 능력을 소홀히 취급할 수는 없었기 때문이었다. 따라서 장차 수군의 제반 지휘권을 누구에게 맡길 것인가에 대한 심도 있는 논의가 진행되었다.

이 자리에서 선조는 이순신의 죄상을 강조하면서 교체할 뜻을 드러내었다. 이러한 의사에 동의한 대표적인 인물은 윤두수였다. 그는 이번 이순신의 부산 진공 거부에 대해 책임을 물어 교체시켜야 한다는 뜻에 동조하였다. 그런데 이때 유성룡은 이순신이 한산도에만 머물면서 별다른 전과가 없을 뿐만 아니라 이번 부산에 상륙한 일본군들을 요격하지 않은 데 대해 죄가 있다고 전제하면서도 지휘관을 교체하는 사이에 일어날 수 있는 변란을 염려하지 않을 수 없다는 뜻으로 이순신의 입장을 완곡히 두둔하였다. 그러자 선조는 조산만호 시절에 있었던 사례●를 들면서 남을 속이는 이순신을 용서할 수 없다는 의견을 피력하였다.

이때 이정형은 이순신의 입장을 대변하듯이 당시의 수군 상황에 대하여 다음과 같이 개진하였다.

> ● 조산만호 시절에 있었던 사례
> 이것은 선조가 "이순신이 조산만호로 있을 때 김경눌 역시 녹둔도에 둔전하는 일로 마침 그곳에 있었는데, 이순신과 김경눌은 평소 사이가 좋지 않았었다. 이순신이 밤중에 호인胡人 하나를 잡아 김경눌을 속이니, 김경눌은 바지만 입고 도망하기까지 하였다."는 내용을 언급한 것이다.

"이순신이 '거제도에 들어가 지키면 좋은 줄은 알지만, 한산도는 선박을 감출 수 있는데다가 적들이 천심淺深을 알 수 없고, 거제도는 그 만이 비록 넓기는 하나 선박을 감출 곳이 없을뿐더러 또 건너편 안골의 적과 상대하고 있어 들어가 지키기에는 어렵다'고 하였으니, 그 말이 합당한 듯합니다."

이것은 곧 이순신이 이번 부산 앞바다에서 적을 요격하지 못한 것은 결국 거제도에 전진 배치하지 못한 데서 비롯된 것인데, 그럴 수밖에 없었던 이유를 이순신의 입장에서 간결하게 제시하고 있다. 그러면서 그는 원균의 인품이 매우 포악하여 경상도가 판탕된 것이 모두 원균 때문임을 강조하였다. 그러자 김응남은 원균의 인심을 논할 것이 아니라 그를 수군에 기용하는 것에 신경을 써야 함을 역설하였다.

이러한 논의를 거듭한 끝에 선조는 1월 28일 좌부승지 유영순에게 비망기로 전교하면서 원균을 경상우도 절도사 겸 경상도 통제사로 임명하였다. 이것은 삼도수군통제사인 이순신의 직책을 그대로 둔 가운데 이순신에게는 전라도와 충청도 수군에 대한 통제권을 부여하고 원균에게는 경상도 수군만 통제하는 권한을 준 것이었다.

한편 수군이 부산 앞바다에서 요격하지 않은 일에 대해 명의 사신 심유경沈惟敬은 그 일이 결코 쉬운 일이 아니었음을 토로하기도 하였다. 즉, 그는 비변사 관료들과의 대화를 통해 '일본군 도해 차단작전'이 성사되기 어려운 가장 핵심적인 요인에 대해 지적하였다. 그는 "적선이 동풍東風을 타고 나오는데 이쪽에서 적을 향하려면 서풍西風을 타야 한다. 따라서 역순逆順이 달라 서로 맞서기 어려운 형세임을 고려해야 한다."라고 하였다.

이러한 수군의 현실을 이해하지 못했던 조선 조정에서는 결과적으로 일본군의 도해를 막지 못한 책임을 통제사 이순신에게 물은 것이다. 그리하여 결국 그해 2월 6일에는 이순신의 체포를 명하였다. 그러는 한편으로 부산지역을 중심으로 한 경상좌도의 수군력을 강화하기 위해 상도上道의 여러 연해안 고을에서 전선을 제작하고 격군을 충당하도록 하였다. 아울러 수도권 연안 방위를 위해 황해도에서도 판옥선과 거북선을 많이 제작하도록 조치하였다.

# 03
# 조선 조정의 판단, 전쟁의 흐름을 바꾸다

여기서 당시 경상좌도 수군의 상황을 살펴보자. 왜냐하면 경상좌수군은 임진왜란 때와 마찬가지로 이때에도 부산·울산 등지로 침입해 온 일본군을 막을 일차적인 책임을 갖고 있었기 때문이다. 그동안 경상좌수군은 임진왜란 초기에 좌수사 박홍朴泓이 전선을 자침시킨 후 유명무실해진 상태였다. 다만 무관들 중에서 좌수사 직책만 부여하여 그 직을 계승하고 있을 뿐이었다.

이를테면 경상좌수사 박홍의 후임으로 1592년 11월에 이유의李由義가 임명되었다. 그러나 본영 수군이 이미 흩어진데다가 부산지역으로 부임할 수 없어서 안동·의성·의흥 등지에 머물면서 육전에 종사하고 있었다. 그러다가 1593년에 장기현감과 밀양부사를 거친 이수일李守一이 경상좌수사로 부임하였다. 그는 장기의 포이포包伊浦에 진을 치고 전선을 다수 건조하면서 나름대로 수군력을 확보하는 노력을 기울였다. 그 와중에 도포와 감포 등지에 주둔하면서 왜선 수척을 사로잡은 공을 세우기도 하였다.

그 후 1593년 겨울에 주사독전선전관舟師督戰宣傳官 도원량都元亮이 충청우후와 충청도 선장인船匠人 30여 명을 이끌고 강원도 월송포의 소나무를 벌목하여 전선 9척을 만들었다. 이 신조 전선들을 경상좌수영으로 옮겨 경상좌수사 이수일의 통제하에 두고 이러한 전력 증강을 바탕으로 경상좌수군은 동해안 남부지역에 낙오한 왜적들을 사로잡는 전과를 거두기도 하였다. 그 후 1596년에 이르러 좌수사 이수일은 체찰사 이원익 휘하의 별장으로 전보되고, 좌수사직은 웅천현감과 동래부사직을 거친 이운룡李雲龍이 맡게 되었다. 이후 일본 전선들이 명 사신들을 따라 일본으로 철수하자 경상좌수군들은 울산의 염포로 나아가 주둔하였다. 그러다가 1597년 1월 15일에 가토오가 도해하여 서생포를 점거하자, 좌수군은 퇴각하여 포이포에 둔진하게 되었다.

이와 같이 정유재란 초기 일본군이 경상좌도 지역을 쳐들어 왔을 때 경상좌수군은 제대로 된 역할을 하지 못한 채 물러나야만 하였다. 이러한 상황을 고려하여 조정에서는 강원도 지역에서 전선을 건조하고, 격군을 동해안 남부로 보내 경상좌수군의 전력을 증강시키는 조치를 취한 것이다.

한편으로 예조정랑 정엽鄭曄을 고급사告急使로 삼아 명의 총독과 경략의 군문에 사태의 심각성을 알리면서 구원을 요청하였다. 그 요지는 일본군이 바다를 건너와 경상좌도와 우도연안의 요해지에 웅거하면서 군량과 병력 등을 실은 배가 부단히 도해하는 것은 명에까지 침공하려는 의도가 보이므로 전투력이 강한 명의 남병과 이를 지탱할 군량을 지원해 줄 것을 요청한 것이다.

이와 같이 조정에서는 한편으로는 통제사의 교체를 단행하였고, 한편으로는 그 공백을 메꾸기 위하여 자체 방어력을 강화하는 조치를 취하면서 명에 구원을 요청하였다. 이러한 조선 조정의 수군정책이 논의되는 가운데 일본군이 도해하여 상륙한 부산지역과 경상도 연해안에서는 도원수와 통제사, 그리고 병마절도사 간의 협의를 통해 대일본군 공격 전략이 수립되고 있었다.

앞에서 언급한 바와 같은 통제사 교체를 중심으로 한 일련의 상황들이 일어나게 된 근본적인 배경은 요시라의 일본군 정세에 관한 보고 때문이었다. 이를테면 당시 일본군 수뇌부 인물 중 고니시와 가토오의 관계가 원만하지 못한 점을 들어 정유재란의 발발이 가토오의 의사가 반영된 것이지 고니시의 의사와는 무관하다는 사실을 전달한 데서 비롯된 것이다. 다시 말해 일본군의 재침은 가토오 혼자만의 결심에 달린 것이므로 가토오가 도해하는 것을 조선 수군이 차단한다면 다시 전쟁이 발발하는 일은 없을 것이라는 정보를 전달한 데에 있었다. 이러한 정보를 경상우병사 김응서가 전달받고, 이는 곧바로 도원수 권율에게 보고되었으며, 도원수 권율은 이를 다시 조선 조정에 보고함으로써 조정으로부터 일본군 도해 차단작전이 내려진 것이었다.

이러한 배경하에서 가토오가 지휘한 선발대가 부산 다대포에 상륙함으로써 정유재란이 일어난 것이다. 이후 일본군의 후속 부대가 계속 도해함으로써 부산을 중심으로 한 경상도지역 여러 곳에 일본군이 주둔하게 되었다. 그리하여 1597년 2월 현재 일본군 주력이 있는 서평포와 죽도를 제외하고도 부산에는 일본군 군사 7,000여 명과 전선 70여 척, 안골포에는 1,000여 명과 40여 척, 가덕도는 500여 명과 20여 척이 주둔하고 있었다.

### 고니시의 가토오 제거계획, 사실일까?

요시라로부터 전달받은 내용에는 고니시의 가토오 제거계획이 포함되어 있었다. 당시 경상우병사 김응서는 요시라와 매우 가까운 사이였기 때문에 이러한 사실들이 설득력 있게 전달된 것으로 보인다. 따라서 경상우병사의 첩보제공과 도원수 권율의 지시, 통제사 이순신의 실행 협조가 어우러진 가운데 가토오가 이끄는 일본군을 섬멸할 계획을 수립하여 시행한 것이다.

그 중 첫 번째 시도는 2월 10일 전후에 이루어졌다. 이를테면 2월 9일에 경상우병사 김응서는 휘하 송충인宋忠仁·두모악豆毛岳·김아동金牙同 등을 부산포에 주둔하고 있던 고니시에게 보내어 밀약을 하였다. 그 내용은 가토오를 부산으로 유인하여 고니시 측과 조선군이 동시에 참살하거나, 가토오가 오지 않을 경우 고니시가 가토오를 방문하여 얘기할 때를 틈타 조선군이 공격하는 것이었다. 이때 수군들은 부산에서 서쪽으로 10리 가량 떨어진 초량항에 모여 대총통 한 발을 방포한 후에 머물기로 한다는 것이었다.

이러한 계획을 세운 가운데 2월 10일 아침 해뜰 무렵에 조선 수군은 전선 63척으로 장문포를 떠나 미시(오후 2시경)에 부산 앞바다로 나가 정박하였다. 이때 부산에 있던 일본군이 병력 3백여 명을 내어 저항하였고, 날이 저물 무렵 절영도로 후퇴하여 정박하자 일본군들도 퇴진하였다. 이 전투에서는 일본군의 저항이 완강하여 조선 수군이 어느 정도 피해를 본 것으로 나타나고 있다. 이에 대해서는 후술한다.

이날 저녁 요시라는 경상우병사에게 와서 고니시의 뜻이라면서 다음과 같은 내용을 전달하였다. 이를테면 고니시가 다른 왜장들에게 말하길 "조선은 용병술도 익숙해 있고, 전함도 많이 준비한 상태라 이기기가 어렵다. 이달 8~10일 사이에 1,000여 척의 전선으로 부산 앞 바다로 와서 양도糧道를 끊으려 할 텐데 조선의 노여움을 도발하지 않도록 조심하라." 고 했다는 것이다. 이런 시점에 조선 수군의 전선(63척)을 보니 숫자도 적고 보기에 엄숙하지도 못하여 매우 난처했다는 것이었다. 따라서 하루 이틀 내에 전함을 더 모아 성대한 위세를 보인다면 가토오에게 조선군과 싸우도록 독려하여 그때 가토오가 나올 것이므로 이를 격퇴하면 된다는 것이었다.

　이에 대해 경상우병사 김응서는 더 많은 전선이 모일 기약도 없고, 형세도 미치지 못하는데 외로운 군사로 적이 있는 곳에 오래 머문다는 것은 좋은 계책이 아니라는 사실을 인식하였다. 그리고 비록 가토오를 유인해 낸다고 하더라도 바람이 불순하고 가토오가 있는 서생포 앞바다는 파도가 험하기 때문에 돌아와 정박하기가 어려울 것이므로 수군이 다 모인 뒤에 도모하는 것이 옳다고 판단하였다. 그리하여 그는 통제사 이순신과 의논하여 12일에 배를 돌렸다.

# 04

# 부산 진공 작전과
# 삼도수군통제사의 교체

그러던 중 사건이 발생하였다. 조선 수군이 12일에 웅천 원포로 퇴진하기 위해 가덕도 동쪽 바다에 도착하여 급수하려고 수졸 몇 명을 가덕도에 내려 보냈다. 이때 일본군이 숨어서 엿보고 있다가 조선의 초동 1명을 쳐서 죽이고, 5명을 잡아가는 사건이 발생했다.

가덕도에서 조선 수군이 피납된 이 사건에 대해 이순신은 "가덕도의 왜적이 우리 초동을 죽였으니, 죄를 묻지 않을 수 없다."하면서 일본군을 공격하였다. 이때 일본군은 육지의 험한 곳에 들어가 숨어서 방포하였다. 이때 조선 수군의 선봉은 안골포 만호 우수禹壽였다. 그는 경상우병사 김응서가 거느리고 있던 항왜降倭(항복하여 조선군을 돕고 있던 왜군) 17명을 자신의 배에 옮겨 태워 적진 앞으로 돌진하여 대포를 무수히 발사하여 왜적 10여 명을 죽였고, 우수 역시 왜적 1명을 사살하는 전과를 거두었다. 이와 같이 조선 수군은 일본군에 대한 보복공격을 수행한 후 날이 저물 무렵에 영등포 앞바다에 돌아와 정박하였다.

다음날 14일 미시(오후 2시경) 무렵에 요시라가 안골포로부터 조선 수군의 진영으로 와서 전달하기를 '일본 장수들은 중국조정의 회답이 올 때까지 경상우도 지역의 여러 고을을 침범하지 않기로 했으며, 어제 상호 간의 교전 시 잡아간 조선인들도 돌려 보내기로 하였다'고 전달하였다. 그러면서 비밀히 말하기를, 3월 초승에 일본군이 호남과 영남 두 도를 먼저 공격할 계획을 세우고 있다는 것이다. 그러면서 이를 막기 위해서 관백에게 보낼 경상우병사의 서장이 필요하다고 하였다. 그리하여 김응서는 요시라의 요구에 따라 '이번에 부산에 출진하게 된 것은 일본군 진영의 낙오된 군사들이 내지에 들어와 침범하니 이는 관백의 명령을 무시하는 처사라 중국조정의 조처하는 회답이 있기까지는 소란을 금지하기를 바라는 차원에서 함대를 이끌고 온 것'이라는 요지의 글을 써 주었다.

그런 후 출전한 조선 수군의 전선 수가 적어서 서생포로 진격하여 정박할 수도 없고 이미 가토오가 출전할 의도도 없는 것 같으므로 15, 16일 경에 퇴진하고 말았다.

이와 같이 도원수 권율의 장계에 나타난 김응서의 보고를 통해 볼 때 경상우병사와 통제사 이순신은 상호 협조하여 부산으로 출진하였다. 그리고 그러한 작전의 배경에는 요시라를 통해 전달받은 고니시의 의도를 수용하여 실행에 옮기는 형태로 진행되고 있었던 것이다. 이러한 부산진공작전의 결과를 정리하면 다음 〈표 1-1〉과 같다.

표 1-1 **부산진공작전의 결과**

| 교전일자 | 교전장소 | 참전세력 | | 전과 | 피해 |
|---|---|---|---|---|---|
| | | 조선 | 일본 | | |
| 1597. 2. 10. | 부산포구 (정박) | 전선 63척 | 육지 군사 300여 명 | 일본군 다수 사살 | 조선 수군 일부 전사 |
| 1597. 2. 12. | 가덕도 (동쪽 해안) | 상동 | 군사 다수 | 일본군 11명 사살 | 조선 수군 6명 피랍 |

한편 이러한 제반 상황에 대한 보고를 받은 선조는 고니시의 행동에 대해 "처음에 청정을 바다로 나오게 하려다가 계획대로 되지 않자 중지하고 시행하지 않는 것 뿐"이라면서 지금 움직이지 않는 것을 보니 고니시와 가토오 사이가 틈이 벌어진 것은 충분히 신뢰가 가는 일이라고 언급하였다. 이러한 발언에 대해 동지 노직盧稷은 고니시가 비록 조선과 힘을 합쳐 가토오를 제거하려고 하지만 끝내 아무 일도 없으리라고 보장할 수 없다며 이를 경계하였다.

그런데 이번의 도원수 주도하에 경상우병사와 통제사가 부산지역으로 함대를 출동시킨 작전은 4도 도체찰사 이원익이 전혀 알지 못한 채 행해졌던 것으로 드러났다. 도원수 권율은 사전에 도체찰사 이원익의 절제를 받아야 함에도 불구하고 전혀 그렇게 하지 않았을 뿐더러 이원익이 이 문제로 몇 번이나 만나자고 알렸음에도 무시한 것으로 드러났다. 이것은 군령권 행사에 매우 중대한 문제였으므로 조정에서는 도원수 권율을 질책하면서 추후 재발 시 군율을 적용할 것임을 알려 주었다.

부산 진공작전을 마치고 통제영에 돌아간 이순신은 2월 26일자로 한산도에서 기다리고 있던 의금부 관원에 의해 압송되어 한양으로 향하게 되었다. 그리고 그의 후임으로는 원균이 통제사로 임명되었다.

한편 3월 4일에 한양에 도착하여 의금부에 투옥된 이순신은 3월 12일에 한 차례의 고문을 받았다. 같은 시기에 선조는 이순신에 대해 몇 가지의 죄상을 거론하면서 도저히 용서할 수 없다는 인식을 드러내었다. 그 후 4월 1일에 옥에서 풀려나 도원수 권율 휘하에서 백의종군하게 되었다.

# 05 백의종군, 이순신에게만 국한된 것이 아니었다

　이순신의 백의종군을 제대로 이해하기 위해서 백의종군에 대해 좀 더 깊이 살펴보도록 하겠다. 비록 이 글의 흐름에 다소 역행하는 면도 있겠지만 백의종군의 의미에 대한 기존의 성과가 부족하여 여기서 좀 더 상세히 언급하고자 한다.

　흔히 민족의 영웅인 이순신을 연상하는 단어로 가장 많이 활용되는 것 중의 하나가 바로 그의 '백의종군'이다. 이것은 이순신의 입장을 대변하는 용어로써 크게 보아 두 가지의 의미를 내포하고 있다.

　첫째는 고결한 인품과 멸사봉공의 자세를 가진 이순신을 당시의 조정과 간신들이 음해하여 죄에 빠뜨렸다고 보는 측면을 대변하고 있다. 그 결과 이순신은 죄가 없는데 이순신을 죄에 빠뜨린 인물들에 대해 지탄하면서 이순신의 인격을 올리는 수단으로 활용하고 있다.

　둘째는 그 결과로서 백의종군을 당한 이순신의 심정을 나타내는 것으로 말단 신분으로 돌아가서도 어떠한 원망도 하지 않고 조직에 충성하고 봉사한다는 행위를 대변한다고 하겠다. 그래서 오늘날 주로 정치권에서

이 개념을 사용하여 주요 직책의 보직자가 무보직의 상태로 돌아가 초연한 심정으로 조직에 충성을 다하겠다는 의지를 표명하곤 한다.

백의종군이란 글자그대로 풀이하면 평복으로 종군하는 것으로 이전의 봉작封爵과 관직官職이 박탈당한 상태로 근무하는 것이다. 그런데 이러한 백의종군이라는 용어를 쓰면서도 이것이 어떤 의미를 가지는 것인지에 대한 정확한 규명이 없이 무작위로 사용하고 있다. 특히 백의종군은 이순신의 전유물로 인식하는 경향도 있고, 백의종군 중의 이순신의 신분은 졸병이라는 해석을 제시하는 시각도 있다.

이순신은 400여 년 전의 인물이기 때문에 당시의 제도와 환경에 대해 이해를 해야만 이순신을 제대로 알 수 있을 것이다. 이러한 이유에서 먼저 백의종군의 개념에 대해서도 정리할 필요가 있다고 본다.

### 백의종군, '평민'으로의 강등이 아닌 '형벌'의 종류

백의종군에 대해 명확히 규정된 것은 없다. 다만 글자 그대로 풀이해 볼 때 '흰옷 입고 군에 근무하는 것'으로 정의할 수 있을 뿐이다. 그러면 이러한 백의종군은 무엇 때문에 생겨났을까. 이것도 형벌의 일종이라고 볼 때 당시의 형벌제도와 연관지어 살펴볼 수 있을 것이다.

조선시대의 형벌은 크게 보아 태형笞刑-장형杖刑-도형徒刑-유형流刑-사형死刑의 다섯 가지였다. 이러한 다섯 가지 형벌의 내용에 대해서는 다음 〈표 1-2〉와 같이 정리할 수 있다. 〈표 1-2〉에서 보면 백의종군이 어떤 형태의 형벌과 같은지 알 수 없다. 다만 이중 도형의 형태에 약간 비슷하지만 관에 구속해 두어 잡역에 종사하는 형벌이므로 군에 종군하여 공을 세울 기회를 부여하는 백의종군과는 엄연히 차이가 있다.

표 1-2 **조선시대 형벌의 종류**

| 형벌명 | 정의 및 내용 | 종류 및 집행 방법 |
|---|---|---|
| 태형笞刑 | 사람이 가벼운 죄를 범했을 때 작은 형장刑杖을 써서 볼기를 치는 형 | 10번, 20번, 30번, 40번, 50번 |
| 장형杖刑 | 사람이 죄를 범했을 때 대형장大刑杖을 써서 볼기를 치는 형벌 | 60번, 70번, 80번, 90번, 100번 |
| 도형徒刑 | 사람이 조금 중한 죄를 범했을 때 관에 구속해 두고 소금을 굽거나, 철을 다루게 하는 모든 용역신고지사를 시키는 형 | 1년과 장60, 1년 반과 장70, 2년과 장80, 2년 반과 장90, 3년과 장100 |
| 유형流刑 | 사람이 중한 죄를 범했을 때 차마 사형까지는 못하고 먼 곳으로 귀양을 보내 왕명이 없는 한 죽을 때까지 고향에 돌아오지 못하게 하는 형 | 2,000리와 장100, 2,500리와 장100, 3,000리와 장100<br>※ 실제 집행거리는 범죄인의 거소를 표준으로 하여 유형의 종별에 따라 일정한 지방을 지정하여 귀양을 보냈음. |
| 사형死刑 | 사람이 가장 중한 죄를 범했을 때 극형에 처하는 형 | 교형(신체를 온전히 보전하여 죽이는 형), 참형(머리와 몸통을 분리시켜 죽이는 형) |

출처 : 『경국대전』 및 『대명률』에서 관련 부분 취합

그런데 백의종군을 충군充軍과 동일시하는 기록이 있다. 이순신의 백의종군과 관련하여 신경申炅의 『재조번방지再造藩邦志』에 다음과 같은 언급이 있다.

　　판중추부사 정탁이 말하기를,
　　"이순신은 명장이므로 죽여서는 안되며 군기에 관해 이롭고 해로운 것은 멀리 앉아서 헤아리기 어려운 것이니, 그가 나아가지 않은 것은 반드시 의미가 없지 않을 것입니다. 너그럽게 용서하시어 후일에 공을 세우도록 하소서."하였다. 그래서 이순신을 한 차례 고문하고 사형을 감하여 삭탈관직하고 충군充軍하였다.

위의 기록에서 '충군充軍'이란 죄를 지은 벼슬아치를 군역에 편입시키거나 죄를 지은 평민을 천역군에 편입시키는 형벌의 일종이다. 여기서 신경은 충군을 백의종군과 동일한 개념으로 파악하고 있다. 그리고 기존 연구 성과 중에도 백의종군을 충군과 동일시 한 사례도 발견할 수 있다. 이렇게 볼 때 백의종군은 충군과 동일한 개념으로 판단된다.

그러면 충군 또는 백의종군에 해당하는 죄를 범한 자는 어떤 형벌을 받았을까? 『경국대전經國大典』에 의하면 '충군에 해당하는 죄를 범한 자는 장 일백杖一百·도 삼년徒三年의 형에 준한다.'고 되어 있다. 바로 위 〈표 1-2〉에서 도형의 집행 방법 중 가장 중한 형을 의미한다. 아울러 '군인이 도형에 해당하는 죄를 범하고 충군된 자는 도형의 연한이 만기된 후에 석방한다.'라고 규정되어 있다.

그렇지만 신분과 능력의 차이에 따라 형벌을 적용하는 기준이 달라진 것으로도 보인다. 이를테면 백의종군은 관직에 종사하는 자들에게 적용되던 형벌이었기 때문에 일반인에게 적용한 것과 엄연히 차이가 있었던 것이다. 다시 말해 과거에 급제하지 않은 자들에 대해서는 '백의종군'이라는 형벌 자체가 없이 단지 충군만 적용한 것으로 보인다. 더욱이 백의종군은 '삭탈관작하는 것은 미세한 허물을 간략하게 다스리는 율律이고, 백의종군시키는 것은 공을 세우고 앞일을 책임지우는 거조이다.' 라는 기록이 있듯이 백의종군은 미래에 희망을 부여하는 점에서 일반 형벌과 차이가 있다고 보인다. 따라서 백의종군이라는 용어는 과거에 급제한 자들의 충군을 가리킨 것으로 보인다.

## 조선시대, 백의종군은 여럿이었다

'백의종군'이라는 용어가 조선시대 역사자료에 처음 등장한 시기는 1451년(문종1)인데, 이 시점 이전에도 이미 '백의종군'이라는 제도가 시행되고 있었다. 그런데 기록상으로 보아 백의종군제도를 공식적으로 시행한 것은 연산군대부터이다. 이후 『조선왕조실록』에 나타난 백의종군 관련 기사는 모두 60건이다. 이 중 특징적인 것들만 모아서 백의종군 적용 사례를 정리해 보면 다음 〈표 1-3〉과 같다.

표 1-3 **조선시대 백의종군 적용 사례**

| 시기 | 사건/변란 | 적용 사례 |
|---|---|---|
| 1499년 (연산군5) | | • 나라가 위기에 처한 시기에 재주 있는 장수가 죄를 지었을 때 (김계종) |
| 1510년 (중종5) | 삼포왜란 | • 적 침입 시 도망한 경우(윤효빙, 이해) |
| 1512년 (중종7) | 왜인/야인 침략방비 | • 관할하는 곳의 백성이 1명이라도 오랑캐에게 납치되었을 때 그 책임 지휘관 |
| 1522년 (중종17) | | • 왜적이 해변에 침입한 상황에서 배 운행과 수로에 대한 전문성을 가진 장수가 죄를 지었을 때(이종인) |
| 1587년 (선조20) | 북방 오랑캐 침입 | • 오랑캐 침입을 제대로 막지 못한 지휘관의 백의종군 (이경록, 이순신) |
| 1592년 (선조25) | 임진왜란 | • 전쟁 발발 후 패전자<br>① 김해부사 서예원(가는 곳 마다 패전)<br>② 충청병사 신익(두 번의 대군을 일으켰지만 패함.)<br>③ 경상우병사 조대곤(경상도 거진함락의 책임)<br>④ 전라감사 이광(근왕군을 일으켰지만 자멸)<br>⑤ 이윤덕/허숙 등(군율을 잃은 장수)<br>⑥ 조경/변응성(싸우지도 않고 먼저 무너짐.)<br><br>• 임지를 버리고 도망친 자<br>① 관직을 버리고 도망간 후 돌아오지 않은 고을 수령들<br>② 경기감사 권징(산중에 숨어만 있었음.)<br>③ 황주목사 민인백(성을 버리고 달아났음.)<br>④ 전 안동부사 정희적(임지를 버린 죄) |

| 시기 | 사건/변란 | 적용 사례 |
|---|---|---|
| 1592년 (선조25) | 임진왜란 | • 구원 요청 거부<br>① 윤선각/변언수(이웃고을의 구원 요청 묵살) |
| 1593년 (선조26) | 임진왜란 | • 적을 치지 않아 선전관을 보내 참하려고 했으나 명군 지휘관 이여송의 반대로 백의종군(김경로) |
| 1598년 (선조31) | 정유재란 | • 황석산성 전투에서 패전으로 백성들 피해책임 (전 김해부사 백사림) |
| ① 1619년 (광해군11)<br>② 1621년 (광해군13)<br>③ 1622년 (광해군14) | 북방방어 | • 병을 칭탁하여 임금의 명을 거부<br>① 평안방어사 안위(병을 칭탁한 안위에 대해 백의종군을 건의하자 백전효장 안위를 백의종군시킬 수 없다.)<br>② 한준겸(유배지에 있던 한준겸을 도원수로 복직시키자 백의종군하겠다.)<br>③ 평안도에 발령났지만 가기 싫어 미적거리자 백의종군 |
| 1641년 (인조19) | | • 외국에 갈 때는 직책을 가지고 백의종군(백의종군 중인 임경업에게 도순찰사의 별장직책 부여) |
| 1725년 (영조1) | | • 임금의 가는 길을 잘못 인도한 경우(훈련대장 장붕익) |
| 1795년 (정조19) | | • 새 진에 변방의 풍습에 익숙한 회령부에 유배 중이던 죄인의 죄를 감해 파수장으로 옮겨 백의종군(이건수) |
| 1866년 (고종3) | 병인양요 | • 백의종군 중인 상태로 문수산성과 정족산성 전투에 공을 세운 자들의 백의종군을 사면 |
| 1871년 (고종8) | 신미양요 | • 일반 사민 중에 병인양요 때 백의종군한 사람들은 포상해야 함을 건의 |

출처 : 『조선왕조실록』에서 관련 자료를 정리하였음.

위 〈표 1-3〉에서 볼 때 백의종군을 적용한 경우는 대부분 국가에 변란이 발생했을 경우이다. 작게는 북방의 야인 침입에서부터 크게는 임진왜란에 이르기까지 국가적으로 외적의 침입 등 중대한 사건이 있을 경우에 죄를 지은 자들을 백의종군 형태로 복무시켜 공을 세우도록 한 것이다. 특히 이 중 임진왜란 시기에 가장 많은 사례가 보인다. 이들은 주로 전쟁이 발발하자 패하거나 도망한 자들로 원래는 참형에 처해야 하나 군사수가 부족하고 화급을 다투는 국가 위기 속에서 재능 있는 장수를 활용할 수밖에 없었던 상황을 반영하고 있다.

이러한 상황은 다음과 같은 선조의 언급을 통해 확인할 수 있다.

> 당초 도망한 장수를 난리통에 일일이 율대로 조치하기에는 형세가 어려워 어쩔 수없이 구차하게 처리하여 그 시행한 법이 백의종군에 불과하였다. 이제 나라가 처음으로 회복되었으니 먼저 군율을 바로잡지 않을 수 없다. 박홍, 신익 그리고 패배한 장수 및 도망한 수령으로 더욱 심한 자는 즉시 전형典刑을 시행하고 그 다음은 뒤따라 처리할 뜻을 비변사에 묻도록 하라.

위 선조의 언급을 통해 볼 때 임진왜란 당시 죄를 범한 장수들의 죄질이 매우 중대하다는 것을 알 수 있다. 그리하여 원래 이들을 보다 중한 형에 처해야 하였지만 나라가 위태로운 상황을 맞아 일단 적과 싸워 공을 세우도록 한 것이었다. 그런데 이제 평양성이 수복되고 일본군이 남하하는 상황을 맞아 나라가 어느 정도의 안정을 찾아가자 원래의 군율을 적용하고자 하는 선조의 의지를 나타낸 것이다. 그러나 당시 비변사에서는 박홍과 신익 등을 군율에 따라 집행하기 어려움을 건의하였다. 그 이유는 이미 백의종군하면서 공을 세운 자를 다시 무겁게 처벌하는 것은 옳지 않다는 것이다. 다만 공이 없는 자들에 대해서는 보다 상세하게 조사하여 그 죄가 매우 심한 자에 한해 논죄함이 타당함을 건의하였다.

조선시대 백의종군을 적용한 경우는 위와 같은 국가적 변란 시기 외에도 소소한 사례들이 보인다. 예컨대 관할하는 곳의 백성이 1명이라도 적에게 붙잡혀 갔을 때 그 지휘관, 임금의 가는 길을 잘못 인도한 경우 등이 그것이다. 그렇지만 대다수가 위에서 언급한 임진왜란이나 삼포왜란, 병인양요, 신미양요 등 크고 작은 국가의 위기 상황에 적용한 것으로 나타나고 있다.

# 1587년
# 이순신의 제1차 백의종군

06

　이순신은 그의 생애 중 2번의 백의종군을 당하였다. 첫 번째는 그의 나이 43세 때인 1587년에 조산보만호 겸 녹둔도 둔전관 직책을 수행하던 시절의 일이었다. 이순신은 건원보 권관직을 수행하던 중 부친상을 당해 아산에서 3년상을 치르고, 그의 나이 42세이던 1586년에 조산보 만호직에 부임하였다. 그리고 이듬해에는 녹둔도 둔전관을 겸직하였다.

　이순신이 근무하던 조산은 행정구역상 경흥도호부에 소속되었다. 경흥도호부는 6진의 하나로써 동쪽으로 조산포까지 35리, 남쪽으로 바다까지 40리, 서쪽으로 경원부 경계까지 36리, 북쪽으로 두만강까지 35리, 한양까지 거리는 2,205리 떨어져 있었다. 조산포영은 경흥부 동쪽 35리에 있다. 석성으로 둘레 1,579척, 높이 8척이다. 옛날 진변보가 바로 이곳이다. 이곳에 수군 만호 1명이 배치되었는데 바로 이순신이 이곳에 부임한 것이다.

## 둔전제도란?

이순신이 둔전관을 역임한 곳인 녹둔도농보鹿屯島農堡는 사차마도沙次麼島에 있는데, 이 섬은 경흥부 남쪽 56리에 있고 '녹둔도'라고도 불린다. 녹둔도 농보는 토성으로 둘레 1,247척, 높이 6척이다. 두만강이 바다로 흘러 들어가는 지점에서 조산포까지 20리 떨어져 있는데, 병선이 배치되어 조산만호가 관장한다. 하절기에는 본포 수군이 이곳에 분산 주둔한다.

녹둔도 둔전은 1583년(선조 16)에 니탕개의 반란이 일어나자 함경도 감사 정언신이 군량미를 확보하려고 두만강 하구 어귀에 있는 녹둔도에 둔전을 설치한 것이다. 당시 녹둔도는 두만강 하구에 위치한 비옥한 땅이었다. 이 녹둔도에 둔전을 설치한 이후 이순신이 부임하여 이곳의 둔전 관리를 겸직하게 되었다. 여기서 둔전이란 무엇인가?

둔전은 원래 교통과 운송이 발달되지 못한 중세사회에서 국방상의 요충지에 주둔하고 있는 군사로 하여금 황무지荒蕪地와 진전陳田(장기간 경작하지 않아 황폐된 토지) 등을 개간, 경작케하여 군수에 충당하는 이른바 차전차경且戰且耕의 군사목적용 특수지목●이다. 특히 함경도 지역은 지형이 험하고, 교통과 도로가 발달하지 못한 지역이었기 때문에 둔전에 의한 군량조달은 매우 중요한 부분을 차지하였다.

● 군사목적용 특수지목
이를 국둔전國屯田이라고 한다. 1424년(세종6)부터는 주, 부, 군, 현에 군자가 부족하다는 이유로 지방관에도 둔전을 두는 제도가 생겼는데 이것을 관둔전官屯田이라고 하였다.

둔전의 실질적인 관리와 경영은 둔감, 즉 둔전 감관이 담당하였다. 이들은 파종에서 추수까지 전 과정을 관할 감독하는 둔전경영의 실질적인 책임자였다. 이들은 사료상으로 '감관', '둔전별장', '둔전관', '둔장' 등 다양한 명칭으로 나타나며, 같은 직임이라도 상황에 따라 달리 불리기도 했다. 이 시기 주로 군영문들이 둔전 개설을 주도함에 따라 그 관리, 수취자에게도 군사적 임무가 중시되었다. 이 경우 주로 둔초관, 교련관 등 군영문에 소속된 직원이나 장교를 현지에 파견하여 둔전의 관리와 경영을 담당하는 한편 둔민을 부대로 편성하여 군사훈련을 병행하기도 했다.

### 녹둔도 전투의 전말에 주목하자

둔전관리를 이순신이 맡고 있었던 그 해 9월, 녹둔도는 오랑캐들의 침입으로 큰 피해를 입었는데, 군사 10여 명이 피살되고 백성 160명이 붙잡혀갔다. 당시 경흥부사 이경록이 연호군煙戶軍**을 이끌고 녹둔도에 들어가서 이순신과 함께 곡식을 수확하였는데, 시전에 사는 콜간 우디캐兀狄哈족의 대추장 하오랑아何吾朗阿가 내지의 우디캐족을 이끌고 갑자기 침략해 온 것이다. 이들은 러시아의 포세이트만 일대의 연해주에 살던 족속들이었다.

>● ● **연호군**煙戶軍
>고려시대 때는 농민으로 조직된 지방군으로 농한기에는 군문에, 농번기에는 농사에 종사하였다. 조선시대에는 각 호에 배당되어 부역에 나아가던 인부를 말한다.

당시 북방의 오랑캐는 두만강을 건너야만 조선의 6진을 침입할 수 있었으므로 겨울철에 강이 얼어붙을 때에 대개 침범하였다. 그런데 여름철에 숲이 우거질 때도 작은 가죽배 자피선者皮船(1, 2인용의 가죽 보트)을 타고 건너오거나 또는 강물이 얕은 곳을 골라서 몰래 건너오기도 하였다. 이에 강물이 얕은 곳에는 목익木杙(나무 말뚝)을 설치하였다.

녹둔도 사건은 니탕개 반란에 가담하였던 시전의 번호藩胡들이 녹둔도의 둔전을 방해하려고 침입한 것이었다. 시전 번호들은 1583년(선조 16) 가을과 1584년(선조 17) 겨울에 경흥의 무이보를 대규모로 약탈하기도 하였다.

여기서 번호藩胡에 대해 좀 더 살펴보자. 원래 여진족은 씨족 단위로 수렵이나 유목을 하면서 이동생활을 하였으나 조선 중기에 여진의 농경이 발달하면서 정착 마을이 광범위하게 늘어나고, 중심부락도 생겨났다. 이처럼 두만강 북쪽의 평야지대에 널리 퍼져 살면서 농경생활을 하던 여진족의 부락을 번호라고 하였다. 번호란 말은 조선에 복속하여 내지의 사나운 우디캐족의 침입을 막아 주는 울타리 역할을 하던 근경 오랑캐를 말한다.

그림 1-1 **조산보 및 녹둔도 위치도**

### 이순신의 제1차 백의종군

녹둔도 사건은 피해가 매우 컸기 때문에 북병사 이일李鎰은 이순신과 이경록을 하옥시키고 녹둔도 사건을 중앙에 보고하였다. 비변사에서는 이경록과 이순신 등을 잡아와서 취조할 것을 주장하였으나, 선조는, "전쟁에서 패배한 사람과는 차이가 있다. 북병사로 하여금 장형을 집행하게 한 다음 백의종군시켜서 공을 세우게 하라."고 하여, 북병사 이일은 이순신 등에게 장형을 가하고 변방에 충군시켜서 백의종군하게 하였다.

이렇게 하여 이순신은 백의종군하게 되었다. 그러면 당시 이러한 피해가 발생한 것은 이순신만의 잘못일까? 이에 대해 이분의 「행록」에는 다음과 같은 기록이 있다.

> 정해년 가을에 녹둔도 둔전의 소임을 겸하게 되었는데 이 섬이 외롭고 멀리 있으며, 또 수비하는 군사가 적은 것이 걱정스러워 여러 번 병사 이일에게 보고하여 군사를 증원시켜 달라고 청하였으나 일이 듣지 않았다. (중략) 병사가 공을 죽여서 입을 막아 자기 죄를 면하려고 공을 구속하여 형벌을 가하려 하였다. (중략) 일鎰이 패군한 심문서를 받으려 하므로 공은 거절하며 "내가 병력이 약하기 때문에 여러 번 군사를 증원해 주기를 청했으나 병사가 들어 주지 않았는데 그 공문이 여기 있으니 조정에서 만일 이것을 알면 죄가 내게 있지 않을 것이요. 또 내가 힘껏 싸워서 적을 물리치고 추격하여 우리 사람들을 탈환해 왔는데 패군으로 따지려는 것이 옳단 말이요?"하며 조금도 말소리나 동작을 떨지 않으니 일이 대답하지 못하고 한참 만에 가두기만 하였다.

위의 기록을 통해 볼 때 이순신이 사전에 병력증원을 요청해서 녹둔도 수비를 강화시키려고 노력한 것을 알 수 있다. 그러면 당시 조산보에는 어느 정도의 병력이 주둔하고 있었을까? 시기적으로 차이가 있어서 정확한 숫자는 알 수 없지만, 『제승방략』의 「열진방어」편에 보면 6진의 주진을 제외한 나머지 진보는 토착군사가 125명을 넘는 곳은 동관진·고령진·보을하진의 3진뿐이며, 나머지는 모두 남방부방군을 합해야 125명을 채울 수 있었다. 그러나 진보에서 보면 진鎭은 모두 125명을 넘기고 있으나, 보堡는 규모가 작아서 두 군사를 합쳐도 125명을 채우지 못하는 곳이 많았다. 다음 〈표 1-4〉에서 확인할 수 있다.

표 1-4 『제승방략』의 6진별 토착군사 및 남방부방군

| 6진 | 소속진보 | 토착군사 | 남방부방군 | 계 |
|---|---|---|---|---|
| 경흥진 | 서수라보 | 24 | 18 | 42 |
| | 조산보 | 48 | 30 | 78 |
| | 경흥진 | 198 | – | 198 |
| | 무이보 | 62 | 25 | 87 |
| | 아오지보 | 63 | 14 | 77 |
| | 소 계 | 395 | 87 | 484 |
| 경원진 | 아산보 | 69 | 52 | 121 |
| | 건원보 | 58 | 42 | 100 |
| | 안원보 | 47 | 37 | 84 |
| | 경원진 | 379 | – | 379 |
| | 훈융진 | 114 | 39 | 153 |
| | 소 계 | 667 | 170 | 837 |
| 온성진 | 황자파보 | 56 | 15 | 71 |
| | 미전진 | 81 | 28 | 109 |
| | 온성진 | 323 | – | 323 |
| | 유원진 | 123 | 44 | 167 |
| | 영건보 | 80 | 49 | 129 |
| | 소 계 | 663 | 136 | 799 |

| 6진 | 소속진보 | 토착군사 | 남방부방군 | 계 |
|---|---|---|---|---|
| 종성진 | 동관진 | 183 | 56 | 239 |
| | 종성진 | 623 | - | 623 |
| | 방원보 | 82 | 59 | 141 |
| | 세천보 | 42 | 58 | 100 |
| | 소 계 | 930 | 173 | 1,103 |
| 회령진 | 고령진 | 189 | 39 | 228 |
| | 회령진 | 545 | - | 545 |
| | 보을하진 | 150 | - | 150 |
| | 풍산보 | 118 | 19 | 137 |
| | 소 계 | 1,002 | 58 | 1,060 |
| 부령진 | 양영만동보 | 28 | 50 | 78 |
| | 무산보 | 103 | 70 | 173 |
| | 부령진 | 325 | | 325 |
| | 옥련보 | 53 | 50 | 103 |
| | 소 계 | 509 | 170 | 679 |
| 합계 | 27개 진보 | 4,166 | 794 | 4,960 |

출처 : 『제승방략』, 권1에서 관련 내용만 종합하였음.

 특히 위 〈표 1-4〉에서 보는 바와 같이 당시 조산보의 병력은 전체 27개 진보 중 그 규모 면에서 최하위권에 해당된다. 이러한 적은 병력으로 이격되어 있는 녹둔도의 수비까지 담당해야 하기 때문에 이순신이 병력증강을 요청한 것은 타당한 요구라고 할 것이다. 그러나 이일은 이러한 이순신의 요구를 수용하지 않고 무시했던 것이다. 그런데 당시 북병사 이일은 이러한 사실은 감춘 채 패전한 내용만 조정에 보고한 것으로 볼 수 있다. 아마 이순신의 조카 이분이 후일 이순신에게 사건의 전말을 듣고 기록한 것으로 보인다.

07

# 제1차 백의종군, 이순신은 어떤 활동을 했나?

이순신이 백의종군하면서 어떤 활동을 했는지에 대해서는 자료의 부족으로 구체적인 내용은 알 수 없다. 다만 이순신이 백의종군 중이던 44세 되던 해(1588년) 2월에 오랑캐 진영을 토벌한 시전부락전투가 있었는데, 이 전투에서 이순신은 '우화열장'이란 전투 직책으로 참가하여 공을 세웠다. 이러한 사실을 위주로 살펴보고자 한다.

당시 조선에서는 오랑캐의 침입을 응징하기 위해 가끔 오랑캐의 본거지를 공격하였는데, 전방에서 대규모로 적을 공격할 때에는 '6진대분군'법에 의해서 6진의 토착 군사들을 총동원하여 절도사의 지휘 아래 5위체제를 갖추었다. 그리고 후방에서 소규모로 적을 공격할 때에는 '3고을 분군'법에 의하여 후방 3고을의 군사를 동원하여 3위체제를 갖추었다. 시전부락 공격전 때는 '3고을분군'의 3위체제를 편성하여 공격작전을 실시하였다.

● 장양공시전부호도
이 그림은 박준상 씨가 소장한 것으로 현재 육군박물관에 전시되어 있다. 1588년 1월에 병마사 이일이 시전부락을 정벌하던 모습을 화공이 그린 것인데, 이 그림의 내용이 바로 '제승방략'의 작은 공격형 진법인 3위체제를 보여 주고 있다. 이 그림은 3위의 진형을 하나의 화폭에 담아 그 진도를 한눈에 알 수 있도록 그린 것이다.

그림 1-2 **장양공시전부호도**

당시의 전투편제에 대해서는 〈그림 1-2〉 '장양공시전부호도'*의 아랫부분에 기재되어 있다. 이를 통해 그 당시의 전투 참가자 현황에 대해 살펴볼 수 있다. 이를 정리하면 〈표 1-5〉와 같다.

표 1-5 **장양공시전부호도에 기재된 전투편제**

| 구분 | 전투편제 | 직책 및 성명 |
|---|---|---|
| 대장 | 대장 | 가선대부 함경북도 병마절도사 이일 |
| 중위 | 조전장 | 절충장군 함경북도 병마우후 서득운 |
| | 종사관 | 창신교위 함경북도 병마평사 이용순 |
| | 종사관 | 승의랑 전 수성도찰방 심극명 |
| | 심약 | 선교랑 이혜정 |

Part 1. 이순신의 백의종군, 7년전쟁의 전환점이 되다  049

| 구분 | 전투편제 | 직책 및 성명 |
|---|---|---|
| 중위 | 조전장 | 급제 조대곤 |
| | 조전장 | 급제 신각 |
| | 조전장 | 급제 이영 |
| | 조전장 | 급제 원호 |
| | 조전장 | 전 판관 한인제 |
| | 조전장 | 창신교위 무이보 병마만호 김억추 |
| | 조전장 | 병절교위 훈련원참군 박홍장 |
| 좌위 | 선봉장 | 절충장군 고령진 병마첨사 유극량 |
| | 용양도장 | 급제 이발 |
| | 호분도장 | 전 현감 이종인 |
| | 사후도장 | 급제 우응태 |
| | 웅박도장 | 권지훈련원봉사 황대붕 |
| | 표확도장 | 통덕랑 통례원 인의 김경복 |
| | 좌골(돌?)격장 | 급제 서예원 |
| | 우골(돌?)격장 | 어모장군 도총부 경력 송홍득 |
| | 좌화열장 | 급제 이옥 |
| | 우화열장 | 급제 변양후 |
| | 좌부장 | 급제 강중룡 |
| | 전부장 | 급제 박지진 |
| | 위장 | 가선대부 행 회령 도호부사 변언수 |
| | 종사관 | 전 판관 조경 |
| | 중부장 | 창신교위 훈련원 주부 노흥문 |
| | 유군장 | 창신교위 용양위 후부장 이염 |
| | 우부장 | 급제 권홍 |
| | 후부장 | 병절교위 부사과 송제 |
| | 참퇴장 | 급제 박인봉 |
| | 한후장 | 현신교위 영건보 병마만호 박윤 |
| | 1계원장 | 중직대부 부령도호부사 이지시 |
| | 2계원장 | 조산대부 경흥도호부사 정현룡 |

| 구분 | 전투편제 | 직책 및 성명 |
|---|---|---|
| 우위 | 선봉장 | 절충장군 함경북도 조방장 이천 |
| | 영장 | 권지훈련원봉사 강만남 |
| | 용양도장 | 절충장군 행 부호군 선거이 |
| | 영장 | 보인 이용재 |
| | 호분도장 | 절충장군 전 우후 김우추 |
| | 사후도장 | 급제 오언량 |
| | 웅박도장 | 급제 이충헌 |
| | 표확도장 | 전 찰방 황진 |
| | 좌골(돌?)격장 | 선략장군 훈련원첨정 원희 |
| | 우골(돌?)격장 | 급제 이경록 |
| | 좌화열장 | 급제 성천지 |
| | 우화열장 | 급제 이순신 |
| | 좌부장 | 현신교위 수문장 홍우 |
| | 전부장 | 권지훈련원봉사 신초 |
| | 위장 | 통정대부 온성도호부사 양대수 |
| | 종사관 | 급제 김성☐ |
| | 중부장 | 권지훈련원봉사 김몽호 |
| | 유군장 | 전 판관 전봉 |
| | 우부장 | 훈련원 습독 원유남 |
| | 후부장 | 권지훈련원봉사 ☐☐☐ |
| | 참퇴장 | 전 만호 김광수 |
| | 한후장 | 승의부위 서수라보 권관 임수형 |
| | 1계원장 | 통정대부 종성 도호부사 원균 |
| | 2계원장 | 봉훈랑 명천현감 ☐☐☐ |

위 〈표 1-5〉에서 보면 이순신이 백의종군 중일 때 신분을 나타내는 중요한 용어를 발견할 수 있다. 즉, 이순신은 전투편제 상 '우화열장 급제 이순신'이라고 기재되어 있다. 앞에서 살펴보았듯이 이순신은 선조로부터

이경록과 함께 백의종군을 명 받은 바 있다. 여기서 이순신뿐만 아니라 이경록도 이름 앞에 '급제'라는 용어가 붙어 있다. 그러면 이 '급제'는 무슨 뜻인가.

'급제'는 과거에 급제했지만 아직 봉작과 관직을 받지 못한 상태라고 할 수 있다. 다시 말해 이것은 백의종군 중의 위상을 나타내는 용어이자 과거에 급제한 자에게 해당되는 명칭이다. 따라서 과거에 급제하지 못한 자들에게는 이러한 용어를 붙일 수가 없다는 의미이다. 이렇게 볼 때 이순신이 백의종군 중일 때 신분은 결코 하급 군졸의 신분으로 되돌아 간 것이 아님을 알 수 있다.

위 〈표 1-5〉에서 보면 급제라는 용어가 붙어 있는 인물은 이순신을 포함하여 모두 19명이다. 따라서 백의종군을 하던 인물들이 모두 19명이라는 것을 알 수 있고, 이는 전체 장수급 인물 58명 중 32%에 해당된다. 이들 중 이순신을 포함하여 서예원, 조대곤 등은 임진왜란 때 또 한 번의 백의종군을 경험하게 되는 것이 특기할 만하다. 아울러 당시 같은 우위右衛에 종성부사 원균이 포함되어 있음을 알 수 있다. 원균은 종성부사로서, 이순신은 백의종군 신분으로서 같은 전투에 참가하고 있음은 주목할 만하다.

# 1597년 10년만에 제2차 백의종군을 당하다

08

　이제 원래의 시간으로 돌아가서 이순신의 두 번째 백의종군에 대해 살펴보고자 한다. 앞 절에서 일부 언급한 바와 같이 그는 당시 선조의 자의적인 판단과 일본군의 간계, 당쟁에 따른 조정 일부 신료들의 모함 등이 복합적으로 작용한 결과 그해 2월 26일에 한산도에서 체포되어 3월 4일 한양에 투옥되었다. 27일 동안의 옥살이 후 4월 1일에 풀려나게 되면서 이후 초계(합천 율곡)에 있던 도원수 권율의 진영에 가서 백의종군을 하게 되었다. 다시 말해 4월 1일부터 다시 삼도수군통제사로 임명되는 8월 3일까지 약 4개월간이 이순신의 백의종군 기간이다.

　그러면 이순신은 무엇 때문에 파직된 채 의금부에 투옥된 것일까? 이에 대한 이유를 알아야 이순신이 백의종군하게 되는 배경을 이해할 수 있을 것이다. 따라서 당시 이순신에게 부여된 죄목을 살펴보면서 이것이 어떤 의미를 가지는지에 대해 먼저 정리하고자 한다.

## 선조가 주장하는 이순신의 3가지 죄상

이순신의 죄목을 언급한 구체적인 기록은 1597년(선조 30) 3월에 선조가 우부승지 김홍미에게 전달한 비망기에 보인다.

> 비망기로 우부승지 김홍미에게 전교하였다. "이순신이 조정을 기망한 것은 임금을 무시한 죄이고, 적을 놓아 주어 치지 않은 것은 나라를 저버린 죄이며, 심지어 남의 공을 가로채고 남을 모함하여 죄에 빠뜨렸으니 한없이 방자하고 기탄이 없는 죄이다. 이렇게 허다한 죄상이 있고서는 법에 있어서 용서할 수 없는 것이니 율을 상고하여 죽여야 마땅하다. 신하로서 임금을 속인 자는 반드시 죽이고 용서하지 않는 것이므로 지금 형벌을 끝까지 시행하여 실정을 캐어내려 하는데 어떻게 처리할 것인지 대신들에게 하문하라."("以備忘記 傳于右副承旨 金弘微曰 李舜臣 欺罔朝廷 無君之罪也 縱賊不討 負國之罪也 至於奪人之功 陷人於罪 無非縱恣無忌憚之罪也 有此許多罪狀 在法罔赦 當按律誅之 人臣而欺罔者 必誅不赦 今將窮刑得情 何以處之 問于大臣")

위의 기록에 보면 선조가 파악한 이순신의 죄상은 3가지이다. 즉 ① 조정을 속였으므로 임금을 무시한 죄欺罔朝廷 無君之罪, ② 적을 치지 않았으므로 나라를 저버린 죄縱賊不討 負國之罪, ③ 남의 공을 가로채고 남을 모함하여 죄에 빠뜨렸으니 한없이 방자하고 기탄이 없는 죄奪人之功 陷人於罪 無非縱恣無忌憚之罪 등이다. 이러한 죄상에 대한 보충설명은 기존 연구 성과들에 자주 거론되고 있으므로 여기에 대해서는 요약하여 제시하고자 한다.

첫째, ① '조정을 속였으므로 임금을 무시한 죄'에 관해서이다. 이것은 일반적으로 1596년(선조 29) 12월 12일에 일어난 부산 왜영 방화放火 사건에 근원을 둔다. 즉 12월 12일 야간에 부산에 있던 왜영에서 불이 일어나 가옥 1천여 호와 화약이 쌓인 창고 2개, 군기와 잡물 및 군량 26,000여 섬이 든 곳집과 왜선 20여 척이 모두 불에 타고 왜인 24명이 불에 타 죽은 사건을 말한다. 이 사건에 대해 이순신은 그의 부하인 안위, 김난서, 신명학 등이 모의하여 이룩한 공이라고 보고하였다. 그런데 이 장계가 조정에 보고된 다음 날에 올라온 다른 장계에 의하면 이 사건은 도체찰사 이원익이 도모하여 성공시킨 사건이라는 내용을 담고 있다. 부연하면 당시 이원익의 군관 정희현은 그의 심복인 부산 수군 허수석과 모의하여 왜영을 불태웠다는 것이다. 그러면서 이 보고서에 의하면 당시 이순신의 군관이 부사의 복물선을 운반하는 일로 부산에 도착했었는데 마침 적의 영이 불타는 것을 보고는 이순신에게 보고하여 자신의 공으로 삼은 것일 뿐 이순신은 당초 이 사정을 모르고서 치계한 것이라고 하였다.

　이러한 행위에 대해서 선조는 매우 유감을 표시하면서 이순신의 잘못을 수차례 강조하고 있다. 이를테면 "이순신이 부산 왜영을 불태웠다고 조정에 속여 보고하였는데, 영상이 이 자리에 있지만 반드시 그랬을 이치가 없다. 지금 비록 그의 손으로 청정의 목을 베어오더라도 결코 그 죄는 용서해 줄 수 없다."라고 하면서 조정을 속인 이순신의 행동을 질책하고 있다. 이어서 같은 날 다른 자리에서도 위의 사실에 대해 "왜영을 불태운 일도 김난서와 안위가 몰래 약속하여 했다고 하는데, 이순신은 자기의 계책을 세워 한 것처럼 하니 나는 매우 온당치 않게 여긴다."라고 재삼 강조하고 있다.

　둘째, ② '적을 치지 않았으므로 나라를 저버린 죄'에 관해서이다. 이것은 일본군의 간계와 연관된 부분이다. 이에 대해서는 앞에서도 언급한 바 있지만 재삼 요약하여 살펴보고자 한다. 이를테면 일본군이 정유년에 침입해 올 당시 일본군 첩자 요시라에 의해 가토오의 도해가 1월 초에 이루어지니 이를 조선 수군이 요격하면 더 이상의 전쟁은 발생하지 않는다는 정보가 조선 조정에 접수된 것이다. 이에 선조는 경상도 제진위무사 황신에게 비밀리 지시하여 이순신에게 부산 앞바다로 출동하도록 하였다. 그러나 이순신은 다음과 같은 이유를 들어 출동하지 않았다.

> "바닷길이 험난할 뿐만 아니라 적이 반드시 육지의 여러 곳에 복병을 설치하고 기다릴 것이니, 배를 많이 거느리고 가면 적이 알지 못할 리 없고 배를 적게 거느리고 가면 도리어 습격을 당할 것이다."

이러한 이순신의 판단에 따라 조선 수군은 출전하지 않았고 이에 대해 선조는 매우 유감을 표명하면서 수차례에 걸쳐 이순신을 비난하였다.

셋째, ③ '남의 공을 가로채고 남을 모함하여 죄에 빠뜨렸으니 한없이 방자하고 기탄이 없는 죄'에 관해서이다. 여기에 대해서는 기존 해석들이 일부 오류를 보이고 있다. 즉, 많은 저작물에서 '남의 공을 가로채고 남을 모함한 죄'와 '한없이 방자하고 기탄이 없는 죄'로 나누어 설명하고 있는 것이다. 그렇지만 이것은 잘못된 해석이다. 따라서 정확하게 해석한다면 이것은 한 가지 죄(방자하고 기탄이 없는 죄)이고 앞에 것(남의 공을 가로채고 남을 모함하여 죄에 빠뜨린 것)은 이 죄를 수식하는 사례일 뿐이다.

이 죄목의 배경 사례는 흔히 이순신과 원균의 관계에 집중하여 설명한다. 먼저 남의 공을 가로챘다는 것은 어떤 의미인가? 이는 7년전쟁 초기 원균의 경상우수군과 이순신의 전라좌수군이 연합하여 제1차 출전(옥포, 합포, 적진포해전)에서 일본군을 물리쳤을 때로 거슬러 올라간다. 이 승전보를 원균은 연명으로 조정에 보고하자고 했지만 이순신은 차후에 하자고 한 후 단독으로 장계를 올렸다. 이후 조정에서는 경상우수군보다 전라좌수군에 더 큰 상을 내렸다. 이 사실에 대해 원균은 매우 불쾌해 하였고, 이후 사이가 벌어지게 되었다. 이러한 사실에 대해 조정에서는 원균과 이순신의 불편한 관계를 언급하면서 자주 거론하였고, 이를 선조가 알게 되면서 이 죄목에 포함시킨 것으로 보인다.

이어서 남을 모함하여 죄에 빠뜨린 것은 무엇을 의미하는가? 이것 역시 이순신과 원균의 관계에 관한 사안이다. 이를테면 이순신이 말하기를 원균은 그의 아들이 12살밖에 안되는 어린아이임에도 성인인양 군공에 올렸다고 한 것이다. 이에 대해 원균은 자신의 아들이 18세임으로 군역을 수행할 자격이 있다고 주장하였는데, 당시 이덕형은 원균의 말이 옳았다고 판정을 내린 바 있다. 이렇게 이순신은 남의 군공을 가로채고 남을 모함하기도 하는 등 매우 방자하고 기탄이 없다고 선조는 평가한 것이다.

그런데 위의 세 가지 죄명 중 선조 임금과 당시의 조정 신료들이 가장 무겁게 판단한 것은 두 번째 가토오의 도해를 차단하지 않은 사실로 보인다. 사실 첫 번째와 세 번째 죄목은 전장에서 한 영웅을 사형시킬 만한 죄목으로 볼 수 없다. 이것은 두 번째 죄목을 보충하기 위해 추가한 죄로 보인다. 앞에서 살펴보았듯이 '임금을 업신여긴 죄'도 두 번째 죄목을 거론하면서 언급하고 있는 것이 한 가지 사례이다.

### 가토오의 도해는 이순신의 잘못이 아니다

두 번째 죄목인 가토오의 도해를 차단하지 않은 것은 이순신의 잘못일까? 이에 대해 이분의 「행록」에 수록된 기사를 참고해 볼 수 있다.

> 정유년 정월 21일 권원수가 한산진에 이르러 공에게 하는 말이, "청정이 쉬이 다시 오리라하니 수군은 꼭 요시라의 말대로 하라. 그래서 기회를 잃지 말도록 하라." 하였다. 이때 조정에서는 한창 원균의 말을 믿고 공을 비방하여 마지않으므로 공은 비록 마음 속으로 요시라에게 속는 것인 줄을 알면서도 감히 그 앞에서 그냥 물리쳐 버릴 수 없었다. 원수가 육지로 돌아간 지 겨우 하루 만에 웅천에서 온 보고가 "지난 정월 15일에 청정이 장문포에 와서 닿았다."는 것이었다. 그렇건만 조정에서는 청정이 무사히 도착했다는 말만 듣고 공이 그를 사로잡지 못한 것만을 꾸짖으며 대간들의 여론이 분분하여 적을 놓쳐버렸다는 것으로 벌을 내리기를 청하였다. 그리하여 마침내 잡아다 국문하라는 명령이 내려졌다.

위의 기록이 실제 날짜 및 장소와 다르기 때문에 정확성에는 문제가 있다. 그리고 이순신에게 그러한 정보를 제공한 사람은 도원수라기보다는 황신이었을 가능성이 크다. 그렇지만 전반적인 사건 요지는 대개 위와 같다고 볼 수 있다. 다시 말해 조정의 명령이 도달했을 때는 이미 일본군이 조선에 도착한 지 6일이나 지난 뒤였다. 따라서 이순신이 출동했더라도 가토오의 도해를 막을 수가 없는 입장이었다.

그런데 조정에서는 나름대로 이러한 실상을 정확하게 규명하기 위해 성균관 사성成均館司成 남이신南以信을 어사로 파견하였다. 그런데 남이신은 전라도에 도착하자 전라도 지역민들로부터 이순신이 원통하게 붙잡혀갔으니 석방해야 한다는 탄원을 들었음에도 이를 묵살하였다. 오히려 그는 "가등청정이 해도에 머무르는 7일 동안에 우리 군사가 만약 나갔다면 가히 적장을 잡아올 수 있었을 것인데, 이순신이 머뭇거리고 나가지 않아서 그 기회를 놓쳐버렸습니다."라는 음해성 보고를 하였다.

### 이순신, 두 번째 백의종군을 당하다

이순신은 결코 붙잡혀 와서 옥고를 치를 만한 죄를 지었다고 볼 수 없다. 당시 탁상공론만 일삼던 조정의 판단과 일부 신료들의 음해 때문에 이러한 결과를 초래했다고 보인다. 유성룡이 "내가 이순신을 천거했기 때문에 나와 사이가 나쁜 사람들은 원균의 편을 들어 이순신을 몹시 모함했다."고 언급한 것도 한 예일 것이다. 물론 이러한 결과의 이면에는 선조의 이순신에 대한 부정적 인식도 크게 작용하였음은 물론이다. 어쨌든 이러한 이유들 때문에 이순신은 옥에 갇혀 고초를 겪었고, 우여곡절 끝에 백의종군하게 되었다.

그런데 선조가 이순신을 사형시키겠다는 결심을 했다가 백의종군으로 완화시킨 이유는 무엇일까. 그것은 정확하게 알 수 없지만 다음의 두 가지 이유 때문이라고 생각된다. 첫째는 강화 기간 동안 전쟁 상황이 급박하지 않았기에 이순신을 처벌하여 일벌백계를 행하려고 하였다가 이제 일본군의 침입이 기정사실화되고 전쟁이 격화되는 움직임 속에서 유능한 장수를 함부로 사형시킬 수 없다는 판단을 한 것이다. 둘째는 이원익, 정탁 등 조정의 많은 신료들이 이순신의 석방을 건의하였고, 심지어 이순신 막하인물들 마저 이순신 구원 노력을 펼친 데 대해 심적 부담감이 작용했을 것으로 보인다. 이러한 여러 가지 상황은 선조로 하여금 이순신에 대한 강력한 처벌을 제한하는 요인이 되었던 것으로 생각된다.

09

# 제2차 백의종군,
# 이순신의 행적을 따라가보자

　이순신은 1597년 4월 1일 출옥하였다. 그가 출옥한 날 친척인 생원 윤간尹侃의 종의 집에 이르러 이틀간 묵었다. 이때 그를 찾아온 인물들을 보면 집안 인물들로는 아들 울(정유년 5월 3일 열로 개명함)과 조카 봉 및 분, 윤사행과 원경이 있었고, 이순신의 핵심참모로 활약했던 이순신李純信이 마침 경기도 유도방호대장留都防護大將직을 수행하고 있었기에 술을 가지고 와서 위로하였다. 그리고 지사 윤자신과 비변사 낭청 이순지, 윤기헌 등이 와서 만났다. 특히 이순신의 후원 세력이랄 수 있는 영의정 유성룡, 판부사 정탁, 판서 심희수, 우의정 김명원, 참판 이정형, 대사헌 노직, 동지 최원과 곽영 등이 사람을 보내 위로하였다. 그리고 다음날에는 유성룡의 집을 방문하여 긴밀한 대화를 나눈 후 4월 3일부터 백의종군 노정이 시작되었다. 이와 같이 백의종군 신분이지만 이순신은 평소의 지인들로부터 위로와 인사를 받으면서 백의종군의 첫걸음을 내딛고 있음을 알 수 있다. 다시 말해 전관예우를 톡톡히 받고 있는 것이다.

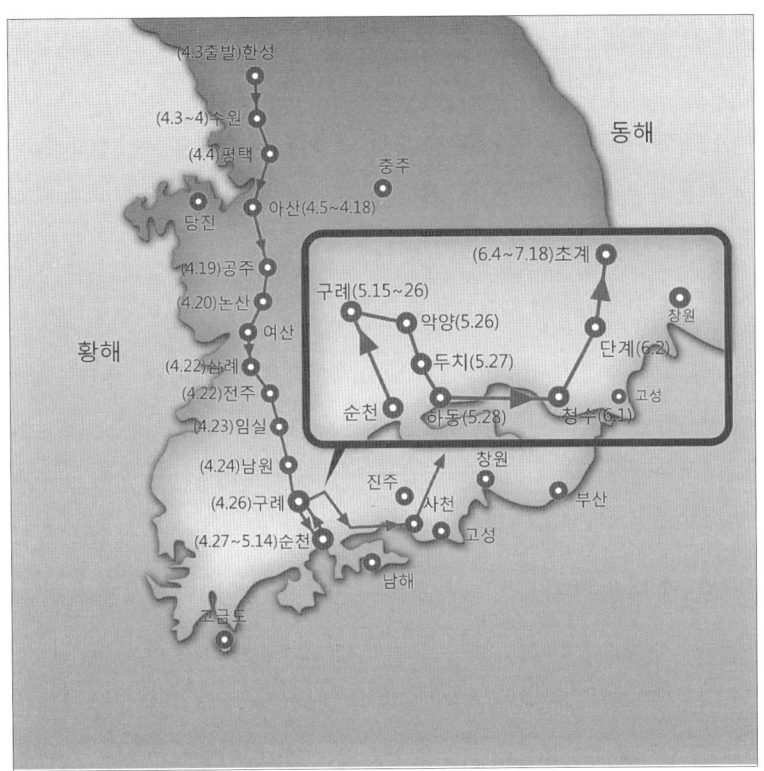

그림 1-3 **이순신의 백의종군로**

4월 1일부터 8월 2일까지 120일간의 백의종군 기간 중 이순신의 행적상 특징을 보면 크게 도원수 진에 도착하는 6월 4일까지 62일간의 여정旅程과 도착 후 59일간의 도원수진에서의 활동으로 나눌 수 있다.

### 이순신이 아산, 순천, 구례에 머문 까닭은

이순신이 4월 3일 한양을 출발하여 6월 4일에 경상도 초계에 위치한 도원수진에 도착하기까지의 여정을 살펴보자. 이 중 특기할 만한 것은 충청도 아산과 전라도 순천 및 구례 등에서는 여정과는 별도로 상당기간 머물렀다는 사실이다. 이순신의 본가가 있는 아산에는 4월 5일에 도착하여 19일에 떠나기까지 14일간 머문다. 이 기간 중 이순신은 조상과 먼저 별세한 친척의 사당을 방문하여 절을 하고 친척 및 지인들과 만나 회포를 푼다. 그런데 이 기간 중인 4월 13일에는 이순신의 어머니가 배를 타고 오다가 안흥량에서 별세했다는 소식을 접한다. 이순신은 어머니의 시신을 인수하고는 4월 18일까지 장례를 치르게 된다. 한창 장례를 치르던 중 이순신은 금부도사의 독촉을 받고는 길을 떠나게 된다. 충군하는 신분이 아니었거나 전시가 아니었다면 본가에 머물러 3년상을 치르는 것이 당연했겠지만 여건이 그렇지 못해 장례를 제대로 치르지 못한 채 길을 떠나게 된 것이다.

다음으로 4월 27일에 순천에 도착한 이순신은 5월 13일까지 17일간 이곳에 머무르게 된다. 이순신이 이곳에 오래 머무르게 된 것은 도원수 권율이 마침 순천에 있었기 때문이다. 그리고 이순신이 6년여 기간 동안 전라좌수사로 근무한 본영이 위치한 곳이기 때문에 전관예우 차원에서 배려한 면도 있다. 여기서 이순신은 도원수 권율이 보낸 군관의 위로를 받으면서 "상중에 몸이 피곤할 것이니 기운이 회복되면 나오라."는 전갈을 받는다. 아울러 이순신은 전라도 병마사 이복남, 순찰사 박홍로 등의 예방을 받고는 조문을 겸해 여러 분야에 대한 대화를 나누기도 하였다. 그리고 우수사 이억기와 체찰부사 한효순 등으로부터 인편을 통한 부의를 전달받기도 하였다. 5월 8일에는 원균으로부터도 조문편지를 받았다.

그런데 이 기간 중 한산도 진중에서 온 인물들이 모친상을 당한 이순신에게 조의를 표하는 한편으로 수군 상황에 대해 보고를 하기도 하였다. 충청우후 원유남과 서산군수 안괄 등이 대표적인 인물들인데, 이들은 전라좌수영에 업무 차 와서 이순신에게 들른 경우도 있지만 개별적인 용무로 이순신을 만나기도 하였다. 이들은 주로 원균의 근황에 대해 부정적인 시각에서 보고하고 있다. 결국 이 기간 중 이순신은 도원수 권율의 바쁜 일정 때문에 인편과 서신으로만 소식을 주고받은 채 5월 14일에 길을 떠나 구례현에 도착하였다. 한편으로 이순신을 인도해 왔던 금부도사 일행은 임무를 종료한 것으로 인식하고 되돌아갔다.

구례현에 도착한 지 이틀 후에 도체찰사 이원익이 구례를 방문한다는 소식을 듣게 되어 체찰사가 만나기를 청하므로 그대로 머문다. 이원익은 이순신이 통제사 시절부터 상호 원활한 관계를 유지한 인물로서 특히 이순신이 투옥되었을 때 이순신의 구명을 위해 노력할 정도로 돈독한 관계를 보였다. 그리하여 5월 20일에는 체찰사 이원익과 만나 깊은 대화를 나눈다. 그리고 5월 22일에는 이순신의 핵심참모 중 일인인 배흥립을 만나 회포를 풀기도 한다. 이 기간 중에도 많은 다수의 인물들이 한산도 진중의 일을 고하기도 한다.

이윽고 이순신은 구례현에 머문 지 13일 만인 5월 26일에 길을 떠나 경상도 하동에 도착하고 이후 정상적인 여정을 밟아 6월 4일에 초계 도원수진에 도착하게 된다.

# 10

# 경상도 초계에서 59일간의 백의종군 활동

초계 도원수진에 도착한 이순신의 59일간의 활동은 크게 다음의 3가지로 나누어진다. 이를테면 첫째, 도원수의 군사업무 관련 자문역할을 수행하였으며, 둘째 둔전경영에 힘쓰고, 셋째 칠천량해전 패전 후의 수군상황을 파악하는 것으로 나눌 수 있다.

첫째, 도원수 권율의 군사업무 관련 자문역할에 관해서 살펴보자. 이순신이 도원수 권율의 자문 역할을 시작한 것은 순천에 도착한 이후부터라고 할 수 있다. 앞에서 언급했지만 순천에 도원수 권율이 주둔하고 있을 때 이순신을 호송해 온 금부도사 일행은 임무를 마치고 돌아갔다. 이후부터는 도원수 권율이 보내 준 군관들과 함께 이동하면서 여러 가지 연락을 주고받았다. 따라서 이때부터 이순신의 군사자문 역할이 시작되었다고 볼 수 있다.

## 도원수 권율에 대한 군사자문 역할

이순신의 군사자문 역할은 실제로 도원수 권율과 종사관 황여일黃汝一

등과의 잦은 문안과 방문을 통해 이루어졌다. 이순신이 도원수 권율과 직접 면대한 것은 6월 8일이 처음이었다. 이때부터 이순신은 도원수 휘하 지휘관들이 도원수에게 올리는 각종 보고서나 도원수가 중앙에 올리는 장계 및 비변사에서 원수부로 하달하는 공문 등을 보면서 수시로 도원수와 종사관 및 지휘관들과 군무를 논하였다. 특히 이때 논의한 분야는 당시 도해한 일본군의 이동에 관해 우병사 김응서와 통제사 원균의 보고에 관한 것들이었다. 즉, 6월 12일에는 서생포에 있던 왜적들이 경주로 진을 옮기려 하므로 이들에 대한 차단작전을 논의하고 있다. 그리고 6월 17일에는 원균이 부산으로 출격하기 전에 안골포의 적을 먼저 쳐야 한다는 작전 계획을 비변사에 올린 데 대해 도원수 권율이 불만스러운 평가와 함께 부정적 의견을 작성하여 이순신에게 보여 주고 있다. 이렇게 도원수와 직접 대면하면서 주로 수군의 실정에 대한 자문 역할을 한 것으로 보인다.

한편 도원수가 출타 중일 때는 도원수의 종사관 황여일과 매우 빈번하게 만나 의견을 교환하였다. 이순신이 황종사관을 직접 만난 횟수가 8차례였고, 황종사관이 이순신에게 문안을 보낸 것이 9차례이며, 이순신이 황종사관에게 문안을 보낸 것이 2차례에 이른다. 황종사관과 군사 문제에 관해 논의한 사실은 다음의 『난중일기』 기록을 통해서도 확인할 수 있다.

> 6월 10일 기사 맑음 : 저녁에 원수의 종사관 황여일이 와서 만나고… 또 산성에 험고한 요새를 쌓지 않은 데 대한 한탄과 당면한 토벌과 방비의 대책이 허술한 것 등을 말하는데, 밤이 깊은 줄도 모르고 돌아갈 것을 잊고서 이야기했다.

6월 25일 갑신 맑음 : 아침을 먹기 전에 황종사관이 와서 만나고는 해전에 관한 일을 많이 말하였다. 군사 문제를 토론하다가 밤늦게야 돌아갔다.

이와 같이 이순신은 초계에 머무르는 동안 직속 군관을 배속받고 도원수와 종사관을 비롯한 원수부 지휘관들과 빈번히 접촉하며 군사문제를 논의하는 등 원수부의 군사자문 역할을 수행하였다.

### 이순신, 권율에서 둔전 경영을 위임받다

이순신은 둔전 경영을 하였다. 앞 절(제1차 백의종군)에서 언급하였듯이 이순신은 조산보 만호 시절 녹둔도 둔전관을 경험한 적이 있다. 그리고 이순신이 전라좌수사겸 통제사로 근무한 수년간 둔전을 직접 경영하고 관리한 사실에 대해 도원수는 명백히 알고 있었을 것이다. 이에 따라 도원수는 이순신에게 둔전경영에 관한 자문 또는 일부 역할을 담당하도록 했을 가능성이 크다. 이러한 사례는 다음의 『난중일기』 기록을 통해 확인할 수 있다.

6월 24일 계미 : 아침에 수사 권언경의 종 세공과 감손이 와서 무밭의 일에 대해 아뢰었다. 무밭을 갈고 심는 일의 감독관으로 이원룡, 이희남, 정상명, 문임수 등을 정하여 보냈다.

6월 25일 갑신 : 맑음. 다시 무씨를 뿌리도록 명하였다.

여기서 무밭의 일에 대해 이순신에게 보고했다는 사실, 그리고 이순신이 무밭 경작의 감독을 위해 4명의 원수부 소속 군관을 지명하여 보냈다는 사실은 그가 도원수로부터 둔전경영을 위임받았다는 것을 보여 주는 사례라고 할 수 있다. 왜냐하면 백의종군하는 처지로 원수부의 군관을 자의로 무밭의 감독관으로 지정하거나 경작과 관련된 지시를 내릴 수는 없기 때문이다.

이순신이 백의종군 당시 초계에서 둔전을 경영한 사실을 유추할 수 있는 실례는 그가 거처한 마을 부근이 현재까지 둔전동屯田洞이라는 명칭으로 존재하고 있다는 사실에서도 찾을 수 있다. 이 지역은 이순신이 40여 일간 기거한 이어해가의 위치가 오늘날 매실마을(매실마을의 오늘날 행정구역상 위치는 합천군 율곡면 낙민리 2구에 속한다.)로 추정되는데, 이 매실마을 바로 앞을 지나는 황강의 건너편에 둔전마을이 있다. 현재 둔전동은 둔전골로도 불리는데, 3만여 평의 논과 2만여 평의 밭으로 이루어졌다고 한다. 따라서 이순신은 매실마을에 거처하면서 바로 앞의 황강 건너에 위치한 둔전을 직접 관리한 것으로 보인다.

## 이순신, 조선 수군의 상황을 보고받다

이순신은 수군 상황 파악에 매진하였다. 이것은 도원수의 군사자문역할과 연계되는 부분이기도 하지만 수군에 천착된 점에서 별도로 생각해 볼 문제이다. 이순신이 백의종군 중 도원수의 군사자문 역할과 둔전경영을 하면서도 아무래도 제일의 관심은 한산도의 조선 수군에 있었을 것으로 보인다. 그것은 지난 6년간 전라좌수사직을 역임했고, 특히 직전 4년간은 삼도수군통제사로서 수군의 최고위직에 있으면서 수군을 건설 및 운영하고 지휘했다는 점에서였음은 재론의 여지가 없을 것이다.

그동안 이순신은 조문차 또는 방문차 온 옛 부하들로부터 한산도의 수군 상황에 대해 보고를 받았다. 이순신이 한산도 수군에 관해 최초로 보고 받은 것은 그가 4월 27일 순천에 도착했을 때였다. 당시 임진왜란 초기부터 핵심군관으로 이순신을 보좌했던 정사준鄭思竣이 와서 원균의 망령되고 패악한 행태에 관해서 이순신에게 보고한 것이었다. 이후 4월 30일에는 전라병사 이복남도 원균에 대해 언급한 바 있다. 이 중에서 한산도의 사정에 대해 구체적으로 언급한 사람은 충청우후 원유남元裕男이었다. 그는 원균의 패악함 때문에 진중의 장졸들이 많이 이탈하여 그 형세가 장차 어찌될지 알 수 없다는 언급을 하였다. 이후 많은 인물들이 수시로 이순신에게 수군 상황에 대해 보고하였다.

그러다가 수군의 피해상황에 대해 보고를 받은 것은 7월 14일부터였다. 이날 도원수의 종사관 황여일은 군관 정인서를 보내어 김해사람 김억의 고목告目●을 보여 주었다. 그 내용 중에 수군의 피해와 관련된 사항이 있었다. 이를테면 7월 9일에 왜선 천척이 합세하여 조선 수군과 절영도 앞바다에서 싸웠는데, 조선 전선 5척이 두

● **고목告目**
조선시대에 서리나 향리가 상관에게 공적인 일이나 문안할 때 올리는 간단한 문서를 말한다.

모포에 표류하여 대었고, 또 7척은 간 곳이 없다고 한 것이다. 이 말을 들은 이순신은 매우 분노하고 안타까워한 나머지 다른 곳에서 일을 보고 있던 황종사관에게 달려가 대책을 논의할 정도였다. 이 사안에 대해 7월 15일에는 중군 이덕필李德弼이 와서 수군 20여 척이 적에 패했다고 하였고, 7월 16일에는 영암의 사노비 세남으로부터 이 해전의 구체적인 경과에 대해 보고를 받고는 수군이 패한 실상을 보다 명확하게 확인할 수 있었다. 이러한 사정에 대해 이순신은 일기에 다음과 같이 언급하고 있다.

"우리나라에서 믿는 바는 오직 수군에 있었는데, 수군이 이와 같으니 다시 더 바라볼 것이 없다. 거듭 생각할수록 분하여 간담이 찢어지는 것만 같다. 또 선장 이엽이 왜적에게 붙잡혔다고 하니 더욱 통분하다."

즉, 위에서 언급한 수군의 패전 소식은 조선 수군 전체의 절반에 해당하는 세력이 7월 8일~9일 사이에 절영도 외양에서 왜적과 접전한 해전에 관한 것이다. 이 해전에 대해서는 다음 장에서 상세하게 기술한다. 이순신이 매우 분노한 것은 이전까지 조선 수군이 20여 척 규모의 큰 피해를 입은 적이 없는데 이번에 상당 규모의 패배를 당한 것에 대한 안타까움의 토로라고 볼 수 있다.

11

# 칠천량 참패,
# 조선에게는 '위기',
# 이순신에게는 '기회'가 되다

　　7월 18일에는 칠천량해전의 참패에 관해 보고를 받았다. 즉, 이날 새벽 이덕필과 변홍달은 "16일 새벽에 수군이 기습을 받아 통제사 원균과 전라우수사 이억기, 충청수사 최호 및 여러 장수들이 많은 피해를 입고 수군이 크게 패했다."는 보고를 하였다. 이순신은 통곡을 한 후 도원수 권율과 대책을 강구했지만 뾰족한 수가 없었으므로 직접 해안 지방으로 가서 확인한 후에 대책을 강구하기로 하였다. 그리하여 군관 9명●과 함께 수군 상황을 파악하기 위한 활동을 시작하였다.

● 군관 9명
이때 이순신과 함께 이동한 군관은 송대립, 유황, 윤선각, 방응원, 현응진, 임영립, 이원룡, 이희남, 홍우공 등으로 평소 이순신과 접촉을 하던 군관들이 대부분이었고, 여기에 도원수가 추가 지원한 일부 군관이 포함되었다.

　　이순신은 7월 18일 도원수진을 떠나 삼가현에 이르고 19일에는 단성현에 도착하여 동산산성東山山城(현재 경남 산청군 신안면 중촌리 백마산에 있는 산성으로 일명 백마산성이라고도 부른다.)을 살펴본 후 20일에는 진주 정개산성定介山城(현재 경남 하동군 옥종면 종화리 정개산에 소재) 아래에 있는 굴동 이희만의 집에서 밤을 보냈다. 이순신이 산성에 대해 주목한 것은 당시 청야전법에 따라 대부분의 군사와 민간 백성들이 산성으로 피신하여 있었기 때문이다. 그러다가 이순신이 수군과 최초로 접촉한 것은 7월 21일 노량에 이르러서였다(현재 하동군과 남해군에 동일 지명이 있다.). 여기서 거제현령 안위와 영등포만호 조계종 등 10여 명과 만나고 기타 피해 나온 군사 및 백성들과 조우하였다. 이때 우후 이의득으로부터 패전 상황을 구체적으로 보고받았는데, 모두가 원균의 잘못이라는 내용이었다. 이후 이순신은 거제현령 안위와 밤늦도록 대화를 나눈다. 그리고 22일에는 경상우수사 배설과 만났는데, 주 내용은 역시 원균의 패망하던 일에 대한 것이었다. 이후 이순신은 남해현령 박대남朴大男(박대남은 이순신과 무과 동기로서 이순신보다 9살 어리며, 병과 16위로 합격한 인물이다.)을 만난 후 곤양에 이르고 23일에는 공문을 작성하여 송대립을 통해 원수부에 전했다. 이 공문은 이순신이 칠천량해전에서 이탈해 온 수군들로부터 파악한 제반 상황에 대해 원수부에 보고한 것이었다.

한편 이 시기 이순신은 23일에 조방장 배흥립을 만난 후 그를 위로하고 있다. 배흥립은 이순신이 아끼는 5명의 핵심 인물●● 중 1명으로, 칠천량해전 당시 조방장으로 참전했다가 극적으로 탈출하여 이날 이순신을 만난 것이다.

●● **핵심 인물**
이순신이 특별히 아끼던 5명의 인물은 권준, 정운, 어영담, 이순신李純信, 배흥립이다. 이때 정운과 어영담은 이미 사망한 뒤였다.

어쨌든 이순신은 수군 상황을 파악한 후 종사관 황여일과 서신으로 연락하면서 이후의 행동에 대해 논의하고 있다. 이순신이 27일에 이홍훈의 집에서 손경례의 집으로 옮겼는데, 이곳은 정개산성 건너편에 위치하고 있었다. 이곳에서 머물면서 체찰사로부터 지시를 받았고, 이후 8월 2

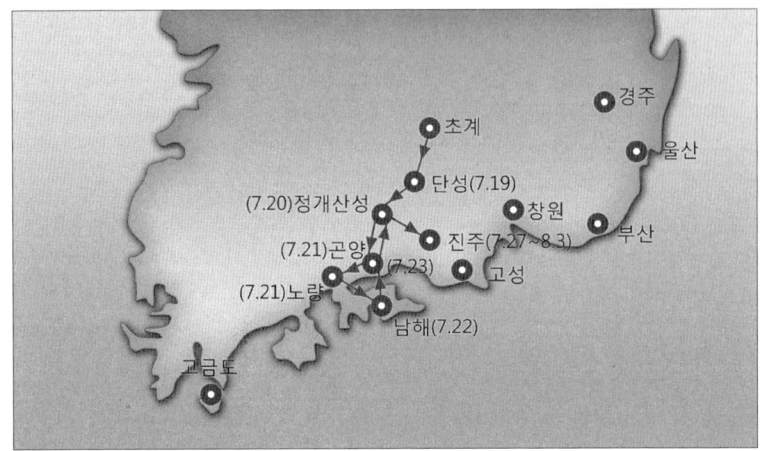

그림 1-4 **이순신의 수군상황 파악로**

일까지 머무르면서 관련 인사들과 응전에 관한 대책을 논의하는 한편 군사를 점검하기도 하였다. 그러던 중 8월 3일에 선전관 양호로부터 삼도통제사에 재임명하라는 임금의 교서와 유서를 받게 됨으로써 120일간의 백의종군은 종지부를 찍게 된다.

120일간의 백의종군,
이순신은 조선의 운명을 걱정하다!

# 2

# 칠천량해전, 7년전쟁의 흐름을 바꾸다

01

# 상처뿐인 승리,
# 원균의 기문포해전

　이순신이 투옥된 후 백의종군을 하는 기간 동안에 통제사 원균이 이끈 조선 수군의 활동에 대해 살펴보고자 한다.

　이순신의 후임으로 제2대 통제사가 된 원균은 바로 이전 2월 10일경에 이순신이 지휘하여 부산포 앞에서 있었던 전투 상황에 대해 조사하여 보고하였다. 이 보고에서 원균은 도훈도 김안세의 공초를 바탕으로 이순신이 탄 배가 적에게 빼앗길 뻔할 정도로 위험했으며, 이번 부산의 거사는 왜적의 비웃음만 샀을 뿐 별로 이익이 없었다고 운운하면서 비난하였다.

　이러한 보고에 대해 비변사에서는 이순신의 부산 진공 작전이 유해무익했을 뿐만 아니라 조선 수군의 허실을 적에게 모두 알게 하였다는 점을 비판하면서 접전할 때 있었던 수령과 변장들의 패전한 곡절을 추핵, 계문하여 죄를 주게 할 것을 건의하였다. 이 보고가 당시 조정의 이순신에 대한 인식과 이순신과 원균의 관계를 감안해 보더라도 이순신이 이끈 조선 수군이 부산 앞 바다에서 진공작전을 할 때 어느 정도 피해를 본 것은 사실로 추정된다.

한편 이 시기 선조는 명 양포정사의 차관 영국윤(寗國胤)을 접견하는 자리에서 대일본 공격 전략을 논의하였다. 즉, 일본의 대병이 나올 경우 명의 대군이 다 나와야 공격할 수 있으므로 그럴 경우 군량조달이 불가능하다는 점을 들어 현재 2만 명 미만으로 추정되는 일본군을 조선에 주둔하고 있는 명군과 조선군이 합력하여 공격하면 물리칠 수가 있다는 점을 전달하였다.

이에 대해 영국윤은 이전에 주둔하고 있던 일본군의 수가 1만 명이었는데, 이번에 적선 200여 척이 왔으므로 일본군의 숫자가 이미 2만 명이 넘는다는 사실을 들어 쉽게 공격하기 어렵다는 의사를 피력했다. 그리고 만약 명의 대군이 조선에 왔을 때 일본군이 잠시 물러갔다가 명군이 철수한 후에 다시 쳐들어 올 경우에는 대책이 없다는 뜻을 강조하면서 문제는 양향(糧餉)의 공급이라는 점을 강조하였다.

즉, 명군의 입장은 일본군이 장기 주둔하여 둔전(屯田)을 꾀하고 있기 때문에 명군도 조선에서 장기 주둔하여 활동하기 위해서는 둔전을 할 수밖에 없다는 입장을 밝히면서 조선에서의 둔전을 허용해 주기를 요청하였다. 이에 대해 유성룡은 '여러 가지 여건이 불비함은 물론 올해는 이미 농시(農時)가 박두하였으므로 금년의 둔전은 하기 어려우니 우선은 적이 다 건너오기 전에 서둘러 공격하고 둔전에 대한 일은 사세를 보아가면서 처리할 것을 요청하는 것이 바람직하다'고 건의하였다.

이렇게 볼 때 조선 조정의 입장은 양향의 공급이 어려운 시기에 명군의 대규모 참전이 불가능한 여건을 감안한 것이었다. 이에 가장 최선의 방책은 일본군의 추가 도해를 차단하는 한편 기반을 잡아가고 있는 일본군을 최대한 빠른 시간 내에 공격하여 섬멸하는 것이었다. 그리고 그러한 작전을 수행할 수 있는 세력은 조선 수군뿐이라고 본 것이다. 이러한 시점에서 이순신을 대신하여 통제사로 부임한 원균에 대한 기대심리는 매우 컸다고 볼 수 있다.

### 기문포해전, 어떻게 전개되었을까?

조선 수군은 통제사 원균이 부임한 이후 처음으로 일본군과 전투를 벌였다. 이 상황은 전라우수사 이억기가 도원수 권율에게 장계를 올린 내용을 통해 알 수 있다. 이 해전을 요약하면 다음과 같다.

3월 8일에 왜선 대·중·소선 3척이 거제 기문포器問浦●에 와서 정박, 상륙하였다는 정보가 통제사 등에게 전달되었다. 이에 통제사 원균은 휘하 수군들을 거느리고 발선하여 밤새도록 노를 저어 9일 이른 아침에 기문포에 도착하였다. 그때 왜선 3척이 해안에 매여 있었고, 일본 군사들은 모두 상륙하여 아침식사를 준비하는 중이었다. 그리고 그들 중 일부는 언덕 위에서 경계 태세를 취하고 있었다.

● 거제 기문포器問浦
현재 거제도 기문포의 정확한 위치는 알 수 없다. 다만 경상감사 이용순이 올린 서장에 고성현령 조응도가 접전한 장소를 조라포 경계 고다포라고 하였음을 통해 볼 때 기문포는 옥포의 북쪽에 있는 조라포 근처로 알 수 있다. 그리고 경상우병사 김응서의 서장에도 '옥포지경'으로 언급하고 있으므로 기문포는 옥포와 가까운 북쪽 해안의 어느 지점으로 볼 수 있다.

통제사 원균이 항왜 남여문南汝文 등을 보내어 이들을 회유하자 20여 명의 왜적이 나왔고, 남여문이 일본 군사들의 우두머리와 대화를 한 후 왜군 전체 80여 명이 모두 나왔다. 이들에 대해 안골포 만호 우수, 고성현령 조응도, 거제현령 안위 등이 올라가 항복을 받았고, 그 중 우두머리 되는 자가 통제사가 탄 배위에 올라왔는데, 통제사는 이들에게 떠나도

좋다는 약속을 하였다. 그리하여 일본군들은 끌고 온 배에 나누어 타고는 바다로 나아가게 되었다.

일본군들이 돛을 달려고 하는 즈음에 통제사의 지시에 의해 기함에서 먼저 지자총통을 쏘았고 이후 공격신호가 내려졌다. 그러자 모든 배들이 앞을 다투어 공격하였다. 이때 고성현령 조응도가 탄 배가 가장 먼저 적선에 가까이 돌입하자 일본군 20여 명이 조응도의 배 위에 올라와 백병전을 벌였다. 그 결과 조응도와 사부·격군 등 많은 조선 수군의 장졸들이 부상을 입었고 물에 떨어져 내렸다. 이때 물에 떨어진 조응도를 비롯한 장졸 10여 명이 사망하였다.

조응도가 지휘한 고성 소속의 전선을 탈취한 일본군들은 노를 저어 북쪽으로 달아나는데, 이를 조선의 전선들이 포위하여 지자·현자총통과 화살을 쏘아 일본군들을 궁지에 몰아넣었다. 이때 임치첨사 홍견, 흥덕현감 이용제로 하여금 당화전과 송거 등으로 적선에 불을 지르도록 하자 일본군들이 모두 배에서 뛰어내려 육지를 향해 헤엄칠 때 사살하고서 그 중 18급의 목을 취하게 되었다.

이 전투는 참으로 엉성하기 짝이 없을 정도의 전투였지만 다음 『선조실록宣祖實錄』에 나타나 있는 바와 같이 승리한 것으로 평가되어 보고되었고, 조정에서도 공로자에게 포상하도록 조처하였다.

비망기로 우승지 정광적에게 전교하였다.
"통제사 원균이 임명을 받자마자 곧 무용을 떨쳐 적선 3척을 포획하고 수급 47급을 바쳤으니 매우 가상하다. 원균과 공이 있는 사람을 즉시 논상하고 혹 관원을 보내 호군하여 장사들을 격려할 일을 의계하라. 그리고 적의 수급과 계본을 가지고 온 사람도 아울러 참작하여 논상할 것으로 비변사에 말하라."

　이와 같이 비록 소규모의 전투였지만 조정에서 크게 기대하고 있던 승전보를 원균이 가져다 줌으로써 높은 평가를 받은 것이다. 그런데 이 해전의 결과 약간의 논란이 벌어졌다. 즉, 비변사에서는 원균이 바친 수급이 나무를 하기 위해 왕래한 자들의 수급이라면 쳐들어 와서 사람을 죽인 자와는 차이가 있다는 점을 고려할 필요가 있다는 의견을 제시하였다. 이에 대해 선조는 설사 나무를 베는 자라고 해도 이도 적이란 점을 강조하였다.
　그런데 이 사건의 영향으로 일본군들로부터 격렬한 항의를 받게 되었다. 이를테면 같은 시기에 경상우병사 김응서가 올린 서장에는 일본 측의 입장이 반영되어 있었다. 즉, 이들은 거제도에 땔나무를 구하러 왔다가 모두 살해되었는데, 이를 알게 된 일본 측에서는 김응서에게 사자를 보내 강력하게 항의하였다. 그러면서 조선 수군이 일본군들을 함부로 공격하여 죽이면 일본군도 연해 지방의 조선 백성들에게 해를 끼칠 수밖에 없다는 입장을 전달하면서 이는 고니시가 추진하고 있는 강화계획에 차질을 주는 것이므로 바람직하지 않다는 뜻을 전달한 것이다. 이에 김응서는 '도적이 온다 해서 무엇 때문에 백성이 피하겠는가. 내가 친히 군사를 거느리고서 적을 맞아 싸울 것인데 그날 무슨 위험한 일이 있겠는가.'라고 하면서 강경하게 대응하였다.

## 일본군의 추가 도해

비변사에서는 사명당 유정惟政이 왜승倭僧들과 만나서 알아온 정보 중에 1597년 5월경에 일본군의 대규모 세력이 바다를 건널 것이라는 점을 감안하여 적을 먼저 공격해야 함을 역설하였다. 즉, 명군이 기회를 놓치고 적을 토벌하지 않은 채 설진設陣·연병練兵·둔전屯田·축성築城의 일을 먼저 할 것이 아니라 제때에 몰아쳐 섬멸함으로써 변경을 안정시키고 인심을 진정시켜야 한다는 점을 명 측에 요청할 것을 건의하였다. 명 역시 비로소 적정을 알고 경사京師에 계엄까지 내리는 등 조선을 구원하는 문제에 본격적으로 관심을 집중시켰다.

한편으로 당시 조정에서는 가토오의 배 500여 척이 울산 해구에 정박한 채 움직이지 않는 이유를 군량의 공급이 원활하지 않았기 때문으로 분석하였다. 그렇지만 여름 농산물 수확을 하고 나면 반드시 움직일 것이며, 그 시기는 7~8월 사이로 예견하고 있었다.

이러한 부산지역의 일본군을 공격하는 작전의 당위성은 다음의 유정이 올린 상소 내용 중에 함축되어 있다.

"지금 군량이 떨어지기 전에 남하하여 적을 몰아치면서 한편으로는 수군으로 원병의 길을 차단하고 다른 한편으로는 육로로 덮쳐 곧바로 소굴을 쳐부순다면 신도 다소의 의병을 이끌고 팔뚝을 걷어붙이고 칼날을 무릅쓰면서 한 번 치열한 싸움을 벌임으로써 만에 하나라도 보답할 것을 기약하겠습니다. 이번의 기회를 놓치고 도모하지 않은 채 두어 달 지연시켰다가 적의 대군이 바다를 건너와 몇 보를 진군하게 되면 토붕와해의 형세가 목전에 와 닿게 될 것입니다."

이러한 유정의 건의는 당시 조선 조정의 대일본 공격 전략의 핵심 부분이었지만, 대체적으로 다음 두 가지 이유 때문에 실행에 옮길 수 없는 형편이었다. 첫째, 명과 일본 간의 강화회담 중 마무리되지 않은 문제 때문에 명에서 공격을 하지 말 것을 주문한 상태였다. 둘째, 부산 쪽에 위치한 일본군을 수륙으로 합공하기 위해서는 조선의 병력만으로 부족하였으므로 명으로부터 충분한 원군이 도착하기를 기다리고 있던 중이었다.

다만 조선의 수군이 자체적으로 일본군을 몰아낼 수 있으면 다행이지만 그럴 형편이 되지 못했다. 이를테면 서생포의 일본군을 치기 위해서는 조선의 수군이 부산 쪽으로 왕래해야 하는데 안골포와 가덕도에 일본군이 주둔하고 있어서 방해받고 있었다.

## 02

# 원균의 체면을 살린
# 안골포·가덕도 해전

　이러한 시점에서 명의 유격 심유경沈惟敬이 차관을 보내어 이전에 일어난 기문포해전을 빗대어 사소한 참획은 승패의 숫자에 아무런 보탬이 되지 않으므로 자제해 줄 것을 강조하였다. 그는 이번 사건을 계기로 일본군이 사방으로 흩어져 노략질할 우려가 있으므로 그들이 한곳에 모여 있을 때 공격하는 것이 바람직하다는 사실을 전달하여 왔다. 그리고 명의 원군이 곧 도착할 계획이니 아직은 싸우지 말고 기다려 줄 것을 요청하였다.

　이에 대해 비변사에서는 명 장수의 뜻은 오래 버티는 데 있어서 만전을 기하고자 하여 이와 같이 말한 것인데, 만약 이 뜻을 잘못 이해하여 제장들이 이를 핑계 삼아 기회를 잃어버릴까 염려하였다. 따라서 싸움과 수비의 완급에 대해서는 적을 헤아려보고 승리를 고려하여 기회를 놓치는 일이 없도록 하라고 다시 도체찰사와 도원수에게 비밀히 하유하여 좋은 계책을 따라 시행토록 할 것을 선조에게 건의하였다. 다시 말해 이것은 곧 현지 상황에 따라 적절한 방법을 선택하여 일본군을 공격하도록 허용한 것이다.

### 원균, 수륙합공책을 건의하다

 통제사 원균은 일본군을 공격하기 위한 수륙합공책을 조정에 건의하였다. 원균이 인식한 당시의 부산을 중심으로 한 남해안의 정세는 일본군이 가덕도, 안골포, 죽도, 부산에 주둔하여 성세는 의지되나 그 수가 수만에 불과하며, 특히 안골포와 가덕도의 적은 3,000~4,000명 정도이므로 형세가 매우 고단하다고 본 것이다. 따라서 현재 30만 명의 병력동원이 가능할 것으로 보고 이들 육군이 안골포의 적을 공격한다면 수군이 이들을 공격하기는 매우 쉬울 것으로 판단하였다. 이렇게 하여 적을 몰아낸 후 조선 수군이 장문포 등에 진을 쳐서 날마다 다대포·서평포·부산포에서 병위를 드날리면 회복의 계책이 거의 이루어질 수 있을 것이라고 강조하였다. 따라서 지금은 늦봄인 데다가 날씨가 가물어서 땅이 단단하니 기병騎兵으로 작전이 가능하므로 반드시 4~5월 사이에 수륙양군을 대대적으로 출동시켜 한번 승부를 겨루어야 한다고 주장하였다.

 이에 대해 비변사에서는 시기를 놓치지 않고 공격하자는 뜻은 훌륭하지만 완벽한 계책은 아니라는 점을 강조하였다. 그 이유는 안골포는 육지와 이어져서 육군이 진격할 수 있겠지만, 가덕도는 바다에 있어 수군이 아니면 진격이 불가능한 점을 헤아리지 못했다는 점이다. 아울러 30만 명의 정병을 4~5월 내에 소집하는 것은 불가능하다는 점도 들었다. 그러면서 이 일은 조정에서 통제할 성격이 아니라 도체찰사와 도원수가 형세를 보아 처리할 일이라고 강조하였다. 선조는 원균의 계책이 성사가 어렵다고 생각하면서도 시험해 보는 것도 괜찮다는 입장을 전달하였다. 이에 대해 도원수 권율은 비록 안골포와 가덕도의 적세가 고단한 것은 원균이 말한 바와 같으나 섣불리 싸우는 것은 옳지 않다고 보고하면서 반대하였다.

이 장계를 바탕으로 비변사에서는 수군 단독의 작전을 다음과 같이 건의하였다. 이를테면 당시 조선 수군의 판옥선은 모두 180여 척*이고, 이 외에 군의 형세를 도울 만한 병선이 더 있을 것으로 파악되었다. 이와 같이 수군 세력이 대강 모아졌으므로 통제사 원균으로 하여금 거제도의 옥포 등지에 함대를 진주시키고 부산과 대마도의 바닷길을 살피게 하여 중로를 막아 끊는 계책을 세워야 할 것을 건의하였다. 이를 구체적

> ● 180여 척
> 도원수 권율의 장계에 의하면 한산도에 도착한 배는 134척이고, 아직 도착하지 않은 배가 5~6척이며 따로 건조 중인 것으로 20일 사이에 건조가 끝나는 배가 48척이라고 하였으므로 이를 다 합하면 187~188척이다.

으로 살펴보면 수군을 삼등분한 후 절영도 앞 바다를 번갈아 오가며 뒤따라 온 배가 이어가고 앞에 있던 배가 되돌아가게 함으로써 수군의 왕래가 끊이지 않게 해야 한다는 것이었다. 이렇게 하면 적의 형세는 선두와 후미가 단절되어 조선 수군에 승산이 있다고 본 것이다. 이러한 제안에 대해 선조는 이론은 맞지만 체찰사의 재량대로 할 수 있도록 지시는 하지 말 것을 지시하였다.

### 명 · 일의 동향과 수군 운용책

도체찰사 이원익은 일본군의 정세에 관하여 보고하였다. 이원익의 보고서에는 '조선이 만일 강화하지 않으면 일본이 큰 위세와 많은 군사로 올 6~7월 사이에 바다를 건너와 우선 전라도를 약탈하고 마음껏 분탕질을 할 것'이라는 내용이 담겨 있었다. 이원익은 이 정보가 매우 신뢰성이 있다고 판단하여 조정에 보고한 것이다.

이러한 시점에서 선조는 명의 부총병 양원(楊元)을 접견하는 자리에서

명의 수병 파견을 요청하면서 수군이 나오게 되면 군량 운송도 용이하다는 점을 전달하였다. 이에 대해 양원은 수병이 긴요한 까닭에 군문 손광(孫鑛)이 이미 군사 1만여 명을 선발해 두고 있다고 답변하였다. 그러면서 명의 대군이 넘어오기 전에 우선 육지 방어는 오유충(吳惟忠)이 조령을 지키고, 양원 자신은 남원을 지킬 계획임을 전달하였다.

이어서 선조는 대신과 비변사 유사당상을 인견한 자리에서 수군의 효율적인 운용책에 대하여 논의하였다. 이 자리에서 유성룡은 수군이 거제도 옥포에 전진하여 가덕도 외양을 통하여 부산 앞 바다로 진출하는 방안을 제시하였다. 이는 안골포와 죽도에 웅거하고 있는 일본군의 위협을 받지 않고 부산으로 진출하는 방법이었다. 이에 대해 이항복은 현지 수군장수들은 외양에 배를 띄울 수 없기 때문에 불가능하다고 주장하였다. 그러자 유성룡은 부산과의 거리는 수로로 1식경에 불과하므로 50척의 배로 번갈아 드나드는 방안을 제시하였다. 이에 대해 선조는 기회를 보아 거사할 것을 주문하였다.

이러한 시점에서 5월 12일에 경상우병사 김응서는 요시라를 만나 일본군의 침략계획에 대해 듣고는 이 사실을 조정에 보고하였다. 김응서가 요시라를 통해 입수한 정보에 의하면 일본의 군사 15만 명이 7월 보름 경에 선봉부대가 출발할 것이라는 것이었다. 아울러 조선 진출 후의 작전계획에 대하여 다음과 같은 도요토미 히데요시의 입장을 전달하였다.

> 지금은 군량을 계속하기 어려우니 깊숙이 침입하는 것은 옳지 않다. 전라도를 분탕질한 뒤에는 곧바로 군사를 되돌려 진강(鎭江)으로부터 영일(迎日)에 이르는 연해에 주둔하고서 조선에게 화평조약을 맺을 것인지, 맺지 않을 것

인지를 물으며 우선 말들을 쉬게 하라. 그리하여 여러 해가 지나 오래되었는데도 조선이 만일 또 화평을 맺으려 하지 않거든 때때로 나가 조선의 군대와 백성들이 모여 있고 물자가 부요富饒한 지역을 소탕하도록 하라. 그러면 우리나라의 군마는 수고롭지 않고도 조선의 군민이 저절로 소진될 것이다.

이러한 일본군의 작전계획은 군량을 공급받을 수 있는 전라도를 점령한 후에는 남부 지역에 주둔하면서 소모전을 펼치겠다는 뜻이다. 그런데 일본군의 전라도 진격은 현실적으로 매우 어렵다는 사실을 일본군 스스로도 인정하고 있었다. 이를테면 도원수 권율이 적정을 입수하여 보고한 바에 의하면 일본군이 가장 걱정하는 바는 조선의 청야작전이라는 것이었다. 특히 아주 궁벽한 지역에서 성곽을 튼튼하게 마련한 후 식량을 쌓아두고 청야작전으로 막아낸다면 들에는 노략질 할 것이 없고 뒤로는 계속되는 군량이 없게 되어 격파하기 어렵다는 것이었다. 이것은 부산지역에 주둔하고 있는 일본군이 전라도로 진격이 불가능한 현실적인 고민거리였다. 아울러 한산도에 주둔하고 있는 조선 수군도 큰 장애물로 판단했을 것이다.

한편 이 시기 명의 원병이 속속 압록강을 건너 조선에 도착하고 있었다. 이미 입국해 있던 양원의 병력 외에 조령을 지킬 총병 오유충의 약 4,000명의 병력이 5월 16일에 압록강을 건넜고, 제독 마귀麻貴도 같은 날짜에 7,000마리의 병마를 거느리고 요동으로부터 출발하여 5월 22일경에는 압록강을 건널 예정이며, 군문 형개邢玠도 근일에 요동으로 이주하였다는 평안감사의 동향보고가 있었다. 이런 형편에서 조정에서 논의한 것은 만여 명의 중국군을 지공할 군량미를 어떻게 마련하느냐는 것이었다. 다시 말해 지금 만일 오랫동안 지구전을 벌여 적과 교전하지 않고 있다가 하루아침에 군량이 떨어지면 조명군은 무너질 것이 분명하다는 우려가 높았다. 그러나 현실적으로 뾰족한 대책은 수립되지 못하고 있었다.

이와 같이 명 군사가 도착하고 있고, 군량미는 부족한 실정에서 비변사에서는 명군을 활용하여 적을 물리치기 위한 대책을 선조에게 건의하였다. 즉, 울산과 양산의 지경에는 웅거할 만한 요해지가 많으므로 제장들로 하여금 이곳에 진주하도록 하고 수륙양면으로 공격하면 적의 형세가 저절로 줄어들게 될 것이라고 본 것이다. 이에 대해 선조는 해 볼 만하기는 하지만 명 장수와 의논한 후에 해야 함을 주지시켰다. 그러면서 선조 자신도 '명의 총병 오유충이 군사를 이끌고 왔으니 험고한 곳을 점거하여 이길 수 있는 형세를 만든 뒤에 명 군사로 하여금 적진을 요동케 하고 수군으로 하여금 적의 식량보급로를 끊게 하면 가능성이 있다'는 의견을 개진하였다. 다시 말해 명군의 주둔지를 먼저 확보하는 것이 우선적인 과제였고, 일본군에 대한 공격은 추후의 일이었다.

### 조정과 원균, 부산 진격에 대한 의견 차이가 발생하다

도체찰사 이원익이 수륙양군의 전투계획을 보고하였다. 그 대강을 요약하면 다음과 같다. 이를테면 경상좌우도와 중도의 세 곳의 변진에서 각기 정예 군사를 뽑아 수군함선을 이용하여 전진 배치시켜 밖으로 나오는 일본군을 섬멸하는 것이다. 아울러 수군도 2등분하여 반은 한산도에 주둔하고 반은 몰운대 등처의 해양에 출몰하게 하도록 종사관 남이공을 시켜 실시하도록 전달하였다. 이에 대해 비변사에서는 육군의 전진 배치는 매우 힘든 면이 있으니 형세를 보아가며 처리하고 대신에 수군의 해로를 차단하는 일은 이전부터 강조한 것이므로 기회를 잃지 않도록 할 것을 주문하였다.

이 지시를 받은 통제사 원균은 수군이 해로를 차단하기 위해서는 안골포의 적을 먼저 공격해야 함을 다음과 같이 역설하였다.

> 이제 거제의 적은 안골포로 들어가 점거하고 김해의 적은 죽도로 들어가 점거하여 목을 막고 정치하여 서로 성세를 의지하면서 우리나라의 뱃길을 막고 있습니다. 따라서 부산 앞 바다로 나아가 적의 무리를 차단하여 공격할 방도가 다시 없게 되었는데, 설사 대거 이를 수 있다 하더라도 나아가서는 배를 머무를 곳이 없고, 물러나서는 뒤를 돌아다 봐야 할 근심이 있으니 실로 병가의 승산이 아닙니다. 신의 계책으로는 반드시 수륙으로 병진하여 안골포의 적을 도모한 연후에야 차단할 방도가 생겨 회복하는 형세를 십분 우리에게 유리하게 전개시킬 수 있으리라 여겨집니다. 조정에서도 방도를 강구하지 않는 것은 아니겠으나, 신이 변방에 있으면서 적을 헤아려 보건대 금일의 계책은 이보다 나은 것이 없으니 조정으로 하여금 각별히 처치하여 속히 지휘하게 하소서.

이와 같이 원균이 제시한 계획은 수군이 부산으로 진격하기 위해서는 중간 기항지가 필요한데 이곳을 일본군이 점거한 상태에서 무리하게 출전했다가는 피해를 입을 것이므로 안골포의 일본군을 육군이 먼저 몰아내어야만 수군의 작전이 가능함을 역설한 것이다. 이에 대해 비변사에서는 도원수 권율이 그전부터 안골포의 적을 육지에서 몰아내기 힘들다고 한 점을 이해하면서 반면에 원균의 태도에 대해서는 비판하였다. 이를테면 원균은 도체찰사와 도원수의 절제를 받아 행동해야 함에도 자꾸만 조정에 직접 건의하는 태도는 잘못되었다고 본 것이다. 따라서 선조의 재가를 얻어 도체찰사와 도원수가 현장에서 처리할 것을 주문하였다.

### 안골포 · 가덕도 해전의 배경

당시 비변사에서는 일본군의 대규모 도발은 명백하게 예견된다는 입장에서 수군의 운용책에 대하여 다음과 같이 건의하였다.

> 이미 강상에 모인 수군병력이 장계에 의하면 벌써 2만여 명이나 되니 병력은 충분합니다. 부대를 나눠 교대로 나가 부산 앞바다를 왕래하면서 적으로 하여금 겁을 먹고 감히 발동하지 못하게 하는 것도 한 가지 계책입니다. 만약 시일을 지체하면 허다한 군사들이 양식이 다하여 또 흩어져 버릴테니 다시 거병하기가 어렵게 될 것입니다. 이런 뜻을 선전관을 보내 도체찰사와 도원수에게 하유하여 그들로 하여금 제장을 신칙하게 하는 동시에 근일의 적정을 살펴 치보하게 하는 것이 어떻겠습니까?

위의 비변사의 계책이 선조의 재가를 얻지는 못했지만 당시 조선 조정이 갖고 있는 수군정책의 핵심이었다. 그렇지만 수군의 세력을 분산하여 운용하는 문제에 대해서는 선조의 입장과는 배치되었다. 이것은 전선 척수가 일본보다 열세인 조선 수군으로서는 취하기 어려운 과제였던 것이다.

이러한 시점에서 일본군의 본격적인 도발에 관한 정보들이 6월 초를 전후하여 경상우병사 김응서와 도원수 권율을 통해 속속 보고되었다. 그 주요 내용들을 요약하면 일본이 곧 50만의 군대를 동원할 예정이며, 그 중 30만의 병력을 조선에 도해시켜 전라도와 제주도를 유린함은 물론, 의령·경주의 산성을 공파攻破하겠다는 것이며, 그 시기는 6~7월 사이라는 것이었다.

특히 경상우병사가 요시라를 통해 접수한 보고서에는 도요토미의 조선 재침략 계획이 상세하게 언급되어 있다. 이에 의하면 관백 도요토미가 휘하 제장들에게 지시한 사항이 포함되어 있는데, 그 내용을 요약하면 다음과 같다.

> 제장을 모아놓고 관백이 약속하기를 '조선이 매번 이처럼 나를 속이고 있으니 내가 분함을 참지 못하겠다. 조선이 내 말을 듣지 않는 것은 전라·충청 두 도가 아직 온전하기 때문이다. 너희는 8월 1일에 곧바로 전라도 등지로 들어가 곡식을 베어 군량을 삼고 산성을 격파할 것이며, 보장할 만한 형세가 있거든 두 도에 유둔하면서 이어 제주도를 치라. 만약 불가하거든 군사를 돌려 고성에서 서생포에 이르기까지 서로 연이어 둔을 치고 조선에서 강화를 애걸할 때까지 대기하라. 행장은 고성, 의지는 거제, 죽도의 왜는 창원과 죽도와 부산, 다른 왜장은 기장, 안골포의 왜는 가덕도, 가덕도의 왜와 청정은 서생포, 이런 식으로 8개 지역에 나누어 둔거하고 그 나머지는 다시 그 나라 안으로 들어가라. 조선이 끝내 강화를 애걸하지 않으면 가까운 곳이나 5~6일 거리에 있는 지역을 수시로 침략하여 기필코 강화하도록 하라. 산성이 있는 곳이면 비록 다 죽더라도 공격해 깨뜨려야 하니, 너희는 죽을 힘을 다하라. 만약 내 말을 듣지 않으면 너희 처자를 모두 죽이겠다.'고 하였다.

위에서 보면 도요토미의 지시에 대해 그 휘하 장수들은 조선 수군의 능력을 무시할 수 없고 명 군사가 대거 들어와 있는 점을 문제점으로 지적하였다. 그러자 도요토미는 '전라도·경상도·충청도 등을 짓밟으면 수군의 형세도 저절로 무너질 것인데 무엇을 두려워하느냐. 조선의 군마가 조금 강해졌다 해도 말할 것이 못된다.'라고 하였다. 또한 '계사년에도 중국의 대군이 가까운 곳에 있었지만 진주를 공격하여 함락시켰다.'고 하면서 염려할 바가 아니라고 하였다. 이렇게 볼 때 위의 정보를 완전히 믿을 수는 없겠지만 일본군의 본격적인 재침입이 도래했다는 사실은 확실한 것으로 판단된다.

그런데 앞에서 언급한 조정의 부산 앞바다 진공작전은 지지부진한 것으로 보인다. 그것은 도체찰사와 도원수의 지시를 통제사 원균이 거부하고 있었기 때문이다. 이러한 현지에서의 불협화음에 대해 비변사에서는 매우 우려하면서 동시에 당시의 해상상태가 남풍이 불어 적이 침입하기 좋은 조건임도 우려하였다. 더욱이 당시 대마도에는 왜선이 부지기수로 도착하여 도해의 호기를 엿보고 있었다. 이런 환경 속에서 비변사에서는 현실적인 수군 운용책을 다음과 같이 건의하였고 선조는 동의를 하였다.

> 현재의 선박을 합쳐 몇 개 부대로 나누되 배설은 경상우도의 배로 일개 부대를 만들고, 이억기는 전라우도의 배로 일개 부대를 만들며, 최호는 충청도의 배로 일개 부대를 만들고, 원균은 그가 거느린 선박으로 일개 부대를 만듦으로써 한산도를 굳게 지켜 근본을 삼고 부대별로 교대로 해상에 나가 서로 관측하게 해야 합니다. (중략) 그리고 별도로 옥포와 조라포에서 바라다 보이는 곳에 의병疑兵을 설치하여 형세를 벌이면 적선에서는 반드시

우리나라 수군이 크게 모였다고 여길 것이고, 또 중국군이 함께 세력을 돕고 있는가 의심할 것입니다. 그래서 육지에 있는 적은 뒤를 돌아보는 걱정이 있게 되고, 뒤이어 오는 자는 요격당할까 염려할 것이니, 군기軍機에 관계된 바가 적지 않을 것입니다.

### 안골포 · 가덕도 해전의 경과와 결과

조정에서 수군운용책에 대해 논의하고 있을 즈음인 6월 18일에 통제사 원균은 드디어 가덕도 방면으로 출전을 하였다. 그러나 원균이 출전하게 된 것은 자발적인 의지에 의해서가 아니라 도원수의 계속적인 독촉과 도체찰사의 명령을 전달한 후 곁에서 지켜보고 있던 남이공의 역할에 기인한 바가 컸다.

조선 수군은 6월 18일에 한산도에서 발선하여 날이 저물자 장문포에서 밤을 보냈다. 조선함대는 이튿날인 6월 19일 아침 일찍 학익진鶴翼陣을 형성하여 안골포로 진격하였다. 그때 일본군들은 줄 지어 서서 해안에 잠복해 있으면서 한편으로는 암석 사이에 기계를 설치하고 있었다. 이에 조선 수군의 제장들이 전진했는데, 일본군도 배를 타고 싸움을 걸어와 서로 응전하였다. 포탄과 화살이 함께 쏟아져 해안이 진동하는데도 조선 수군들은 조금도 물러날 뜻이 없었다. 마침내 적선에 육박하여 많은 적을 살상하자 적은 마침내 버티지 못하고 배를 버리고 해안 위로 도망쳤다. 이에 조선 수군은 적선 2척을 노획하였다.

이어서 공격대상을 가덕도로 향했는데 가덕도의 적은 이미 안골포에서 내원하다가 배를 타고 그들의 소굴로 들어갔다. 우리 수군들이 급히 배를 저어 추격하여 거의 모든 적선을 포착하기에 이르자 적들은 마침내 배를 버리고 작은 섬으로 숨어들어갔다. 제장들이 포위하고 난사하였으나 그들 배만 빼앗았고 섬 안으로 들어가 찾아보았지만 종적을 찾을 수 없었다.

　수군이 포기하고 돌아오는 즈음에 안골포의 일본군들이 또 배를 타고 역습해 왔으므로 조선 수군은 다시 돌아서 접전하였다. 적들이 조총을 난사하자 조선 수군도 방패에 의지하여 화살을 다발로 쏘아대며 점차 유인해 나오다 날이 저물자 파하고 돌아왔다.

　이 해전에서 조선 수군의 피해를 보면 평산만호 김축이 눈 아래에 탄환을 맞는 부상을 당했고, 그 밖의 하졸들은 하나도 중상을 입지 않았다. 다만 보성군수 안홍국이 끝내 이마에 철환을 맞아 뇌를 관통하여 그 자리에서 전사하였다. 그러나 이 해전에서 조선 수군은 승리했다고 볼 수 있다. 비록 1명의 장수가 전사했지만 적선 다수를 노획했을 뿐만 아니라 아군의 피해가 거의 없다는 점에서 전과가 컸다고 볼 수 있다. 필자는 이 해전을 안골포・가덕도 해전이라고 부른다.

# 03
# 부산 진공의 한계를 보여 준 절영도 외양해전

　안골포 및 가덕도 해전을 수행한 조선 수군은 날이 저물어 바로 한산도로 귀환하고 말았다. 이에 대해 조정에서는 안골포의 적 전력이 강하지 않으므로 계속 공격할 것을 주문하였다. 그러나 원균은 이러한 지시를 묵살한 채 출전을 회피하였다. 이 사실을 알게 된 선조는 향후 출전할 때도 후퇴하여 적을 놓아 준다면 용서하지 않겠다면서 강하게 질책하였다.

　한산도로 귀환한 조선 수군은 다시 출전하라는 상부의 명령에 따라 7월 4일에 출전을 단행하였다. 이때 통제사 원균은 명령에 불복하여 출전하지 않고 경상우수사가 주축이 된 가운데 휘하 수사들이 연합하여 부산으로 출전하였다. 이때 전라좌수군이 출전하지 않은 것은 확실하지만 기타 전라우수군과 경상우수군, 그리고 충청수군 중 누가 출전하지 않았는지는 알 수 없다. 어쨌든 전체 세력의 절반 정도가 이번에 출전을 단행한 것으로 보인다.

　이때 조선 수군의 출전경로는 격군 세남이 정유년 7월 16일 이순신에게 보고한 자료를 통해 확인할 수 있다. 이를테면 7월 5일에 칠천도에서 정박하고 7월 6일에 옥포에 들어갔다가 7월 7일 새벽에 발선하여 말곶을 거쳐 밤에 다대포에 이르렀다. 이때 다대포에는 적선 8척이 정박해 있었는데 일본군들은 모두 육지로 도주하고 빈 배만 남았다. 조선 수군은 7월 8일에 빈 적선 8척을 분멸*시키고, 그 길로 부산 절영도 바깥 바다로 향하였다. 마침 적선 1,000여 척이 대마도에서 건너와 전투를 하려 했으나 일본함대는 흩어지면서 전투를 회피하였다. 이때 조선 수군 중 심한 파도와 조류에 휩쓸린 전선 7척이 서생포에 표류하여 대부분 일본군에게 살해당하는 피해를 입었다. 이 해전을 절영도 외양해전이라고 명명한다.

● 8척을 분멸
다른 기록에는 "당시 도체찰사 이원익의 보고에 의하면 적선 10여 척을 포획하였다."고 기록되어 있다.

그런데 이 해전에서의 피해는 기록마다 차이를 보인다. 이를테면 앞에서도 언급한 바와 같이 이순신이 백의종군 중이던 정유년 7월 14일에 종사관 황여일을 통해 보내 온 김해인 김억의 고목에 의하면 7월 9일에 왜선 천척과 절영도 앞바다에서 싸웠는데, 조선 전선 12척이 피해를 보았다고 하였다. 한편으로 7월 15일에 중군(中軍) 이덕필이 이순신에게 보고한 바에 의하면 조선 수군 20여 척이 적에 패했다고 하였다.

이와 같이 부산으로 도해해 오는 일본군을 차단하기 위해 조선 수군이 수차례 출전하였지만 효과를 거두지 못했다. 그것은 적정에 대한 정확한 분석이 없이 맹신한 조정의 경솔함과 조정과 수군 지휘부 간의 명령체계의 일원화가 이루어지지 못한 면이 있었고, 해전의 개념에 대하여 조정의 인식이 현장에서 생각하는 수군 지휘관들 간에 차이점이 존재했기 때문이었다. 아울러 부산 앞 바다의 자연적 환경이 전근대 시기 군선의 활동을 제약하는 면이 강했다. 그리하여 급기야 이 해전의 연장선상에서 벌어진 칠천량해전에서 조선 수군이 대패하는 배경이 되고 말았다.

이상에서 살펴본 부산근해 해전의 결과를 정리하면 다음 〈표 2-1〉과 같다.

표 2-1 **부산근해 해전의 결과**

| 교전일자 | 교전장소 | 참전세력 | | 전과 | 피해 |
| --- | --- | --- | --- | --- | --- |
| | | 조선 | 일본 | | |
| 1597. 3. 9. | 기문포 | 수십여 척 (추정) | 3 | 3척 나포 (수급 47) | 조응도 사망, 수군 다수 사망 |
| 1597. 6. 19. | 안골포, 가덕도 | 100여 척 (추정) | 수십 척 | 수(십) 척 나포 | 사망 1명, 부상 1명 |
| 1597. 7. 8~9. | 다대포, 절영도 외양 | 80여 척 (추정) | 500~ 1,000척 | 8척 분멸 | 12(20) 척 파손 |

# 04
# 기문포해전~
# 절영도 외양해전,
# 칠천량해전의 서막을 알리다

　　정유재란 초기 조선 조정의 수군정책의 일환으로 이루어진 부산근해 해전은 정유재란 초기의 전황에 큰 영향을 미쳤다. 당시 일본군의 첩자 요시라를 통해 알려온 일본군의 정세를 맹신한 가운데 수군 지휘관의 판단을 수용하지 않고 조정의 자의적인 판단으로 정책을 집행함으로써 결국 큰 효과를 거두지 못했다.

　　이러한 일련의 과정을 지켜 볼 때 부산근해에서의 해전은 결국 정유재란의 전황을 조선군에 불리하게 만드는 결정적인 배경이 되었음을 알 수 있다. 따라서 이 해전들이 비록 패한 것은 아니지만 결국 칠천량해전의 패전에 서막을 형성하였다는 점에서 그 영향이 크다고 볼 수 있다.

　　따라서 부산근해 해전의 의미를 크게 적정敵情 수용 및 활용, 지휘권 확립문제, 적절한 전략전술의 구사라는 세 가지 측면에서 분석해 볼 수 있다. 왜냐하면 부산근해 해전의 결과는 이 세 가지 요인의 영향이 크기 때문이다.

### 일본의 반간계에 농락당하다

 적정의 수용 및 활용 면에서 살펴보자. 기존 연구에서 칠천량 해전의 패전 원인으로 공통적으로 지적하고 있는 것이 바로 일본의 반간계를 여과 없이 수용했다는 점이다. 앞에서 살펴보았듯이 요시라는 고니시와 가토오 간의 갈등상황과 가토오의 도해에 대한 정보를 흘리면서 이순신의 파직을 유도하는 계기적 사건을 만들었다. 결국 이순신은 이 정보를 바탕으로 한 조정의 지시를 수용하지 않음으로써 파직되고 말았다.

 이 사건에 대해 일본 측 연구는 대략적으로 보아 고니시와 소오 요시토시宗義智 두 사람의 이간책이 성공하여 이순신 제거에 성공하였다고 보고 있다. 우리나라 기록에서도 일본의 간계에 속았다는 입장이다. 특히 조경남趙慶男은 『난중잡록亂中雜錄』을 통해 요시라의 속이는 일을 우리나라가 알지 못한 점이 가슴 아프다고 하면서 안타까워하였다.

 일본 측의 반간계反間計는 계속되었다. 예컨대 2월 10일의 부산진공 작전 시에는 조선 수군의 전선이 모두 참가하기를 원했지만 그렇지 못한 점에 대해 아쉬움을 피력하고 있다. 이것은 곧 부산 앞바다의 자연적 환경이 당시의 전선들이 함부로 기동하기 어려운 점을 이용한 것이라 할 수 있다. 이를테면 부산 앞바다는 파도가 심해 전근대 시기 전선들이 함부로 항해하기가 곤란하였다. 따라서 일본에서도 대마도에서 해상상태를 보아가며 조심스럽게 도해하곤 하였다. 이렇게 볼 때 조선 수군이 160여 척의 전선을 모두 출전시킬 경우 해상상태에 따라 수십 척이 손실을 입을 수도 있었다.

 이순신이 통제사직에서 물러난 후에도 일본군은 '3월 도해설' 또는 '5월 도해설' 등으로 계속 조선 수군의 부산진공을 유도하였다. 이에 대해 조정에서는 계속 수군으로 하여금 부산 앞바다로 진격하기를 명령하였다. 그러나 통제사 원균은 수륙합공책을 제시하면서 출전을 기피하게 되어 조정과 갈등을 빚게 된 것이다. 일본에서는 계속하여 6월과 7월에도 일본군이 대규모로 도해할 것이라는 정보를 줌으로써 이에 말려든 조정은 더욱 조급한 심정에서 수군의 부산진공을 강요한 것이고, 그 결과는 칠천량해전 패전으로 연결된 것이다.

### 작전 지휘권에 문제는 없었을까?

두 번째로 살펴볼 수 있는 것은 지휘권이 확립되지 못했다는 것이다. 당시 작전 지휘권은 도체찰사－도원수－통제사－수사로 이어지는 것이었다. 그런데 앞에서 살펴보았듯이 이순신이 통제사 시절에도 지휘권이 제대로 확립되지 못했음을 알 수 있다. 예컨대 1597년 2월 10일을 전후한 시기에 도원수 권율과 경상우병사 김응서, 그리고 통제사 이순신이 함께 부산진공작전을 실행에 옮겼는데 이러한 작전 실행에 대해 도원수 권율은 도체찰사 이원익에게 전혀 보고하지 않았다.

통제사가 원균으로 교체된 이후에는 이러한 군령권 행사에 있어서 원활하지 못한 면이 더욱 심하게 노정되었다. 이것은 도원수 권율과 통제사 원균과의 갈등이 첨예하게 드러나게 되었기 때문인데 주로 부산진공작전에의 방법에 관한 시각차 문제로 벌어진 것이었다. 이를테면 통제사 원균의 입장에서는 수군이 부산진공작전을 펼치기 위해서는 육지에 있는 일본군을 조선 육군이 몰아내 주기를 바라는 소위 수륙합공책을 주장하였다. 반면에 권율은 조선 육군의 전력과 작전환경이 좋지 못하여 일본군을 공격하기 어려우므로 수군 단독으로 부산 앞바다로 진출하기를 원한 것이다.

이러한 입장 차이가 커짐에 따라 두 사람의 지휘관을 조정 통제하기 위해서는 도체찰사 이원익이 1차적인 책임자였는데 앞에서 언급한 바와 같이 이원익은 권율을 제대로 통제하지 못한 것 같다. 이는 전투를 총괄 지휘하는 도원수라는 직책과 전시 제반 행정을 담당하는 도체찰사라는 직책의 기능상의 차이를 상호 자의적으로 해석한 데 따른 것으로 보인다. 어쨌든 이러다보니 권율은 지휘를 받들지 않는 원균에 대한 불편한 심정을 조정에 보고하였고, 원균 역시 권율이 자신의 주장을 받아들이지 않음으로 인해 조정에 직보하는 형태를 나타내었다. 그리하여 결국 조정의 지시에 의해 도체찰사 이원익의 종사관 남이공을 수군 진영에 파견하기까지에 이른 것이었다.

아울러 원균은 휘하 지휘관들을 제대로 장악하지 못한 것으로도 보인다. 이를테면 임진왜란 종전 후 이덕형이 "이때까지 이순신의 휘하에 있던 제장이 원균의 지휘를 따르지 않고 오히려 통제사가 고립되는 상황이 발생하자, 부체찰사 한효순이 이 문제를 체찰사에게 보고하여 해결하려 했지만 미처 조처를 취하기 전에 칠천량해전이 벌어졌다."고 진술한 바 있다. 이러한 상황은 이순신이 백의종군 시절 수시로 찾아온 부하들이 원균을 비방하는 데 한목소리를 내고 있던 사실에서도 확인할 수 있다.

이와 같은 지휘권 행사를 둘러싼 일련의 불협화음들은 결국 조선 수군이 상부의 강제적인 지시에 의해 부산근해에 출동하는 결과를 초래하였다. 조선 수군의 행동결정 배경에는 이러한 지휘권이 확립되지 못한 면도 크게 작용한 것으로 보인다.

## 부산근해해전, 전술의 일관성은 있었나?

세 번째로 부산근해해전의 전술적 분석이다. 먼저 기문포해전을 살펴보자. 3월 9일에 있었던 이 해전을 분석해 보면 한마디로 엉성하기 짝이 없을 뿐더러 이겼다고 해도 피해가 막심한 결과를 낳았다. 전술적인 면에서 볼 때 항왜를 시켜 일본군들을 유인한 것은 의미가 있었다고 보겠으나, 적선을 공격할 때는 원거리에서 공격하여 적의 등선을 허용하지 말았어야 했다. 이것은 이전에 이순신이 주도한 해전들과 비교된다. 이를테면 이순신은 일본군의 전술이 등선백병전登船白兵戰●임을 알고서는 조선의 장점인 화포를 이용한 원거리 공격 후 적의 전의를 상실시킨 다음에 근접해서 분별하는 전법을 구사하였다. 그런데 이번 전투를 분석해 볼 때 고성현령 조응도는 적선과 너무 근접하여 적의 등선을 허용하고 말았다. 즉, 본인도 일본군과 같은 전법을 구사한 것이다. 그리하여 자신과 일부 부하들의 죽음은 물론 아까운 판옥선 한 척이 탈취당하여 아군의 총통에 의해 부서지는 결과를 낳았다.

● **등선백병전**登船白兵戰
적의 배 위에 올라 백병전을 치르는 형태의 전술을 말한다.

그리고 도의적인 면에서 볼 때 아무리 적이라고 하지만 살려 주기로 약속해 놓고 공격하는 것은 파렴치한 행위라 할 수 있다. 당시 80여 명의 적을 조선 수군이 둘러싸서 아예 사살을 하든지 포박해서 생포하는 편이 나았을 것으로 보인다. 한마디로 전과에 급급하여 적의 수급을 취하려고 한 행위가 노골적으로 드러난 전투였다.

다음으로 안골포·가덕도 해전의 경우에는 기문포해전보다 훨씬 작전이 원활하게 전개되었다고 볼 수 있다. 이 작전에서는 화포와 화살을 병행하여 사용함으로써 제대로 된 전술을 구사한 것으로 보인다. 여기서 보성군수 안홍국이 적탄에 맞아 사망했지만 이는 개인의 불운에 의한 결과일 뿐이지 전술상의 미흡에 따른 결과라고 볼 수는 없다. 왜냐하면 두 명의 장수가 피해를 입은 것 외에는 부상자가 거의 없었기 때문이다.

마지막으로 절영도 외양해전이다. 이 해전은 칠천량해전을 미리 예상할 수 있는 해전이었다. 그만큼 부산근해가 전투를 수행하기가 쉽지 않다는 사실을 시사해 준 면이 많았다. 그런데 이 해전에서는 최고 지휘관인 원균이 참전하지 않은 가운데 휘하 수사들이 연합하여 부산 근해로 출동한 것이 가장 큰 패인이다.

7월 8일에 다대포에서는 적선을 8척 분멸시킬 수 있었지만 다음 날인 9일에는 파도가 심해 작전을 수행할 수 없는 형편이었다. 그러다 보니 조류에 떠밀려 수군의 전선들이 표류하게 되었고, 결국 큰 피해를 보게 된 것이다. 당시 부산 앞바다의 자연적 환경을 고려하여 전술을 구사하여야 했음에도 이에 대한 무지로 인해 큰 피해를 입고 말았다.

# 05 칠천량해전의 배경은 무엇인가?

　부산근해까지 출동했던 조선 수군이 귀환할 무렵, 통제사 원균은 도원수 권율로부터 곤양으로 출두하라는 명령을 받았다. 7월 11일에 곤양에 도착한 권율은 원균에게 곤장을 치면서 이번 출정에 휘하 수사들에게 출동하게 하고 본인이 직접 출동하지 않은 사실을 문책하였다. 권율의 독촉에 대해 원균은 장졸들이 휴식을 취할 필요가 있고, 이미 장마가 시작되어 출항이 용이하지 않았기 때문에 장마가 그치면 출항하겠다는 뜻을 개진했지만, 권율이 이를 받아들이지 않았다. 그리하여 원균은 분한 마음을 안고 한산도로 돌아와 전 수군세력을 이끌고 출동하게 되었다.

　원균은 7월 12일에 출정을 단행한 것으로 보인다. 당시 조선 수군의 출정항로는 정확하게 파악되지 않고 있으나, 『증보문헌비고增補文獻備考』에 표시된 해로를 보면 이곳의 조선시대 항로가 한산도 – 장목포진 – 칠천도 – 이물도 – 옥포 – 조라포 – 천성·가덕 – 절영도 전양이었던 점을 고려해 볼 때 7월 4일 출정 시의 항로와 비슷했을 것으로 생각된다. 따라서 7월 12일에 출동한 조선 수군은 그날 밤을 칠천량에서 지낸 후 13일에 옥포에 도착하여 이틀 밤을 보내고 14일 새벽에 옥포를 출발하여 부산에 이르렀을 것으로 추정된다.

한편으로 이때 출전한 시점에 대해 논란이 있다. 이를테면 유성룡의 『징비록懲毖錄』에는 조선 함대가 7월 14일에 출동한 것으로 이해하게 하는 문구가 있다. 즉, 조선 함대가 부산 앞바다에 도착했을 때 "원균은 여러 군사를 독려하여 앞으로 진격하였는데, 배 안의 군사들은 한산도로부터 종일토록 노를 저어 오느라고 쉴 수도 없었고, 또 굶주림과 목마름에 시달려 제대로 배를 운전할 수가 없었다."라고 표현하고 있다. 이것은 당시 한산도에서 부산까지 무풍일 경우 3일이 소요된 점을 고려할 때 정확한 표현이라고 볼 수 없다. 특히 전선만 해도 160여 척, 협선까지 감안하면 300여 척에 달하는 대규모 함대가 이동하는 속도는 소규모 함대가 이동하는 속도와는 천양지차이므로 결코 하루 만에 한산도에서 부산까지 도달하는 것은 불가능하다.

당시 조선 수군이 일본으로 향하던 중에 일본군들은 조선 수군의 움직임을 알고 서로 연락을 취하고 있었다. 이러한 가운데 원균이 이끈 조선 수군은 부산 앞바다에 도착하였다. 이때 마침 일본으로부터 약 1,000여 척의 전선이 부산으로 오고 있었는데, 이를 본 원균은 적 세력을 향해 함대를 전진시켰다. 이때 일본 군선들은 조선 수군과의 접전을 회피한 채 흩어졌다. 원균은 이 틈을 타 일본 군선들을 공격하도록 지시하였다. 조선 함대는 일본 군선들을 쫓던 중 부산 앞 바다의 물마루(水宗, 물이 높이 솟은 그 고비)를 넘어 외해 쪽으로 떠밀려가게 되었다. 그리하여 여러 배들이 풍랑에 가로 세로 밀려 드나들기도 하고, 잠깐 앞으로 나아갔다가는 곧 뒤로 밀려나기도 하였다. 이에 위험한 지역에 도달한 사실을 깨달은 원균은 조선 함대에 후퇴를 지시하였다. 그 와중에 전라우수영 소속의 배 7척은 물길을 제어할 수 없어서 동해로 표류하였다.

조선 수군은 겨우 전선을 수습하여 회항하면서 밤새도록 노를 저어 15일 아침 무렵 가덕도에 도착하였다. 이때 일본군은 기존에 있던 전선과 새롭게 합류한 전선을 합해 500여 척을 동원하여 추격해 옴으로써 조선 수군은 휴식을 취할 틈도 없이 이동하여 거제도 영등포로 물러나게 되었다. 일부 기록에는 조선 수군이 가덕도에 상륙하여 인명피해를 입은 것으로 되어 있지만, 여기서는 상황의 전개과정을 고려해 볼 때 조경남의 『난중잡록亂中雜錄』이 보다 타당하다고 판단하여 영등포에서 피해를 입은 것으로 파악하였다. 이때 일본군은 우리 군사가 영등포에 도착하면 반드시 땔감과 물을 구하여 상륙할 것을 예측하고 전날 밤 빠른 배 50여 척을 영등포로 보내어 상륙시켜 매복하고 있었다. 이러한 사실을 모른 채 영등포에 상륙했던 우리 군사 400여 명은 매복해 있던 일본군에 의해 참변을 당하고 말았다. 원균은 갑작스레 당한 일이라 이들을 구할 생각도 못하고 칠천도에 후퇴하여 정박하였다.

# 칠천량해전은 어떻게 진행되었나?

06

조선 함대가 칠천량에 도착할 당시에는 7월 15일 밤 10시 무렵이었다. 따라서 적선도 많이 도착했지만, 날이 어두워져 피차가 군사를 거두고 상호 엄중히 경계하면서 날이 밝기를 기다렸다. 당시 일본군의 형세를 통제사 원균과 함께 행동한 선전관 김식金軾은 다음과 같이 보고하였다.

> 선전관 김식이 한산의 사정을 탐지하고 돌아와서 입계하였다.
> "15일 밤 2경에 왜선 5~6척이 불의에 내습하여 불을 질러 우리나라 전선 4척이 전소, 침몰되자 우리나라 제장들이 창졸간에 병선을 동원하여 어렵게 진을 쳤는데 닭이 울 무렵에는 헤일 수 없이 수많은 왜선이 몰려와서 서너 겹으로 에워싸고 형도 등 여러 섬에도 끝없이 가득 깔렸습니다. (후략)"

이날 밤 원균은 제장들을 소집하여 놓고 적세가 너무 커서 당해낼 수 없는 지경에 이른 점을 한탄하면서 죽기를 각오하고 싸울 것을 강조하였다. 이러한 원균의 지시에 대해 경상우수사 배설은 용기를 낼 때와 겁낼 때를 구분하는 것은 병가의 요긴한 계책인데, 오늘에는 겁내어 싸움을 회피하는 전략을 써야 할 것임을 강조하였다. 그러나 원균은 이를 듣지 않았다. 이에 배설은 돌아가서 은밀하게 자신에게 소속된 군사들과 함께 퇴각할 것을 꾀하였다.

이러한 와중에 일본군선 10여 척이 몰래 조선 수군의 허실을 탐지하고 갔고, 병선 5~6척으로 우리 진영의 복병선을 몰래 둘러싸는데, 조선 수군은 이를 모르고 있었다. 7월 15일 밤 10시를 전후한 시점에 일본군 병선들에 의해 우리의 복병선들이 분멸되자 원균이 화전을 쏘아 적의 내침 사실을 휘하에 알렸다. 그리하여 조선 수군들은 병선을 동원하여 겨우 진을 칠 수 있었다.

그러던 중 7월 16일 새벽(닭이 울 무렵)이 되자 일본 군선들이 들이닥쳐 서너 겹으로 에워싸면서 공격해 왔는데, 아침 6시경이 되어 일본 군선들이 더욱 가까이 포위해 왔다. 원균은 닻을 내린 가운데 응전하였는데, 적선이 조총을 앞세우고 4면으로 포위하면서 거세게 몰려와 중과부적이었다. 조선 수군은 한편으로 싸우고 한편으로 후퇴하면서 고성 쪽으로 향하게 되었다.

당시 칠천량해전에는 와키사카 야스하루脇坂安治, 구키 요시다카九鬼加隆, 가토 요시아키加藤嘉明, 도오도오 다카도라藤堂高虎 등 일본 수군장 대부분이 연합하여 참전하였다. 일본 수군의 전술을 보면 조선의 전선 한 척에 일본 군선 여러 척이 포위한 후 조선의 전선 위에 올라와 백병전을 벌이는 형태로 이루어졌다. 또한 일본 수군은 상대적으로 높은 조선의 전선에 오르기 위해 군선의 범주帆柱를 눕혀 사다리로 사용한 채 전선에 오른 후 백병을 사용하는 고유의 왜구倭寇 전술을 사용하기도 했다. 본격적인 전투가 시작된 후 조선 수군 일부와 일본 수군 간에 격전이 펼쳐져서 양측에 많은 사상자가 발생하기도 했다. 이때 경상우수사 배설은 기회를 틈타 관하 12척과 함께 도주하고 말았다. 결국 조선 수군은 일본 수군의 전면적인 습격을 받아 더 이상 지탱할 수 없게 되자 닻을 올리고 흩어져 달아나기 시작했다. 그리하여 전라우수사 이억기와 충청수사 최호는 고성방면으로 퇴각하고, 원균의 전라좌수군은 추원포 쪽으로 탈주하였다. 그 사이 배설은 견내량을 통과하여 한산도로 향하였다.

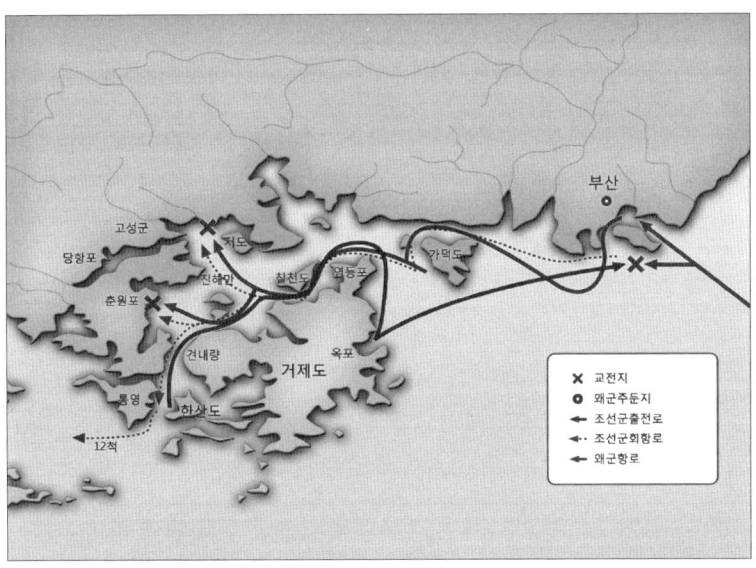

그림 2-1 **칠천량해전 상황도**

### 칠천량해전의 결과

원균과 함께 행동했던 선전관 김식은 당시 원균이 이끈 조선 함대의 상황에 대해 다음과 같이 기술하고 있다.

신은 통제사 원균 및 순천부사 우치적과 간신히 탈출하여 상륙했는데, 원
균은 늙어서 행보하지 못하여 맨몸으로 칼을 잡고 소나무 밑에 앉아 있었습
니다. 신이 달아나면서 일면 돌아보니 왜노 6~7명이 이미 칼을 휘두르며 원
균에게 달려들었는데 그 뒤로 원균의 생사를 알 수 없었습니다. 경상우수사
배설과 옥포, 안골의 만호 등은 간신히 목숨만 보전하였고, 많은 배들은 불
에 타서 불꽃이 하늘을 덮었으며 무수한 왜선들이 한산도로 향하였습니다.

　다시 말해 원균은 최후까지 저항하다가 고성 추원포(춘원포와 동일 지명)
에 상륙하였다가 전사한 것으로 추정된다. 그리고 고성 땅에 상륙한 조
선 수군은 이미 하륙하여 있던 일본군들에 의해 죽음을 당하였다.

　전투의 와중에 전라우수사 이억기와 충청수사 최호는 최후까지 용전
하다가 전세가 기울어졌음을 한탄하면서 투신 자결하였다. 조방장으로
활약한 김완은 고군분투하면서 적선 수척을 분멸하였으나 결국 적에게
포로가 되어 일본에 압송되었다. 특히 김완의 활약상에 대해 도체찰사
이원익은 "중론을 참고해 보니 힘을 다하여 싸우다가 바다 가운데에서
전사한 자는 조방장 김완뿐이었습니다."라고 하여 높이 평가하고 있다.
이때는 김완이 전투에서 사망한 것으로 알려졌었다.

　한편 원균이 이끈 전라좌수군에는 이순신으로부터 인계 받은 거북선
이 있었다. 칠천량해전 당시 우리 측 기록에는 거북선의 활약상을 찾아
볼 수 없다. 다만 일본 측 기록인 『고산공실록高山公實錄』에 보면 당시 일본
군은 조선 수군의 거북선에서 쏘는 포탄에 감히 근접하지 못한 채 기다
리다가 거북선의 포탄이 다 소모된 후 거북선을 탈취했다고 기록하고 있
다. 다시 말해 당시 전라좌수군에 있었던 5~7척으로 추정되는 거북선이

최후의 항전을 하였고, 포탄의 소모로 인해 전투 능력이 사라지자 원균은 고성 추원포로 상륙한 것으로 보인다.

대회전이 시작될 무렵 전진戰陣을 벗어나 한산도로 탈주한 배설은 통제영을 소개시키고 군량을 불태운 뒤 남해상을 서진하였다. 한편 조선 수군에 막대한 피해를 입힌 일본군은 한산도에 들어와 진막을 불태우고 미처 피신하지 못한 남녀들을 모두 살육하였다.

### 칠천량해전, 조선 수군의 피해는 얼마나 되었을까?

칠천량해전에서 조선 수군이 입은 피해 규모는 얼마나 될까? 먼저 전선 척수 면에서 피해규모를 보자. 당시 조선 수군의 전선 척수는 정유재란 초기에 180여 척 규모였다. 그러다가 7월 초에 있었던 절영도 외양 해전에서 최대 20척을 잃은 것으로 간주하면 칠천량해전 때 총 160여 척 정도 참전한 것으로 보인다. 이것은 물론 판옥선과 거북선 등 전선에 국한한 것이다. 판옥선의 종선인 협선은 제외한 숫자다. 그런데 160여 척 중 동해로 표류했던 전라우수영 소속 7척은 후일 온전히 돌아왔고, 경상우수사 배설이 이끈 12척도 온전하게 보전되었으므로 이를 뺀 척 수가 피해를 입었다고 볼 수 있다. 이렇게 볼 때 조선 수군은 약 150척 정도의 전선이 피해를 입은 것으로 판단된다.

한편으로 인명 피해는 얼마나 될까. 이것은 당시 전선의 정원을 통해 추정할 수밖에 없다. 당시 판옥선의 정원을 130명●으로 보고 150척×130명 = 19,500명이다. 여기에다가 협선이 150척 규모였다고 볼 때 150척×5명 = 750명으로 산정된다. 이 둘을 합하면 총

● 130명
임진왜란 당시 감조군관이었던 나대용은 125명이라 하였고, 체찰부사였던 한효순은 136명이라고 하였다. 이를 평균한 것이다.

2만 250명이다. 따라서 산술적으로 보면 약 2만 명 규모의 피해를 입은 것으로 보이지만 탈출한 인원도 상당수 있으므로, 정확한 숫자 파악은 어렵다고 할 수 있다. 다만 필자의 추정으로는 탈출한 병력 규모를 1,000명 내외로 파악하여 1만 9,000명 전후 규모의 피해를 입었을 것으로 사료된다.

그런데 우리의 전과 규모에 대해서는 확인이 어렵다. 우리 기록에는 개인적으로 수척을 분멸한 정도만 나와 있을 뿐 전체적인 전과는 알 수 없고 패전 관련 기록만 무성하다. 아울러 일본 측 기록 역시 자신들의 전과에만 치중할 뿐 피해 규모에 대한 언급은 찾아보기 힘들다. 따라서 조선 수군의 전과에 대해서는 필자의 능력으로 확인이 불가능함을 밝힌다.

# 칠천량해전,
# 7년전쟁의 흐름을 바꾸다

그러면 임진년 첫 해전부터 이전까지 한 번도 패하지 않았던 조선 수군이 이렇게 크게 패하게 된 요인은 무엇일까? 먼저 당대 조정의 인식을 살펴보면 이 해전의 전말에 대하여 유성룡은 다음과 같이 평가하고 있다.

> 임진년에 우리나라를 침범한 이후로 오직 수전에서만 여러 번 참패를 당했기 때문에 평수길은 이를 항상 분하게 여겨 왔다. 그는 행장을 책망하여 어떻게 해서든지 이 분풀이를 하라고 했다. 이에 행장은 김응서를 교묘한 방법으로 꾀어서 이순신으로 하여금 죄를 얻어 파면 당하게 하고, 다시 원균을 유인하여 바다 가운데로 나오게 하여 그의 허실을 낱낱이 탐지해 냈다. 그러고 나서 그는 불시에 원균을 엄습했다. 계교가 그렇게도 간교해서 우리는 모두 그들의 계교에 빠졌으니 슬픈 일이로다.

이러한 유성룡의 지적과 같이 조선 수군은 일본군의 간계에 의해 궤멸적인 피해를 입었다고 볼 수 있다. 한편 이 해전에서 패배한 소식을 보고

받은 선조는 다음과 같이 언급하면서 도원수 권율에게 책임을 전가하고 있었다.

> 상이 이르기를, "원균은 처음부터 가려고 하지 않았으나 남이공의 말을 들으면 배설도 '비록 군법에 의하여 나 홀로 죽음을 당할지언정 군졸들을 어떻게 사지에 들여보내겠는가'라고 했다고 한다. 대체로 모든 일은 사세를 살펴보고 시행하되 요해처는 고수해야 옳은 것이다. 이번 일은 도원수가 원균을 독촉했기 때문에 이와 같은 패배가 있게 된 것이다." 하였다.

선조의 이러한 인식은 당시 수군 실정을 무시한 채 수군의 출전을 강요한 권율의 행위를 패배의 가장 큰 요인으로 보고 있다. 이것은 누구나 공감하는 일반적인 인식으로 볼 수 있다. 그런데 선조의 이러한 발언은 정유재란 초기 이순신의 행동에 대한 자신의 발언과 배치되는 면이 있다. 이를테면 정유년 1월 이순신이 부산 앞바다로 출정하지 않은 사실에 대해 선조는 "한산도의 장수는 편안히 누워서 어떻게 해야 할 줄 몰랐다"라고 하면서 이순신의 행위를 비판한 적이 있다.

### 칠천량해전의 패배 원인은 무엇일까?

일반적인 시각과는 별도로 구체적인 패배요인에 대해 살펴보자. 기존 해전연구자들의 분석은 대개 다음의 세 가지로 분석한다. 첫째는 수군의 군령권, 즉 작전권이 통제사가 아닌 체찰사와 도원수에게 부여됨으로써 해전을 모르는 군신들에게 수군을 지휘하게 한 데에 있다는 것, 두 번째는 수군세력의 대부분이 적극적인 전투를 하지 않고 '도망逃亡'했다는 것,

세 번째는 통제사 원균의 통솔력 부족을 들고 있다.

이러한 점에 부가하여 패배 원인을 살펴보면 수군의 사기문제가 가장 결정적이었을 것으로 본다. 이것은 기존 분석의 첫 번째 이유와 두 번째 이유에 모두 포함되는 부분이다. 이를테면 통제사 원균은 칠천량해전 이전에 도체찰사와 도원수의 독려 때문에 수군 세력을 절반으로 나누어 자신이 직접 지휘하던 전라좌수군을 제외한 절반의 함대를 부산 앞바다로 원정시켰다. 그리고 이들이 돌아온 지 이틀 만에 도원수 권율의 강압적인 출전지시를 받은 원균은 귀환한 지 3일도 되지 않은 함대를 포함하여 전 함대를 출동시켰다. 한번 출동했다 모항으로 귀환하면 적어도 20일 이상은 휴식을 취하는 것이 이전 해전에서의 일반적인 현상이었다. 이것은 전투요원의 사기도 문제지만 그보다는 격군들의 피로해소가 요구되었기 때문이다. 당시 한산도에서 부산 도착까지 3일이 소요되었는데 거의 쉬지 못하고 출동을 하였고, 전투까지 벌인 후 돌아옴으로써 군사들의 심신은 매우 지쳐 있었을 것이다. 다음의 기록을 통해 이를 확인할 수 있다.

> 이덕형이 아뢰기를, "… 제장들의 말은 비록 믿을 수 없으나 격군의 말은 믿을 만도 합니다. 부산에 가서 공격할 때 우리나라 주사 90척이 곧바로 적을 향해 돌진하자 부지기수의 적선이 바다에 가득히 떠오니 우리나라의 수효가 적은 주사로서는 도저히 당해낼 수 없어 한산을 향해 후퇴하는데 격군들은 밤낮없이 노질하여 춘원포에 닿았습니다. 적군들이 밤을 이용하여 정면으로 공격해 오는 바람에 힘이 지친 나머지 갑자기 당하는 변이어서 싸움도 하지 못하고 물이 마르듯이 다 도망쳐 1명도 전사자가 없었다고 하였습

니다."하였다.

이와 같이 전선을 운용하는 데 핵심적인 역할을 하는 격군의 힘이 소진되었던 것이다. 그 결과 전선을 무리없이 운용하기 어려운 입장에서 제대로 된 전투를 수행할 수 없었던 것이다. 더욱이 칠천량으로 귀환하는 도중 이틀간을 풍랑과 싸웠고 심지어 영등포에서는 군사들을 400여 명이나 잃는 등 수군의 사기는 극도로 저하되었을 것으로 생각된다.

이렇게 군사들의 사기가 저하된 상태에서 칠천량해전 본 전투가 벌어짐으로써 수군들은 싸울 엄두도 못내고 도망할 수밖에 없었던 것이다. 이러한 상태에서 통제사 원균의 지휘권이 제대로 발휘되기는 어려웠을 것이다. 이렇게 볼 때 패전의 근본적인 원인은 출전하지 않아야 할 때에 무리하게 출전을 지시한 전쟁 지휘부에게 있다고 볼 수 있다. 도망이나 원균의 지휘 책임은 무리한 출전의 영향에서 나타난 부차적인 문제로 볼 수 있을 것이다.

여기에 당시의 지휘부가 상당한 불협화음으로 인해 한마음으로 뭉치지 못한 것도 패배의 한 요인으로 볼 수 있다. 다음 『선조실록』의 내용을 살펴보자.

> 이덕형이 아뢰기를, "… 신이 지난 해에 남방을 왕래하면서 그 고장 사람들의 말을 들어보면 대개는 나라를 위해 죽은 사람이라고 하였습니다. 그가 전에 경상우수사로 있으면서 전쟁에 임했을 때 사람들이 달려가지 않으면 칼로 그들을 쳤습니다. 그리하여 원균수사는 미련하다고 했지만 그는 일에 임해서는 강직했기 때문에 이순신을 잡아온 후 그를 임명하여 보냈습니다.

그런데 주위 제장이 모두 이순신의 막하여서 서로 의논하지 않아 원균의 세력이 고립되었습니다. 그때 한효순이 체찰사에게 보고하여 조치하려고 했는데 미처 하지 못하고 원균이 패전한 것입니다.

이것은 원균이 전사한 지 4년째에 접어든 1601년에 도체찰사 이덕형이 선조에게 보고한 내용이다. 당시 수군 지휘부에서는 이순신이 투옥되고 원균이 제2대 통제사로 임명되어 오자 이순신이 투옥된 것은 원균의 모함 때문이라는 인식이 팽배한 가운데 통제사의 군령이 제대로 발휘되지 못한 면을 나타내고 있다. 이를테면 다음의 『선조실록』상의 내용을 통해 확인할 수 있다.

도원수 권율이 치계하기를, "통제사 원균이 치보한 내용에 의하면 '수군을 몇 부대로 나누어 번갈아 내보내어 오가는 일을 삼도수사와 함께 회의하였더니 수사들이 〈반드시 패몰할 시기를 분명히 알고서는 부산과 절영도를 왕래할 수 없다. 장수가 밖에 있을 때에는 임금의 명령도 받지 않는다〉고 하니, 어리석고 용렬한 통제사로서는 어떻게 처치할 수 없다'하였습니다…"

위의 기록이 당시 조정의 부산진공 지시에 대한 작전상의 타당성을 논의한 결과를 거론한 것인지 아니면 단순히 원균의 작전지침에 대한 휘하 수사들의 무조건 반대 의사의 표명인지는 알 수 없다. 그렇지만 원균이 어쩔 수 없다고 표현한 것으로 보아 원균과 휘하 수사들 간에는 상당한 불협화음이 있었던 것으로 보인다.

이러한 분위기는 이순신의 『난중일기』를 통해서도 확인할 수 있다.

5일 을미 맑음 : 늦게 충청우후 원유남이 한산도로부터 와서 원공[원균]의
흉포하고 패악함을 많이 전하고, 또 진중의 장졸들이 이탈하여 반역하니, 그
형세가 장차 어찌될지 헤아리지 못하겠다고 하였다.

　즉, 이순신이 백의종군 차 경상도 초계로 가던 중 전라도 순천부에 머물러 있다가 한산도에서 온 원유남으로부터 당시의 수군 실정을 들은 내용을 기록한 것이다. 이 시기는 칠천량해전이 벌어지기 2개월 여가 남은 시점에서 원균과 부하들과의 불협화음은 상당히 고조되고 있었던 것으로 보인다.

　한편 조경남의 『난중잡록』에는 통제사 원균에 대한 상반된 평가가 있어서 주목된다. 이를테면 그는 원균이 육지에서 왜적의 칼날에 죽임을 당한 것에 대해 비판적인 시각에서 바라보면서 그의 평소 식사량을 언급하고 있다. 즉 "원균은 체구가 비대하고 건장하여 한 끼에 밥 한 말, 생선 50마리, 닭과 꿩 3~4마리를 먹었다. 평상시에도 배가 무거워 행보를 잘 하지 못하였는데, 이때에 이르러 싸움에 패하고는 앉은 채 죽음을 당하였다."라고 하면서 그가 전사한 것은 평소의 대식으로 인한 비만에 원인이 있다는 언급을 하였다.

### 원균의 공로는 재검토되어야 한다

　원균의 죽음에 관한 평가는 좀 더 다르게 기술하고 있다. 다음의 기록을 통해 확인할 수 있다.

　　원균이 비록 패하여 죽었으나 불충불의한 무리는 아닌 듯한데, 그 뒤에

기롱하는 이가 심히 많고 달천達川의 기록에는 빼고 넣지를 않았다. 그 기록에 든 사람들은 과연 모두 충의를 다한 사람으로써 원균이 그들의 만분의 일도 따라갈 수 없는 것인지 나는 잘 모르겠다. 어찌 취하고 버리는 것이 그리도 공정하지 못하고 당시에 장수된 자들이 원균보다 뛰어난 자가 몇 명이나 있었는고. 그 뒤에 논공할 때에 원균도 선무원훈의 반열에 참여하게 되었으니, 아! 왕법의 공정한 것을 볼 수 있도다. 만약 원균을 불충하다 하여 적에게 죽은 사실을 죄준다면 저 관망하고 퇴각하여 달아나서 목숨만을 위한 자에게는 장차 무슨 죄를 주어야할꼬.

오늘날 원균이 부정적인 인식을 받고 있는 가장 큰 원인은 바로 칠천량해전에서 패배했기 때문이다. 객관적인 시각에서 칠천량해전의 전개 과정에 대해 제대로 이해하지 못한 상황에서 최고 지휘관의 책임론이 가장 크게 대두되는 것은 어쩔 수 없었을 것이다. 더욱이 당시 조정의 잘못이 컸지만 대놓고 조정의 잘못을 거론할 수 없었던 정치체제의 특성상 원균에로의 책임전가는 자연스러운 현상이었을 것이다. 이러한 인식이 조선후기를 거쳐 현대 시기까지 이어져 왔다고 볼 수 있다.

그러다 보니 오늘날에도 원균에 대한 부정적인 시각을 가진 사람들이 많다. 심지어 맹목적으로 미워하는 사람들도 흔히 발견할 수 있다. 원균에 대한 우호적 시각을 조금만 비추면 원균명장론에 물들었다고 하면서 질타를 하는 사람들도 있다. 조경남의 언급처럼 칠천량해전에서 전사한 사람들과 도망쳐 목숨을 부지해 숨었거나 다시 이순신 휘하에서 전투에 참전한 사람들 간에 공과는 어떻게 매겨야 옳을까. 참으로 역사의 아이러니라 할 것이다.

어쨌든 칠천량해전에서의 패배는 당시의 전황에 큰 영향을 미쳤다. 무엇보다도 남해상의 제해권을 상실하게 됨으로써 일본의 전라도 침공이 가능하게 된 것이다. 이를테면 일본군은 해전 후 경상도 연안을 약탈하면서 한편으로는 전라도 침공계획을 세우고 있었다. 그리하여 정유재란기 최대 공격목표였던 전라도를 침공하기 위해 침공군을 좌군과 우군으로 나누어 서진하였고, 일본 수군은 좌군과 함께 행동하였다. 그리하여 일본수군은 육군과 함께 경상도 연안을 따라 서진하다가 섬진강 하구 하동 땅의 두치진豆恥津에 상륙하였고, 일부 소형선박들은 구례까지 이르러 상륙하였다. 이들은 결국 육군과 합세하여 남원성 공략작전에 참전함으로써 남원성 함락에 큰 기여를 하였다. 지난 5년간 조선 수군과 의병들이 애써 지켜낸 전라도가 남원성이 함락됨으로써 적의 수중에 들어가게 된 것이다.

● 두치진豆恥津
오늘날 두치진의 위치에 대해서는 일부 연구자들이 하동읍 두곡리 또는 광양군 다압면 등으로 추정하고 있으나 하동 현지 향토사학자의 주장에 의하면 오늘날 섬진강 다리가 놓여있는 하동읍 원동지역으로 추정한다.

칠천량해전의 패배를 딛고,
조선의 운명을 바꿀 명량해전을 준비하다!

# 3

## 명량해전, 조선의 운명을 바꾸다

# 01

# 칠천량해전 후
# 조선 수군은 어떻게 되었나?

　　조선 수군은 칠천량해전에서 궤멸적인 타격을 입었다. 그 이전에 있었던 두 차례의 전투 결과(안골포·가덕도해전과 절영도외양해전)를 포함하여 전선 180여 척 중 불과 10여 척만이 남았을 정도였다. 다만 해전 초기에 도주한 배설裵楔만이 10여 척의 전선을 이끌고 있을 뿐이었다.

　　7월 22일에 패전 보고를 접한 조정에서는 어전회의를 열고 이순신을 삼도수군통제사에 재기용하였다. 동시에 칠천량해전에서 전사한 충청수사 최호崔湖의 후임으로 권준權俊을 임명하였고, 이어서 전라우수사 이억기의 후임으로는 김억추金億秋를 임명하였다.

　　통제사 재임명의 교서를 이순신이 받은 것은 8월 3일이었다. 앞에서 언급했듯이 당시 백의종군하던 이순신은 칠천량해전의 패보를 접한 7월 18일부터 도원수 권율의 요청에 의해 해전 패배 후의 수군 상황 파악 차 군관과 군사 등 16명을 대동한 채 연해지역을 답사하였다. 그리고 곤양, 하동, 남해 등지의 연해안을 답사하면서 경상우수사 배설을 비롯한 당시 전투에 참전한 장수들과 만나 수군 상황을 파악하였다. 이후 어느 정도의 현황을 파악한 이순신은 진주 정개산성 근처에서 머물고 있던 중 3도 통제사의 교서를 받은 것이다.

한편 당시 칠천량해전에서 패한 조선 수군의 실정은 어떠했을까? 이에 대해서는 도원수 권율이 보고한 보고서에 축약되어 있다.

> 7월 21일에 성첩한 도원수 권율의 서장에 아뢰었다. 신의 군관인 최영길이 한산도에서 지금에야 비로소 나왔는데 그가 말하기를 원균(배설의 오기로 추정)이 사지를 벗어나 진주로 향하면서 말하기를, "사량에 도착한 대선 18척과 전라선 20척은 본도에 산재해 있고, 한산에 머물러 있던 군민·남녀·군기와 여러 곳에서 모여든 잡선 등을 남김없이 창선도에 집합시켜 놓았으며 군량 1만여 석은 일시에 운반하지 못하여 덜어 내어 불태웠고, 격군은 도망하다 패배한 배는 모두 육지에 가까운 곳에 정박시켰으므로 사망자는 많지 않았다."라고 하였습니다.

위 기록으로 미루어 볼 때, 당초 배설의 전선 12척을 제외하고 전멸한 것으로 추정되었던 수군 세력 수십 척이 경상도 연해지역에 표류하고 있었고, 사실 전투에 참전하지 않은 인력들 상당수가 창선도에 운집되어 있었다. 다만 전선은 원래 탑승한 군사들이 도망한 가운데 빈 전선들만 표류하고 있었을 것이다. 이러한 사실은 향후 조선 수군이 재건하는데 기반 세력으로 작용할 수도 있었겠지만 지역적으로나 전선 상태로 보아 수습이 용이하지는 않았을 것이다.

어쨌든 이순신은 통제사 교서를 받자마자 전라도 쪽으로 서진하였다. 여기서는 먼저 이순신이 전라도로 서진하여 명량해전을 치르기까지의 과정을 살펴본다. 그리고 다음 절에서 그 이유와 수군 수습과정을 항목별로 구체적으로 살펴보기로 한다.

### 이순신, 필사적으로 수군을 수습하다

이순신은 육로를 이용하여 곡성(8월 4일)과 옥과(8월 5일)를 거쳐 8월 8일에 순천에 도착하였는데, 이곳에서 광양현감을 비롯한 수군 지휘부 인물들과 만나고 장졸 60명을 확보할 수 있었다. 이후 낙안을 거쳐 8월 9일 보성에 도착한 후에는 자원 병력이 120명으로 늘어나게 되었다.

한편 이때 일본군은 8월 초에 접어들어서 경상도 내지에 분탕질을 자행하면서 서진을 하고 있었다. 고니시 유키나가군은 사천과 남해 등지에서 분탕질을 하고, 가토오 기요마사군은 초계와 함안을 통과했다. 그리고 시마즈 요시히로군은 곤양의 금오산과 노량 등지에 배를 대고 산중을 수색하여 인명살상과 약탈을 일삼았다. 이때 조선의 진주목사는 정개산성을 버리고 경상우병사는 악견산성을 포기하고 말았다. 그리고 전라병사 이복남은 퇴각하여 옥과로 향했다.

일본군은 선박을 이용하여 섬진강을 거슬러 올라 악양에 정박하였는데, 조경남은 이러한 일본군의 규모에 대해 "영남 바다로부터 5,60리 사이에 배가 가득차서 마치 바다가 물이 없는 듯하다."고 표현하였다. 이 시기는 이순신이 섬진강을 건너던 시점이었는데, 이순신이 구례로 향하다가 적선이 이미 나루터에 정박해 있는 것을 보고 곡성을 거쳐 순천으로 우회한 것이다.

어쨌든 보성에 있던 이순신은 8월 17일에 다시 서진하여 8월 18일에 회령포에 도착하였고, 이어 8월 19일에 경상우수사 배설로부터 전선을 인계받고는 통제사의 임무에 걸맞은 수군력을 본격적으로 재건하기 시작하였다. 이후 8월 20일에는 회령포의 포구가 좁아 이진梨津 아래 창사倉舍로 진을 옮겼고, 24일에는 괘도포掛刀浦를 지나 어란於蘭 앞바다로 진을 옮겼다. 어란포에 머무르고 있던 8월 26일에 탐망군관 임준영任俊英으로부터 적선이 이미 이진에 이르렀음을 보고받았다. 한편으로 이날에는 칠천량해전에서 전사한 전라우수사 이억기의 후임으로 김억추가 부임하여 왔다.

이틀 뒤인 8월 28일 오전 6시경 일본군선 8척이 불시에 습격하여 왔다. 이에 이순신 기함이 선봉에 서서 적선을 쫓아 갈두까지 추격하였고 적선은 그대로 도주하였다. 이어 저녁에는 진을 장도로 옮겼고, 다음 날인 8월 29일에는 진을 진도 땅 벽파진碧波津으로 옮겼다. 진을 벽파진으로 옮긴 이유는 일본군의 정보를 수집할 수 있는 가장 좋은 장소로 판단했기 때문이다.

벽파진으로 옮긴 후 이순신은 8월 30일에 정탐군을 여러 곳에 내 보냈다. 이는 이틀 전에 일본군의 침입을 받은 후 일본군의 재침에 대비하기 위함으로 여겨진다. 그런데 벽파진으로 이진한 지 3일째인 9월 2일에 경상우수사 배설이 도주하였다. 배설은 8월 30일에 칭병하며 전라우수영으로 상륙한 후 이날 도주한 것인데, 결국 종전 후 고향인 선산에서 체포되어 도원수 권율에 의해 참형을 당하게 된다.

조선 수군은 벽파진에 주둔한 지 며칠 동안 북풍이 강하게 불어 배를 제어하기도 힘들었고, 바람이 잠잠해진 후에는 추위가 엄습하여 전투력 유지에 애로가 많았다. 이러한 와중에 9월 7일에는 탐망군관 임중형林仲亨이 적선 55척 가운데 13척이 이미 어란 앞바다에 도착하였으며, 그들의 침입이 예상된다고 보고하였다.

예상대로 그날 오후 4시경에 일본군선 12척이 침입하였다. 이때 조선 함대가 추격하자 일본함대는 멀리 도주하고 말았다. 이순신은 이날 밤 야습이 있을 것을 예상하여 휘하 장수들과 함께 대비하였다. 예상대로 그날 밤 10시경에 일본군이 야습을 해 왔는데 4차례에 걸쳐 상호 공방전을 벌이다 자정이 지나서야 일본군이 물러갔다.

이와 같이 이순신은 벽파진에 유진하면서 장차전에 대한 구상을 한 것으로 생각된다.

한편 이즈음 일본 수군의 동향에 대해 살펴보자. 일본의 수군은 7,000여 명의 병원兵員으로 8월 13일 광양현의 두치진에 상륙하여 좌군주력과 합세하여 남원성을 함락한 후, 좌군에의 예속을 벗어나 하동현으로 돌아왔다. 그리고는 도오도오 다카도라藤堂高虎, 가토오 요시아키加藤嘉明, 와키사카 야스하루脇坂安治, 쿠루시마 미치후사來島通總, 그리고 캉 미치나가菅達長 등의 수군 지휘부는 휘하 수군을 지휘하여 좌군의 육상 침략전에 호응하기 위하여 해로를 따라 진도 이서 지구를 침공하기로 하였다. 이와 같은 일본군의 침략로 설정은 전쟁 수행에 있어서 반드시 고려되어야 할 병참, 즉 군량을 먼저 확보한다는 원칙하에서 먼저 전라도를 선점한 것으로, 이러한 전략은 그들로서는 타당한 전략이었을 것이다.

이리하여 도오도오 등이 거느리는 수군은 8월 하순경에 하동현의 섬진강 하구를 출발하여 9월 7일에 어란포에 진출하였는데, 명량부근의 조류가 빠르고 또 과문이 커서 항해가 위험한 것이라 생각하고 대선을 중선으로 바꾸어 타고 이 해협을 돌파하기로 하였다는 것이다. 이상이 명량해전 직전 이순신을 중심으로 한 조선 수군의 행적이다(〈그림 3-1〉 참조).

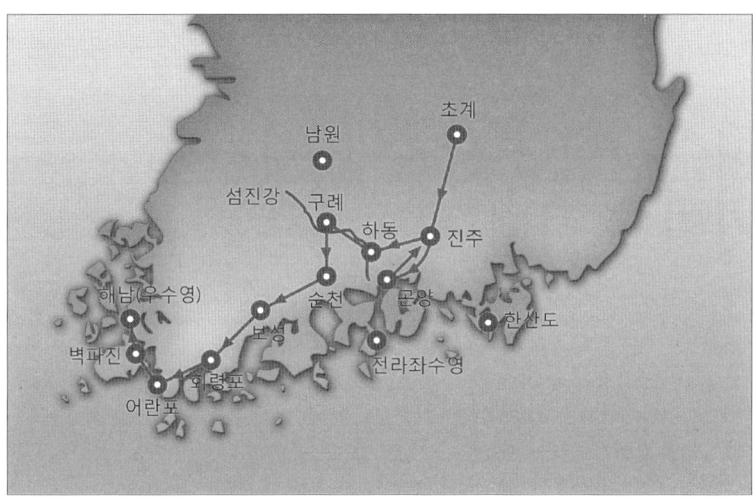

그림 3-1 **칠천량해전 이후 조선 수군의 이동 경로**

## 이순신의 조선 수군 재건
## 키워드. 하나
_정예 인력의 확충과 장졸들의 전의 고양

　이번에는 앞에서 살펴본 조선 수군의 이동 중 구체적으로 이순신과 조선 수군이 수군 재건을 위해 어떤 노력을 기울였는지에 대해 살펴보자. 명량해전을 불과 한 달여 앞둔 1597년 8월 3일 삼도수군통제사의 임명교서를 받은 이순신은 군사도, 전선도 없이 패전 뒤처리를 하면서 앞으로 다가올 전투에 대비해야만 했다. 이전 칠천량해전에서 조선 수군이 궤멸적인 피해를 입어 이순신이 인수할 수 있는 전력은 불과 10여 척의 전선과 전쟁공포증에 감염된 일부 군사들 밖에 없었다.

　그런데 이순신이 삼도수군통제사 교서를 접수한 후 취한 조치들을 보면 수군인력을 확보하는 데 각별한 노력을 기울였음을 알 수 있다. 통제사 재임명 교서를 받은 이순신은 본격적인 수군 재건에 착수하였다. 우선 이순신은 통제사 신분을 다시 찾았음에도 불구하고 경상우수사 배설이 이끌고 온 전선 10여 척을 바로 인수하지 않았다. 그 이유는 두 가지로 유추할 수 있다. 첫 번째는 배설이 이끌고 온 세력은 경상우수군 소속 군사들이지 과거 이순신의 직속 부하들이 아니라는 점이다. 장수는 부하들을 수족처럼 부릴 수 있어야 하는데 경상우수군들은 대다수 이순신의 옛 부하들이라 볼 수 없었다. 두 번째는 배설이 이끌고 온 군사들은 칠천량 해전에서 제대로 싸우지도 않고 도주한 자들로 전투의지가 매우 박약한 상태였을 것으로 추정된다. 이순신은 이러한 군사들만 맞이해서는 전투를 수행할 수 없었을 것으로 판단하고는 인재를 찾기 위해 다른 방법을 모색하였다.

따라서 배설에게는 전선을 수습하면서 서진하도록 하면서 본인은 바로 육로를 통해 전라도로 향하였다. 이것은 아마도 이전에 수군지휘관들과 약속을 했거나 새로운 병력 충원의 필요성을 감안하여 경상도보다는 전라도 좌수영 관하가 낫다고 판단한 듯하다. 그리하여 이순신은 앞에서 살펴본 바와 같이 과거 자신의 휘하에서 중추적인 역할을 한 부하들을 만날 수 있었다. 그러면서 자원 병력들을 계속 모집하면서 서진해 나갔다. 그리하여 순천에서는 60명을 거두었고, 보성에 이르러서는 120명으로 늘어났으며, 강진·장흥을 거치면서 이순신 휘하에는 수백 명의 장졸들이 모여들었다.

### 최정예 인력 확충에 나서다

이순신의 휘하에 들어온 장졸들은 어떤 인물들인가에 대한 분석이 필요하다. 명량해전을 한 달여 앞둔 시점에서 이순신의 휘하에 모여든 인물들을 『난중일기』의 기록을 통해 살펴보면 다음과 같다.

- 8월 5일 계해 : 옥과현에 들어갈 때, 이기남 부자를 만나 현에 이르니 정사준·정사립이 와서 마중했다.

- 8월 8일 병인 : 순천에 이르니 … 중 혜희惠熙가 와서 알현하므로 의병장의 사령장을 주었다.
- 8월 10일 무진 : 배흥립도 같이 머물렀다.
- 8월 11일 기사 : 송희립・최대성도 와서 봤다.
- 8월 16일 갑술 : 활 만드는 이지・태귀생이 보러 왔다. 그리고 선의와 대남도 왔다. 또 김희방・김붕만이 왔다.

위의 기록을 통해 볼 때 비록 많은 인물들이 사라졌지만 이순신과 함께 임진왜란 초기 해전에서 연전연승을 거두었던 전라좌수군의 지휘부 인사들이었던 배흥립裵興立・송희립宋希立・최대성崔大晟・김붕만金鵬萬・이기남李奇男 등이 다시 그 휘하에 합세하였음을 알 수 있다. 이들은 임진왜란 초기 이순신 휘하에서 해전에 참가하면서 조선 수군이 연전연승을 거두는 데 중추적인 역할을 한 인물들이다. 아울러 중 혜희와 같은 의병 지휘부 인물들은 유사시 의병들을 규합하여 이순신의 작전을 도울 수 있었다. 또한 정사준鄭思竣과 궁장弓匠 이지李智・태귀생太貴生・선의先衣 등과 같은 무기 제조의 전문가들은 부족한 무기류들을 확보하는 데 큰 기여를 할 수 있었다고 본다.

한편으로 8월 16일까지 보성에서 머무르면서 거제현령 안위安衛와 발포만호 소계남蘇季男 등 역전의 용장들도 휘하에 모여들었다. 이 중에서 거제현령 안위는 이전 칠천량해전 직후에 이순신이 남해 노량에서 만나 밤새도록 논의를 한 인물이다. 이순신이 보성에서 안위 등을 만났다는 것은 당시 경상우수사 배설의 관하에 있던 잔존 수군과의 연락을 취한 것으로 보인다. 즉, 이를 통해 향후 수군의 행보에 지침을 부여한 것으로 볼 수 있다.

### 장졸들의 전의를 고양시키다

이순신은 많은 병력들을 충원하였지만, 직전에 있었던 칠천량해전 패전의 영향으로 기강이 흐트러지고 사기가 저하된 부하들의 전투의지를 고양시키는 노력을 동시에 기울였다. 이러한 노력은 다른 해전들에서도 사례가 발견되지만, 명량해전의 경우에는 더욱 절실하였다. 그것은 바로 직전에 큰 패배를 당하였고, 조선 수군의 세력이 너무나 고약孤弱했기 때문이었다.

전의 고양을 위한 이순신의 노력은 다음과 같이 정리할 수 있다. 우선 8월 17일에는 군량을 훔친 자에 대하여 장형杖刑을 가하였고, 8월 19일에는 교유서에 숙배하지 않은 경상우수사 배설의 죄를 묻는 차원에서 그 영리에게 장형을 가했다. 아울러 8월 25일에는 거짓 경보를 한 자들을 효시하여 군기의 엄정함을 보였다. 한편으로 이순신 자신도 밤낮으로 전투 구상을 하면서 갑옷을 벗지 않고 침식을 하였다.

이러한 노력과 동시에 앞에서 살펴본 바와 같이 8월 28일의 어란포해전과 9월 7일의 벽파진해전을 수행하면서 이순신 기함은 선두에 위치하여 적을 물리쳤다. 두 차례에 걸친 소규모의 해전은 부하들의 전의를 고양시키는 실전 사례로써 중요한 역할을 했을 것이다. 반면에 부하들의 사기 진작을 위해 이순신은 9월 9일 중양절을 맞아 소 5마리를 잡아 장병들에게 먹이도록 지시했다. 이 소는 부찰사副察使의 군량 중에서 지원을 받은 것으로 9월 2일에 포작인鮑作人● 점세占世가 제주도에서 가져온 것이었다.

● 포작인鮑作人

포작鮑作들이 탄 배를 포작선이라 부른다. 이 포작선에 탄 사람들은 일반 어부들과는 차이가 있다. 포작들을 포작간이라고도 불렀는데, 처음에는 제주도에서 살던 유랑민들이었다. 그 후 주거지역을 육지의 해안으로 점차 옮겨 나갔는데, 조선 전기 포작간들은 해변에 장막을 치고 일정한 거처가 없이 선상에 기생寄生하고 있었다. 포작인들은 사람됨이 날래고 사나우며, 그 배가 가볍고 빠르기가 비할 데 없어서 비록 폭풍과 성난 파도라 하여도 조금도 두려워하거나 꺼림이 없다고 하였다. 심지어 왜적이 이들을 만나도 도리어 두려워서 피할 정도였다고 한다. 특히 이들은 큰 돌을 수십 개나 배에 싣고 다니면서 왜선을 만나면 던져서 공격할 정도로 자체 전투력을 보유하고 있었다. 따라서 이들은 유사시 왜구들의 침입이 있을 때 전투에 동원되기도 하였다. 이를테면 1497년(연산군 3년)에 전라도 해안에 침입한 왜구들을 격퇴하는 데 포작선과 포작간이 동원된 사례가 있다.

이와 같이 솔선수범의 자세로 부하들의 전의를 고양시킨 이순신은 명량해전을 하루 앞둔 9월 15일 벽파진에서 전라우수영 앞으로 진을 옮긴 후, 이튿날인 9월 15일 진영을 우수영으로 옮겼다. 이순신이 진을 옮긴 이유는 벽파정碧波亭 뒤에 명량이 있는데, 수가 적은 조선 수군으로서 명량을 등지고 진을 칠 수 없었기 때문이었다. 우수영으로 진을 옮긴 이순신은 장수들을 불러 모아 다음과 같은 훈시를 하였다(『난중일기』 (속) 정유년 9월 15일).

'병법에 이르기를 반드시 죽고자 하면 살고 살려고 하면 죽는다'고 하였다. 또 '한 사람이 길목을 지키면 1,000명도 두렵게 할 수 있다'고 했는데, 이는 오늘의 우리를 이른 말이다. 너희 여러 장수들이 조금이라도 명령을 어긴다면 군율대로 다스려 작은 일이라도 용서하지 않을 것이다("兵法云 必死則生 必生則死 又曰 一夫當逕 足懼千夫 今我之謂矣 爾各諸將 少有違令 則卽當軍律 小不可饒貸").

이 훈시 중 유명한 문구인 '필사즉생 필생즉사'는 오자병법에 있는 '필사즉생必死則生 행생즉사幸生則死'의 문구를 변용한 것이다. 일본군에 비해 극히 열세한 세력으로 전투를 치러야 하는 수군의 현실을 감안하여 다른 어느 때보다 장병들의 정신무장을 요구하는 것이었다. 아울러 절대 열세한 세력이지만 명량이라는 천험의 요새지를 지킴으로써 아군 측에도 승산이 있다는 자신감을 불러일으킨 것이기도 하다.

한편 이순신은 현직 휘하 인물들 뿐만 아니라 당시 전라도 연해에 거주하고 있던 의병들을 규합하여 열세한 전력을 보충하는 노력도 기울였다. 이를 일부 학자들은 해상 의병이라고도 부르고 있다.

이러한 의병들의 활동은 대체로 두 가지 방향에서 전개되었다. 하나는 전방에서 직접 실전에 참여하는 전투활동이었고, 다른 하나는 전투를 지원하는 병참활동이었다. 전투활동에 있어서는 수군 내부에 편성되어 직접 해전에 참가한 예가 많았지만, 일본군의 수륙병진이나 상륙전에 대비하여 해안지방의 방어임무를 맡은 예도 있었다.

후방에서 이루어진 각종 병참활동은 주로 군량이나 군기류를 지원, 공급하는 역할이었지만, 전직관리나 무관사인無官士人들 중에는 수군지휘부의 측근에서 갖가지 군무를 보좌하거나 통신연락의 업무를 행한 자도 있었다. 이렇게 볼 때 앞에서 살펴본 중 혜희와 같은 인물은 직접 전투활동에 참여하는 형태이다. 그런데 이러한 의병들을 규합하는 과정에 관해서는 일부 자료●●를 통해 파악할 수 있다. 이러한 의병들의 활동에 대해서는 뒷 절에서 후술하므로 여기서는 생략한다.

●● 일부 자료
명량해전 시 의병들의 활동에 관한 기록은 「호남절의록湖南節義錄」과 「이충무공전서」의 「동의록同義錄」이 대표적이다. 그러나 이 자료들은 18세기 말과 20세기 초의 일제강점기에 이루어진 자료들로서 모두가 수록 인물들의 후손들에 의해 서술 편집된 것들이라는 점에서 사료채택상 많은 문제점을 안고 있다. 따라서 당대 1차 사료와 비교하여 신뢰성 있는 부분 위주로 활용하였다.

# 03 이순신의 조선 수군 재건 키워드. 둘

_전선과 군수 물자의 확보

    다음으로 전선과 무기류의 수습과정을 살펴보자. 명량해전 당시 조선 수군이 보유한 전선은 판옥선 13척과 초탐선 32척이 전부였다. 이 중에서 전투력을 갖춘 전선은 판옥선 13척 뿐이었다. 반면에 일본 전선은 명량수로에 진입한 것만 해도 130여 척이었다. 그러면 칠천량해전 패전 후 조선 수군은 어떻게 하여 이 정도의 전선을 수습할 수 있었을까?

### 13척의 전선을 수습하다

    이순신이 도원수 권율의 요청에 따라 연해안을 답사하던 중 당시의 조선 수군의 전선 숫자를 파악한 것은 정유년 7월 21일~23일의 3일간이다. 『난중일기』에 나타난 기록들을 참고하면 다음과 같다.

- 21일 경술 : (중략) 점심을 먹은 뒤 노량에 이르니 거제현령 안위와 영등포만호 조계종 등 10여 명이 와서 통곡하고 피해 나온 군사와 백성들도 울부짖지 않는 자가 없었다. (중략) 거제의 배 위에서 자면서

거제현령과 새벽 2시까지 이야기를 나누었다.
- 22일 신해 : 아침에 경상수사 배설이 와서 보고, 원균이 패망하던 일을 많이 말했다.
- 23일 임자 : 아침에 노량에서부터 만든 공문을 송대립에게 주어 먼저 원수부에 보냈다.

이 시기 이순신은 칠천량해전 직후 경상우수사 배설이 이끌고 온 조선 수군의 전선 척수를 확인했을 것으로 추정된다. 그런데 이때 전선 척수가 정확히 얼마인지는 알 수 없으나 8~10척 정도일 것으로 추정된다. 그러다가 이순신이 8월 11일 보성에 도착했을 무렵 전선 척수는 12척이 확보된 것으로 이해할 수 있다. 이를테면 이 무렵 조정에서는 수군이 무척 약하여 적을 막아내지 못할 것이라 하여 이순신에게 수군을 폐지하고 육지에서 싸우라는 명령을 내렸다. 이순신이 이러한 내용의 장계를 받은 것은 바로 8월 15일 보성에 있을 때로 추정된다. 왜냐하면 당시 상황으로 보아 이때 이순신의 기록이 위의 사실을 뒷받침하는 가장 적절한 내용이기 때문이다. 다음의 『난중일기』(정유년 8월 15일) 기록을 보자.

> 15일 계유 : 식사 후에 열선루列仙樓에 나가 앉아 있으니, 선전관 박천봉朴天鳳이 유지有旨를 가지고 왔는데, 그것은 8월 7일에 만들어진 공문이었다. (중략) 곧 잘 받았다는 장계를 썼다. 보성의 군기를 검열하여 네 마리 말에 나누어 실었다. 저녁에 밝은 달이 누각 위를 비추니 심회가 매우 편치 않았다.

여기서 선전관 박천봉이 보낸 유지는 이순신에게 수군을 폐하고 육전에 종사하라는 내용이었을 가능성이 높다. 이에 대해 많은 학자들이 공감을 표시하고 있고, 필자 역시 이에 동의한다. 한편으로 『난중일기』 정유년 8월 15일의 다른 일기에는 "선전관 박천봉이 유지를 가지고 왔는데, 8월 초 7일에 작성된 것이었다. 곧 잘 받았다는 장계를 만들었다. 술을 과음해서 잠들지 못했다."라고 표현하고 있다. 이를 통해 볼 때 이순신은 조정의 이러한 처사에 대해 매우 심기가 불편했던 것으로 보인다. 이날 밤에 술을 과음한 것이 단순히 중추절의 보름달 때문에 마음이 심란해서라기보다는 임금이 보낸 유지 때문이라고 생각되는 것이다. 이를테면 조정에서 수군의 중요성에 대한 인식이 여전히 부족한 데 대한 이순신 자신의 허탈감이 당시의 정황과 부합하여 밤새도록 과음한 것으로 보아지는 것이다. 따라서 이때가 바로 이순신이 육전에 종사하라는 내용의 장계를 받은 날로 판단된다.

『이충무공전서』(권9, 「행록」)에 의하면 이순신은 장계를 받자마자 다음과 같은 내용의 답서를 올렸다.

"저 임진년으로부터 5, 6년 동안에 적이 감히 충청·전라를 바로 찌르지 못한 것은 우리 수군이 그 길목을 누르고 있었던 때문입니다. 이제 신에게는 전선이 12척이 있는 바 죽을 힘을 내어 항거해 싸우면 오히려 할 수 있는 일입니다. 이제 만일 수군을 전폐한다는 것은 적이 만 번 다행으로 여기는 일일뿐만 아니라 충청도를 거쳐 한강까지 갈 것이기 때문에 그것이 신의 걱정하는 바입니다. 그리고 또 전선은 비록 적지만 신이 죽지 않는 한 적이 우리를 업신여기지는 못할 것입니다."

위의 장계를 볼 때 당시 조선 수군의 전선은 모두 12척이 확보되었음을 알 수 있다. 이는 이순신이 8월 12일에 거제현령 안위와 발포만호 소계남으로부터 수군 상황에 대한 보고를 받고, 확인한 것으로 추정●된다.

그러다가 전선 수가 13척으로 늘어나는 시기는 김억추가 부임해 온 8월 26일 경으로 추정된다. 『난중일기』(정유년 8월 26일 기사)에 의하면 이순신은 김억추가 전라우수사로 부임해 오면서 "배의 격군과 기구를 갖추지 못했으니 그 꼴이 놀랄 만하다."라고 하면서 전비태세를 갖추지 못한 김억추에 대해 실망감을 피력하였다. 그리고 후일 이순신은 김억추를 만호감에나 적합한 자라고 매우 비판하기도 하였다. 이순신이 김억추에 대하여 "배의 격군과 기구를 갖추지 못했으니 그 꼴이 놀랄 만한 일이다."라고 한 것으로 보아 김억추가 비록 격군과 기구를 제대로 갖추지 못한 것이 사실이지만 1척의 전선만은 대동하고 온 것으로 판단된다. 이때 이순신이 실망한 것은 전라우수영 지역에 수척의 전선이 있을 것으로 기대하고 이를 김억추가 수습해 올 것으로 예상하였는데 겨우 1척을 타고 온 김억추를 나무라고 있는 것이다. 어쨌든 김억추가 거느리고 온 전선 1척이 추가되어 총 13척의 전선이 확보된 것으로 생각된다.

● 추정
「충민사기忠愍祠記」에는 "당시 남아있던 병선은 칠천량해전에서 패배한 경상우수사 배설裵楔이 이끌고 온 8척과 녹도선 1척 뿐이었는데, 이순신은 전라우수사 김억추에게 명하여 전선부터 수습·정비하게 하였다."라고 기록되어 있다. 그러나 『난중일기』에 의하면 김억추가 부임하기 전에 이미 12척의 전선이 구비되어 있음을 알려 주고 있다.

### 보성에서 군수물자를 수습하다

무기류는 이순신이 전라좌수영 지역을 지날 무렵 확보한 것으로 보인다. 『난중일기』에 나타난 군수물자 수습과정을 살펴보자.

- 8일 병인 : (전략) 저물 무렵 순천부에 이르니 관사와 창고는 그대로 였지만, 병기 등을 병사가 처리하지 않은 채 후퇴해 달아났으니 참으로 놀라운 일이었다. (중략) 병기 중에 장전, 편전은 군관들에게 져 나르도록 하고, 총통같이 운반하기 어려운 것들은 깊이 묻고 표를 세워 두라고 했다.
- 9일 정묘 : (전략) 저녁에 보성군 조양창에 이르니 사람은 한 명도 없고 창고의 곡식은 봉해둔 채 그대로였다. 군관 4명을 시켜 맡아서 지키게 하고 나는 김안도의 집에서 잤다.
- 13일 신미 : 거제현령 안위와 발포만호 소계남이 인사하고 돌아갔다. 우후 이몽구가 전령을 받고 들어왔는데, 본영의 군기와 군량을 하나도 옮겨 싣지 않았기에 곤장 80대를 때려 보냈다.
- 15일 계유 : 보성의 군기를 검열하여 네 마리 말에 나누어 실었다.
- 17일 을해 : 장흥 사람들이 많은 군량을 훔쳐 다른 곳으로 가져갔기에 붙들어 곤장을 쳤다.

위 기록에서 보듯이 이순신이 본격적으로 군수물자를 수습하기 시작한 것은 순천부에 도착한 8월 8일부터인 것으로 보인다. 인력의 확충과 병행하여 당연히 확보해야 할 군수물자를 구하는 데 노력을 기울였던 것이다. 이것은 당시 순천과 보성 등 지방 관서의 군수품을 확보함과 동시에 전라좌수영에 비치하고 있던 군기와 군량을 망라하여 수군 재건의 기반으로 활용하려고 한 것으로 풀이된다.

순천과 보성을 거치면서 모집한 군사는 물론 군량과 군기류는 회령포에 집산하여 8월 18일 배설이 이끌고 온 전선 12척에 탑재하였다. 회령진은 원래 병선이 머물러 정박하던 곳으로, 여기에는 군량과 군기를 쌓아두는 역할만을 수행하고 있었다. 아울러 무군병선이 있어서 유사시 하번 군선이 집결하는 장소이기도 하였으며, 또 평상시에는 해상작전을 하는 병선의 기항지인 동시에 보급기지의 역할을 수행하고 있었다.

한편 조선 수군이 벽파진에 유진하기 시작한 8월 29일부터는 당시 전황을 이끌고 있던 전쟁 지도부와도 어느 정도 유기적인 협조관계를 유지한 것으로 보인다. 다음의 『난중일기』를 참고할 수 있다.

> "(9월) 9일 정유, 이날은 곧 9일(중양절)이다. 군대들을 먹이려는데 마침 부찰사 군량 중 지원받은 제주 소 5마리가 왔다. 녹도만호와 안골포만호를 시켜 그것을 잡아 장병들에게 먹이고 있을 때 ……"

이렇게 볼 때 조선 수군은 자체적인 군수물자 수습과 더불어 상부와의 군수물자 조달체계도 함께 확립된 것으로 추정된다.

이상에서 살펴본 바와 같이 이순신은 인력의 확보와 아울러 전선과 무기체계에 대한 수습을 병행하여 역사적인 명량해전을 맞이하게 된다.

# 이순신의 조선 수군 재건 키워드. 셋

_명량(울돌목), 하늘이 조선에게 준 최고의 격전지

　명량해전鳴梁海戰은 정유재란기의 전황에 큰 영향을 미친 해전이다. 이 해전에서 조선 수군은 일본군을 크게 물리쳤다. 그 결과 일본군의 수륙병진 전략이 무산되고 말았다. 인력과 물자 지원이 수포로 돌아간 일본군은 남하할 수밖에 없었다. 따라서 이 전투의 영향으로 이후 전황은 조명연합군에게 유리하게 진행되었다.

　이와 같이 명량해전은 당시의 전황에 큰 영향을 미친 해전이었기 때문에 흔히 임진왜란의 4대첩에도 거론된다. 그리고 당시의 열악했던 수군을 이끌고 승리를 거둔 이순신의 활약상에 대하여도 비중 있게 다루고 있다. 특히 이 해전은 다른 해전과는 달리 조선 수군이 유일하게 열세한 세력으로 대적大敵을 물리친 해전이기도 하다. 이러한 특성들 때문에 명량해전은 사실과 설화가 혼재하는 가운데 오늘날까지 많은 쟁점을 낳고 있다.

　여기서는 명량해전에 관한 기존 연구의 문제점들과 쟁점들을 도출해 보고자 한다. 이어 명량해전의 경과를 전장 환경과 양국의 수군세력을 고려하여 재구성함으로써 기존 연구의 주요 쟁점들을 해소해 보고자 한다. 특히 여기서는 기존 연구에서 소략하게 다룬 수군의 전술 면에 주목하여 해전승리의 요인을 다각도로 도출해 보고자 한다.

# 05

# 명량해전, 조류가 전세를 바꾸다

　명량해전의 전황과 승리요인에 대해서는 학자들 간의 논의가 분분하다. 특히 당시에는 이전에 참전했던 거북선마저 없는 상태에서 10배 이상의 적을 물리친 방법에 대해서 여러 가지 설이 난무하였다. 아울러 이 해전의 의미를 확대 해석하는 과정에서 전과와 전투방법도 다양하게 거론되고 있다. 이러한 의문점들은 전근대 시기 명량해전 관련 기록들이 상이한 내용들을 담고 있다는 점과 당시의 기록들이 세부적이지 못하다는 측면, 그리고 도저히 이룩할 수 없을 것으로 믿었던 해전을 승리한 데 대한 불신의 의미를 내포하고 있다고 해도 과언이 아닐 것이다. 또한 연구자들이 이러한 다양한 자료들에 나타나고 있는 관련 내용들을 종합적으로 분석하지 못하고 부분적인 시각에서 언급했기 때문이라고도 할 수 있다.

　이러한 이유들로 인해 명량해전에 관한 다양한 쟁점들이 아직도 남아 있는 실정이다. 기존 연구에서 나타난 다양한 쟁점들과 관련 사료에서 나타나고 있는 문제점들을 요약해 보면 다음과 같다.

첫째, 명량해전에 참전한 조선 수군의 척수와 일본 수군의 척수가 일정하지 않고 연구자에 따라 다양하게 제시되고 있다. 이를테면 조선 수군의 전선 숫자는 12척과 13척으로 대별되어 2분화하는 경향을 보인다. 그리고 일본 수군의 경우 130여 척, 133척, 330여 척, 200척, 500척, 수백 척 등으로 다양하게 거론되고 있다. 전과도 30여 척에서 수백 척에 이르고 있다.

둘째, 전투방법에 대한 것이다. 예컨대 조류를 이용해서 승리했다는 설, 거북선의 참전과 함께 수중철쇄를 이용하여 적선을 걸어 넘어뜨렸다는 설, 그리고 조선 수군의 우수한 전선과 무기체계, 지형지물, 의병들의 참전 등 복합적인 요인들에 의한 승리라는 설 등으로 다양하다.

셋째, 구체적인 해전지역이 어디냐 하는 점도 논란이 되고 있다. 연구

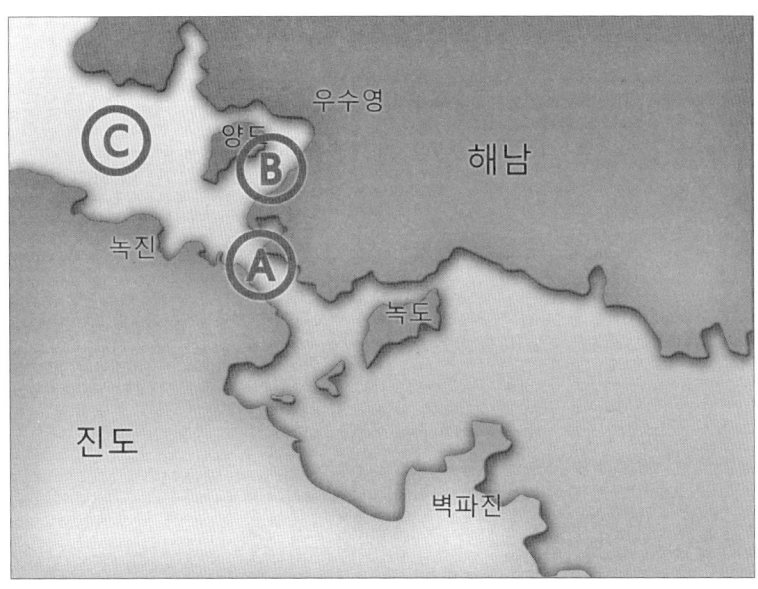

그림 3-2 **명량해전의 격전지역 추정도**

자에 따라서 명량수로의 좁은 물목 내에서 이루어졌다는 주장과 명량수로의 끝단을 벗어난 비교적 조류 속도가 느린 우수영 앞 해상에서 이루어졌다는 주장이 대립하고 있다. 즉, 〈그림 3-2〉에서 (A)와 (B) 지역으로 표시된 부분이다.

넷째, 일본 수군의 명량수로 진입 시각과 당시의 조류 속도 등도 해전에 미친 영향이 큰 만큼 여기에 대해서도 명확한 언급이 필요하다. 그러나 기존 연구 성과에서는 이에 대한 명확한 정리가 제대로 이루어지지 못한 면이 있다.

여기서는 이와 같은 다양한 쟁점들에 대한 해답을 구하면서 명량해전의 승리요인에 대하여 종합적으로 고찰해 보고자 한다. 특히 이 중에서도 조선 수군의 전술에 중점을 두고자 한다. 두 번째로 제기된 쟁점인 전술적인 면에 주목할 경우 기타 쟁점에 대한 해결이 부수적으로 이루어질 것으로 생각되기 때문이다.

### 명량, 한 사람이 길목을 잘 지키면 천 명도 두려워하는 곳

조선 수군이 벽파진에 주둔한 지 16일째 되던 9월 14일에 탐망군관 임준영任俊英이 일본군선 200여 척 중 55척이 먼저 어란 앞 바다에 도착했다고 보고하였다. 이어서 적의 포로가 되었다가 도망쳐 온 김중걸金仲乞이 전하는 말에 의하면 지난 9월 7일에 있었던 접전에서 피해를 입은 일본군이 복수하기 위하여 조선 수군을 섬멸한 뒤 경강京江으로 올라갈 것이라고 하였다. 이러한 정보를 접수한 이순신은 당시 전라우수영 앞 해상에 머무르고 있던 피난선을 육지로 대피하도록 지시하였다. 이는 곧 전투가 벌어질 시점에서 피난민들의 안전을 도모함과 동시에 조선 수군이 그곳에 유진하는 데 지장이 없도록 하기 위한 조치였다.

이튿날인 9월 15일 이순신은 진영을 전라우수영으로 옮겼다. 이순신이 진을 옮긴 이유는 벽파정碧波亭 뒤에 명량이 있는데, 수가 적은 조선 수군으로서 명량을 등지고 진을 칠 수 없었기 때문이다. 우수영으로 진을 옮긴 이순신은 앞에서 살펴본 바와 같이 "죽기를 각오하고 싸우면 살고, 살려고만 하면 죽는다. 또 한 사람이 길목을 잘 지키면 1,000명의 적도 두렵게 할 수 있다."는 요지의 일장 훈시를 하였다. 이는 절대 열세한 세력이지만 명량이라는 천험의 요새지를 지킴으로써 아군 측에도 승산이 있다는 자신감을 불러일으킨 것이기도 하다.

그러면 이순신이 언급했듯이 한 사람이 길목을 잘 지키면 1,000명의 적도 두렵게 할 수 있다는 명량은 어떤 곳인가? 명량은 진도와 화원반도 사이에 있는 협수로로써 한국 수역에서 조류가 가장 빠른 곳으로 어란포 근해의 마로해와 목포입구의 팔구포로 통하는 지름길이다. 이 수역의 최협부는 수심이 1.9미터의 암암暗岩일 뿐만 아니라 대조 시에는 최강유속이 11.6노트(knots)까지 달하고 있으며 창조류漲潮流(밀물)는 북서쪽으로, 낙조류落潮流(썰물)는 동남쪽으로 흐른다.

명량수로의 길이는 남쪽 입구에서 우수영까지 2,150미터(너비가 좁고 물살이 센 녹진항까지의 길이는 1,316미터)이고, 너비는 가장 좁은 곳이 280미터, 해안의 양쪽 25미터 이내가 수심 5미터 이내에서 매우 급격한 경사로 이루어져 있다. 특히 최협부에는 강력한 조류가 격돌하여 소리를 냄으로써 울돌목 또는 명량이라고 부른다. 즉, 울돌목이란 '물이 울면서 돌아가는 곳'이란 의미이다. 이러한 명량수로의 지형적 특성과 조류를 도시하면 〈그림 3-3〉과 같다.

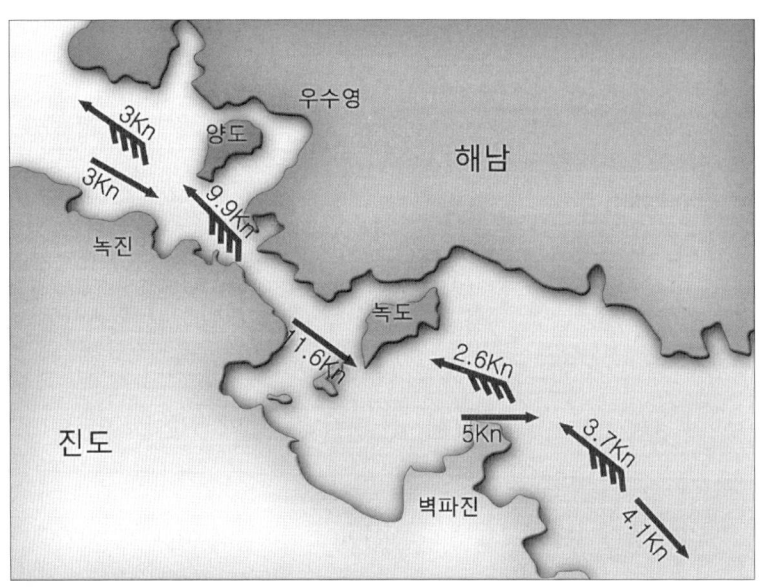

그림 3-3 **명량수로의 조류 흐름도**

### 명량의 조류 속도와 참전 세력의 규모는 얼마였을까?

명량해전이 발발한 1597년 9월 16일의 조류는 어떠했을까? 당시 명량해협의 조류는 음력 9월 16일을 양력 10월 25일로 환산하였을 때 06시 38분경에 잠시 멎는 정조가 되고, 이후 북서류가 시작되어 일본 함대가 해협을 통과하여 우수영 앞바다로 진격하기 용이한 방향으로 흐르게 된다. 그리고 08시 48분에 최강류가 흐르고, 12시 57분에 동남류로 전류된 후 15시 03분경 최강류가 흐르고 19시 04분경 북서류로 전류되는 것으로 나타났다. 이때 08시 48분경 북서류의 최강류는 9.7노트, 15시 03분경 남동류의 최강류는 8.4노트의 속도로 흐른다(이상의 데이터는 필자가 2008년 6월 19일에 인천 소재 국립해양조사원을 방문하여 조류관측 담당 정우진 박사 등의 협조 아래 첨단 조류관측 프로그램을 사용하여 도출한 것이다). 이는 당시 음력 9월 16

일이 양력으로 10월 25일임을 감안하여 양력 1597년 10월 25일의 조류방향과 속도를 산출한 것이다. 이를 표시하면 다음 〈표 3-1〉과 같다.

표 3-1 명량해전일 시각별 조류속도

| 일자 | 시각 | 유속(m/s) | 유속(knots) | 비고 |
|---|---|---|---|---|
| 1597년 10월 25일 (음력 9월 16일) | 06시 38분 | 0.3 | – | 북서류로 전류 |
| | 08시 48분 | 5.03 | 9.7 | 최강류 |
| | 12시 57분 | 0.3 | – | 남동류로 전류 |
| | 15시 03분 | 4.36 | 8.4 | 최강류 |
| | 19시 04분 | 0.3 | – | 북서류로 전류 |

한편 당시 조일 간의 수군전력은 어떠했을까? 여기에 대해서는 기록마다 상이하게 기술되어 있다. 이를 정리하면 〈표 3-2〉와 같다.

표 3-2 사료에 나타난 양국 수군의 세력

| 사료명 | | 조선 수군 세력(척) | 일본 수군 세력(척) |
|---|---|---|---|
| 『선조실록』(이순신 장계) | | 전선 13, 초탐선 32 | 1300여 |
| 『선조수정실록』 | | 전선 12 | 200 |
| 『난중일기』 | 초서체 I | – | 133 |
| | 초서체 II(속) | – | 1300여 |
| | 전서수록본 | – | 330여 |
| 「행록」 | | 100여 | 333 |
| 『징비록』 | | 12 | 200여 |
| 『난중잡록』 | | – | 수백 |
| 「고통제사이공유사」 | | 13 | 500~600 |
| 「명량대첩비」 | | 100여 | – |
| 『재조번방지』 | | 13 | 500~600 |
| 『선묘중흥지』 | | 100여 | 100여(수백 겹) |

위〈표 3-2〉를 통해 볼 때 양국 수군의 참전세력을 사료마다 다양하게 기술하고 있지만, 『선조실록』에 수록된 이순신의 장계가 가장 신뢰성 있는 자료라고 판단된다. 왜냐하면 전투현장을 직접 체험하고 그 결과를 조정에 올린 이순신의 보고서가 1차 사료인 실록에 반영되어 있기 때문이다. 따라서 당시 조선 수군의 세력은 전선 13척에 초탐선 32척이라고 보는 것이 타당하다. 아울러 당시 일본군의 전선은 총 200여 척으로 판단되며 이 중 명량수로에 진입하여 조선 수군과 접전을 벌인 일본 수군의 전선은 130여 척으로 보인다. 따라서 이때 진입하지 않은 적선 70여 척은 해협 입구 쪽에 대기하고 있었던 것으로 보인다.

### 명량해전, 구체적으로 전투가 벌어진 곳은 어디인가?

수로환경과 조일양국의 전력을 염두에 두면서 당시의 해전경과를 살펴보고자 한다. 여기서는 두 종류의 초서체 『난중일기』를 중심으로 살펴보면서 기타 사료로 보완하고자 한다.

『난중일기』 정유년 9월 16일 기사에 보면 "이른 아침에 망군이 보고하기를 헤아릴 수 없이 많은 적선이 명량을 거쳐 곧바로 진치고 있는 곳으로 온다."고 하였다. 이에 이순신은 여러 장수들을 불러 군령을 하달한 후 정박해 있던 배들을 이끌고 바다로 나갔다. 그러면 여기서 이순신이 휘하 함대를 이끌고 나간 전투해역은 어디쯤일까?

여기에 대해서도 논의가 분분하다. 예컨대, 기존 연구 성과를 검토해 볼 때 해전장소로 두 가지가 제시되고 있다. 먼저 〈그림 3-4〉 '명량해전상황도 1'에 표시된 바와 같이 명량수로의 최협부 근처와 그 바로 뒤쪽의 해상을 들고 있다.

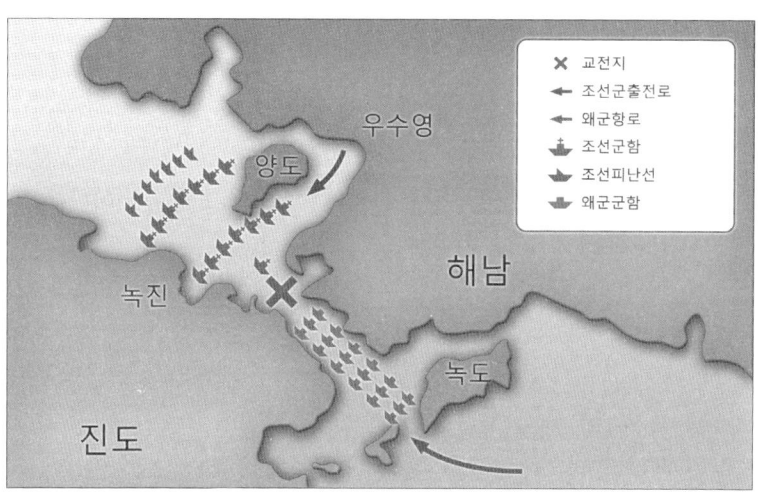

그림 3-4 **명량해전 상황도 1**

만약 이 해역에서 전투가 벌어졌다면 조류의 영향을 전혀 받지 않은 상태여야 하지만 현실은 정반대다. 이를테면 이순신의 기함이 떠 있는 곳은 명량수로의 최협부로써 가장 유속이 빠른 곳이다. 따라서 당시 7노트 이상의 조류가 흐르고 있는 상황에서 3노트에 불과한 선속으로 그 지점까지 노를 저어 갈 수도 없을 뿐만 아니라 그 뒤에 포진한 조선 수군의 기타 전선들도 마찬가지로 전선 속도보다 빠른 역류를 타고서 진을 칠 수는 없다.

한편으로 이러한 이유들로 인해 수중철쇄를 설치했다고 주장하기도 한다. 그러나 이것 역시 사료의 내용과 맞지 않는다. 왜냐하면 이순신 함대가 나가자 일본 함대 130여 척이 조선함대를 에워쌌다고 한 기록에 부합되지 않기 때문이다. 아울러 수중철쇄를 설치하는 데 주도적 역할을 수행했다고 하는 김억추에 대하여 이순신이 신뢰를 보이지 않기 때문이기도 하고, 무엇보다 그러한 내용이 당대의 사료에는 전혀 나타나지 않는다는 점이다.

격전지로 제시하는 또 하나의 주장은 〈그림 3-5〉 '명량해전 상황도 2'의 우수영 앞 해상에 포진한 가운데 전투를 벌였다고 하는 것이다. 이곳은 조류가 급하지 않아 배를 제어하기가 용이하다고 보았기 때문이라는 이유에서이다. 그러나 이곳 역시 기록과 맞지 않는다. 왜냐하면 〈그림 3-5〉와 같이 우수영 앞 해상에 진을 치고 있었다고 가정하면, 『난중일기』의 기록 중 다음의 내용들을 설명할 수 없다.

여러 배들을 돌아보니 1마장 쯤 물러나 있었고, 우수사 김억추가 탄 배는 멀리 떨어져 있어 묘연했다. 배를 돌려 곧장 중군 김응함의 배로 가서 먼저 목을 베어 효시하고자 했으나, 내 배가 머리를 돌리면 여러 배들이 차츰 더 멀리 물러나고 적선이 점차 다가와서 사세가 낭패될 것이다.

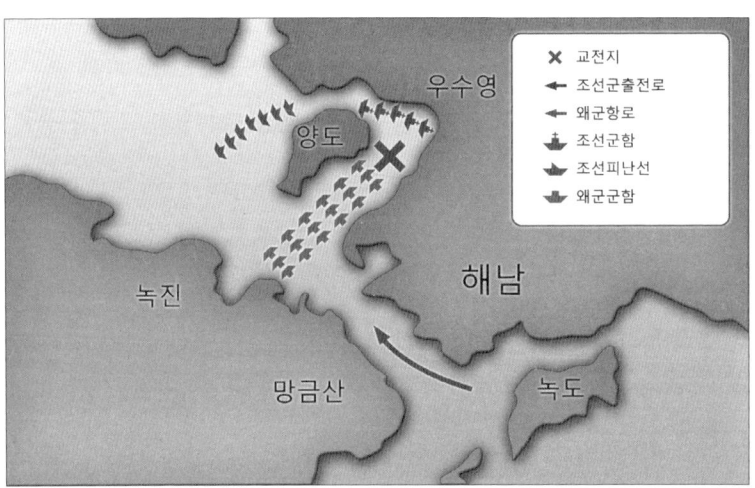

그림 3-5 **명량해전 상황도 2**

즉, 위 기록 중에 우수영 앞바다에 진을 친 상태에서 뒤로 물러난다는 사실은 우수영이 있는 육지를 말한다. 따라서 전투해역의 규모가 길이 1km 정도에 불과한 곳에서 조선 전선들이 1마장(400미터)이나 뒤로 물러난다는 것과 우수사 김억추가 탄 배가 멀리 떨어져 묘연할 정도의 현상은 일어날 수 없다고 판단된다. 뿐만 아니라 조선함대가 우수영 앞 해상에 진을 치고 있다고 상정하더라도 명량수로의 최협부를 넘어온 일본함대 전체가 오른쪽으로 진로를 변경할 수는 없다(이 실험은 지난 2006년 9월 8일(금) 필자가 조타전문가 3명을 대동하여 진도 쪽에서 우수영 쪽 해역을 살펴보면서 실시한 것이다. 이들에게 자문을 구한 결과 일본함대가 1열 또는 2열 정도로 명량수로 최협부를 통과할 경우 모두 우수영 쪽으로 진출이 가능하겠지만 5~6열로 최협부를 통과할 경우 전체 함대가 우수영 쪽으로 우회전하기는 불가능하다고 하였다. 당시 일본함대는 5~6열로 진을 형성하여 명량수로에 진입한 것으로 보는 것이 일반적인 시각이다.).

이러한 분석결과와 당시의 조일 양국 수군의 전략을 고려해 볼 때 필자는 제3의 해역이 타당하다고 본다. 즉, 〈그림 3-2〉의 (C) 지역과 〈그림 3-6〉과 같이 양도를 최전방으로 하여 포진한 형태를 상정할 수 있다. 이곳이야말로 당시 조일양국의 전략에도 부합되고 『난중일기』의 기록에도 합치되기 때문이다. 예컨대, 당시 일본의 전략이라는 것은 서해상으로 진출하는 것이 1차 목표였다. 마찬가지로 조선 수군 역시 일본 수군을 명량수로를 넘어가지 못하게 막는 데 전략적 목표가 있었다. 즉, 이순신이 올린 장계에 "이제 만일 수군을 전폐한다는 것은 적이 만 번 다행으로 여기는 일일뿐만 아니라 충청도를 거쳐 한강까지 갈 것이기 때문에 그것이 신이 걱정하는 바입니다."라고 언급한 바와 같이 이순신의 입장에서

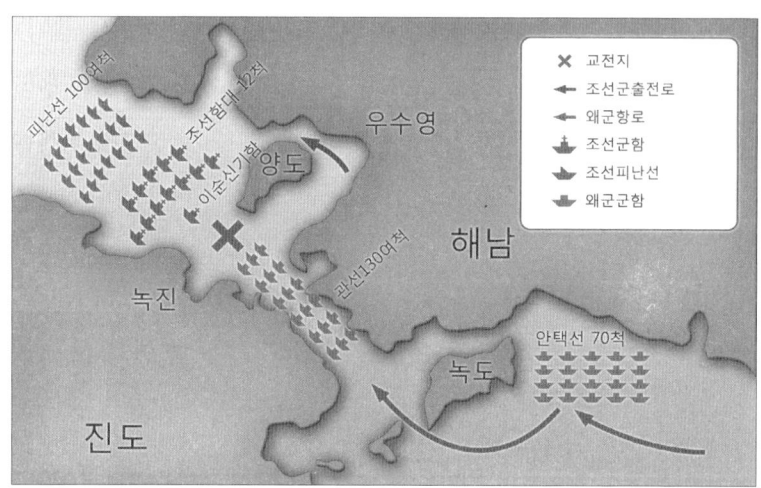

그림 3-6 **명량해전 상황도 3**

는 일본군이 서해상을 통과하지 못하도록 하는 데에 해전의 목적이 있었던 것이다. 반면에 일본군의 입장에서는 조선 수군을 격멸시킨 후 전라도를 확실하게 확보하려고 했던 것으로 볼 수 있다. 이럴 경우 조선 수군과 일본군은 접전이 불가피하다. 따라서 조선 수군으로서는 일본군을 섬멸하는 방법을 강구했을 것이고, 가장 승리할 수 있는 포진 지점으로 〈그림 3-6〉의 장소가 적합했을 것으로 본다.

### 조선 수군, 전투 준비를 완벽하게 하다

탐망군의 보고를 받은 이순신은 휘하 장수들을 소집하여 일장 훈시를 한 다음 전투 해역으로 진입하였다. 이때 이순신은 적선이 조선 전선의 10배 이상 되는 대규모이므로, 피난선 100여 척을 동원하여 후방에서 포진하도록 하였다. 일종의 의병전술疑兵戰術인 것이다. 이러한 형태의 전술은 임진왜란 초기 첫 해전인 옥포해전에서 포작선을 동원한 사례와 유사하다. 이순신은 1592년 5월 7일의 옥포해전과 합포해전, 5월 8일의 적진 포해전 때 전라좌수군 세력 총 85척 중 전투력이 부족한 포작선鮑作船을 46척이나 동원하여 첫 해전에서의 자신감을 부여하였다. 아울러 휘하 13척의 전선 중 12척은 명량해협을 가로질러 일자진 一字陣을 형성하였다. 그리고 이순신 자신은 최선봉에서 일본함대와 접전을 벌였다.

　이순신이 일본군과 접전을 벌인 시기는 정확히 알 수 없지만 대략 8시 전후로 추정된다. 왜냐하면 해전 당일 이른 아침[早朝]에 망군에 의해 일본군의 출현 사실이 보고되었다는 점에 주목할 필요가 있다. 즉, 이 시점은 7시 전후로 추정되는데, 명량수로 남동쪽 입구 부근에서 적의 동태를 정찰하던 망군이 직접 이순신에게 보고를 한 것으로 판단●된다.

　따라서 일본함대가 벽파진 또는 명량수로 가까운 곳에 출현하였을 때 망군이 이를 발견하고는 일본군의 출현 사실을 알린 것이다. 이순신은 이러한 보고를 받고는 함대를 이동하여 전투해역에 포진한다. 다시 말해 일본군의 경우 명량수로의 전류시각을 고려하여 어란포에서 일찍 출발하였거나, 벽파진 쪽에 미리 와서 유진한 후 아침 일찍 북서류에 편승하여 이동을 시작한 것으로 판단●●된다.

● 판단
명량수로의 북서류로의 전류시각은 6시 38분으로 적어도 이 시점을 지나서 망군이 노를 저어 명량수로를 통과한 후 이순신에게 보고한 것으로 추정된다. 7시 전후에 이순신에게 직접 보고한 것으로 보는 것은 바로 이 때문이다.

●● 판단
일본 함대가 명량해전 당일 어디서 출발했는지는 명확하지 않다. 다만 조선 수군이 벽파진에 머물렀다가 9월 14일에 일본군이 어란포에 도착했다는 보고를 받는 9월 15일에 우수영을 진을 옮긴 점으로 미루어보아 9월 15일경에 이미 일본군은 벽파진에 도착한 것으로 추정된다.

# 명량해전, 12시간의 치열한 전투에서 승리하다

06

　조선 수군이 포진한 후 얼마 되지 않아 일본군선 130여 척이 순류를 타고 명량수로를 넘어와 조선 함대를 에워싸기 시작했다. 이러한 적의 막강한 세력에 질린 휘하 장수들은 조수를 따라 자꾸만 뒤로 물러나기 시작했다. 특히 전라우수사 김억추가 탄 배는 멀리 떨어져 보이지가 않을 정도였다.

　이순신 기함은 선봉에서 홀로 버티면서 지자와 현자총통을 쏘았다. 특히 조란환은 마치 바람과 천둥처럼 맹렬하였고, 군관들도 화살을 빗발치듯 쏘아 적선이 감히 접근하지 못할 정도였다. 그러나 워낙 많은 수의 적선으로 둘러싸여 있어 이순신 기함에 승선해 있던 군졸들이 잔뜩 겁을 집어 먹었다. 이때 일본군이 조선 수군의 전선을 몇 겹으로 에워쌌다고 한 것은 결코 전全 방위로 에워싼 것을 의미하지는 않는다. 명량수로의 조류는 넓은 해역도 3노트의 조류가 북서쪽으로 흘렀기 때문에 일본 군선들이 명량수로 입구 쪽에서 수겹으로 이순신 기함을 에워싼 것을 말한다. 이러한 상황을 인지한 이순신은 "적이 비록 1,000척이라도 감히 우리 배에는 곧 바로 덤벼들지 못할 것이니 조금도 동요하지 말고 힘을 다해 적을 쏘아라."라고 독려하였다.

그러나 어느 정도의 시간을 홀로 버틴 이순신은 더 이상 버티다가는 승산이 없을 것을 파악하고는 중군의 영하기令下旗(중군을 호출하는 데 쓰이는 깃발)를 세워 중군장 미조항 첨사 김응함金應諴을 부르는 동시에 초요기招搖旗(초요기는 대초요기와 중초요기가 있는데, 대초요기는 위장을 소집하는 데 쓰고, 중초요기는 부장과 유군장을 호령하는 데 쓴다. 초요는 북두칠성으로서 사방의 별 가운데 위치하고 있다. 『예기禮記』에 '초요를 깃발에 그리니 군사의 위세가 굳세진다'라는 기록이 있다.)를 세워 다른 장수들을 호출하였다. 이때 거제현령 안위의 전선이 가장 먼저 도착하였다. 이순신은 안위에게 전투에 적극 임하지 않고 회피한 행위에 대해 군법을 적용시키겠다며 전투를 독려하였다. 이어서 도착한 중군장 김응함을 불러서는 "대장을 구하지 않는 죄를 물을 것이로되 우선 공을 세워 갚으라."고 질책하면서 전투에 임하도록 하였다.

이에 따라 두 배가 적진 속으로 돌입•할 즈음에 일본군 장수가 탄 배가 휘하 2척과 함께 안위의 전선을 공격하였다. 적선 3척이 안위의 전선에 개미떼처럼 달라붙어 안위 배의 격군 7~8명이 바다에 떨어지는 등 위태로운 광경을 연출하였다. 안위 배의 군사들은 등선하려는 일본군을 맞아 몽둥이와 긴창, 수마석 덩어리 등으로 적을 필사적으로 막았다. 그러나 중과부적으로 기운이 다할 무렵 이순신의 기함이 적들을 맹렬히 공격하여 적선 3척이 거의 뒤집히게 되었다. 이때 녹도만호 송여종宋汝悰과

● 돌입
그러면 역류가 흐르는데 안위의 전선은 어떻게 적진 속으로 돌입할 수 있었을까. 이것은 아마도 와류가 흐르는 수로의 양쪽 부분에서 돌진했거나 아니면 마침 세게 불어온 북서풍을 이용하여 노 젓기가 용이했을 수도 있다. 필자 생각으로는 전자일 것으로 추정된다.

> ● 마다시
> 기존 연구 성과에서는 마다시를 쿠루시마 미치후사來島通總로 보고 있지만, 일본인 학자[佐藤和夫]는 부장급 인물 중의 한 명으로 보고 있다. 하지만 이 해전에서 미치후사가 사망한 것은 확실한 것으로 보인다.

평산포대장 정응두丁應斗의 배가 잇달아 합력하여 적을 섬멸하였다. 이때 바다에 빠진 일본군 장수를 항왜降倭(항복한 왜군을 말한다.) 준사俊沙가 '마다시'●라는 장수임을 보고하자 그를 건져 올려 효수하여 적에게 보였다. 이에 적의 기세가 크게 꺾였다.

　이후 13시경에는 조류가 남동류로 바뀜으로써 조선 수군들에게 유리한 형세를 보였다. 조선 수군들은 사기가 충천하여 계속 대포를 쏘아 적선을 격침시켰다. 한편 15시가 넘어서는 조류가 최강류로 흐르고 북풍도 강하게 불어와 바람을 이용하여 화공전을 전개하였다.

　결국 해전의 결과 일본군선 31척이 완전히 분멸되고 무수히 많은 적선이 파괴된 채 일본군은 남해상으로 후퇴하였다. 그리고 저녁 무렵에는 일본 수군이 모두 퇴각하였다. 조선 수군은 적을 쫓아 명량수로 남단으로 가려고 했지만, 회항 시 역풍이 염려되어 일단 진을 친 곳에 머물렀다. 그러나 썰물인 데다가 바람이 워낙 강하게 불고 파도마저 높아 건너편 진도 쪽 포구로 대피하였다. 그러다가 19시경 조류방향이 북서류로 바뀐 것을 틈타 달빛을 타고 진을 당사도唐筍島로 옮겨 밤을 보냈다.

　이 해전에서 조선 수군은 전선이 1척도 분멸되지 않은 것으로 보인다. 다만 근접전을 수행함으로써 수군과 의병을 포함하여 다소의 인명피해는 발생한 것으로 추정된다. 조선 수군의 피해와는 달리 일본군은 31척의 전선이 분멸되고 90여 척의 전선이 파손되는 피해를 입고 퇴각하였다. 아울러 일본군 장수 중 미치후사가 사망하고 도오도오 다카도라藤堂高虎를 비롯한 일부 장수들이 부상을 입는 등 큰 피해를 입었다.

# 07
# 조선 수군 승리의
# 원동력. 하나
_전선과 무기체계의 위력

그러면 수적인 열세를 극복하고 조선 수군이 일본군을 물리친 요인은 무엇일까? 기존 연구에서는 이순신의 전략전술과 리더십, 조류의 이용 등을 승리의 요인으로 주목하였다. 그러나 여기서는 다양한 시각에서 조선 수군의 승리요인들을 고찰해 보고자 한다. 그런데 명량해전 직전에 조선 수군 휘하에 몰려든 우수한 정예 장졸들의 활약상이 승리의 근간이 되었음은 물론이다. 따라서 여기서는 중복성을 고려하여 이들의 활약상은 생략하고 다른 요인들 위주로 살펴보고자 한다.

### 판옥선 13척의 위력에 주목해야 한다

명량해전 당시 조선 수군이 보유한 전선은 판옥선 13척과 초탐선 32척이 전부였다. 이 중 전투력을 갖춘 전선은 판옥선 13척 뿐이었다. 반면에 일본전선은 130여 척이었다. 그럼에도 불구하고 조선 수군의 판옥선은 1척도 격침되지 않았고 일본 전선만 31척이 분멸되었고, 많은 전선이 파괴되었다. 이러한 결과는 조선 수군의 전선과 무기체계의 위력이 일본의 그것에 비해 우수하다는 점을 시사한다고 볼 수 있다.

임진왜란 시기 조선 수군의 전선은 판옥선과 거북선, 그리고 사후선 또는 협선이었다. 이 중 사후선 또는 협선은 전투선이 아닌 연락 또는 정탐용으로 활용되었다. 그리고 명량해전 당시에는 앞에서 언급한 바와 같이 거북선은 참전할 수 없었다. 오직 판옥선만이 전투선으로 기능을 발휘할 수 있었다.

그러면 당시 조선 수군의 판옥선은 일본의 전선에 비해 어떤 점이 뛰어났을까? 그 기능에 대해서는 크게 세 가지의 특징으로 대변할 수 있다. 첫째, 전투원과 비전투원을 갈라놓고 비전투원인 노군을 안전하게 보호할 수 있다는 점이다. 그 이전 수군에는 전투력을 가진 병사와 노역만을 하는 격군으로 갈라져 있었는데, 판옥선에서 격군은 판옥 안에 자리 잡고 적에게 노출됨이 없이 노역櫓役에만 전념하고 병사들은 상갑판 위에서 전투에 임할 수 있었다.

둘째, 병사들이 높은 자리에서 적을 내려다보며 전투에 임할 수 있게 된 점이고, 더욱이 적이 접근해서 배 안에 뛰어들기가 어렵게 되어 있다는 점이다. 이 두 가지 장점은 서로 밀접한 관계가 있는데, 그것은 해전의 전술과도 관계가 깊다.

예로 부터 일본의 수군은 무조건 적선에 접근해서 배 안에 뛰어들어 백병전을 벌여 적선을 송두리째 점령해 버리는 전법●을 장기로 하였다. 그런데 판옥선은 선체가 판옥구조로 높이 솟아 있어서 일본 군사들이 아무리 접근해도 기어오르기가 매우 힘들게 되어 있다.

● 전법
이러한 전법에 대해 유사용어로 '근접백병전'과 '등선육박전술'이 있지만, 필자는 '등선백병전登船白兵戰'이라 부른다.

## 조선 수군에게는 대형 화포가 있었다

셋째, 조선 수군의 판옥선에는 총통으로 대변되는 화포를 장착할 수 있었다. 조선 수군의 화포는 당시로서는 첨단무기였다. 당시 조선 수군의 화포종류와 사정거리를 다음 〈표 3-3〉과 같이 나타낼 수 있다.

표 3-3 **군선탑재 화기의 종류 및 성능**

| 총통 종류 | 피사체 | 사정거리 |
|---|---|---|
| 천자 총통 | 대장군전/조란환 400발 | 900보/10여 리 |
| 지자 총통 | 장군전/조란환 200발 | 800보/10여 리 |
| 현자 총통 | 차대전(은중차중전)/조란환 100발 | 800~1,500보/10여 리 |
| 황자 총통 | 피령차중전/조란환 40발 | 1,100보/10여 리 |
| 별황자 총통 | 피령목전(철령전)/조란환40발 | 1,000보/10여 리 |

출처 : 필자가 관련 자료들 중 필요 부분만 뽑아 제시한 것임.

한편 일본의 수군은 대형선인 안택선, 중형선인 관선, 소형선인 소조 등으로 편성되어 있었다. 안택선은 갑판 위에 층루를 설치한 대형군선이었다. 그 크기는 판옥선과 비슷하였다. 관선은 임진왜란 당시 별로 크지 못한 중형군선으로 판옥선보다 훨씬 크기가 작았다. 안택선의 승선 인원을 약 200명으로 볼 때 관선은 불과 100명이 승선할 수 있었다. 그리고 소조는 조선의 사후선보다 약간 큰 소형군선이었다. 그러므로 일본의 전투함은 안택선과 관선이었다.

그러나 일본군은 안택선과 관선을 막론하고 화포를 장착할 수 없었고, 오직 사정거리가 200m 안팎이자 유효사거리 50m에 불과한 조총이 유일한 화포였다. 따라서 사정거리가 일본군 조총에 비해 훨씬 길고 파괴력 또한 뛰어난 조선 수군의 화포를 일본군은 당해낼 수 없었던 것이다.

명량해전에서도 이러한 전력의 차이가 확실히 드러난다. 예컨대 다음의 『난중일기』와 『선조실록』의 기록을 통해서도 이를 여실히 증명할 수 있다.

안위가 황급히 곧바로 들어 싸우려 할 때 적장의 배와 다른 두 적선이 안위의 배에 달라붙고 안위의 격군 7~8명이 물에 뛰어들어 헤엄을 치니 거의 구하지 못할 것 같았다. 그래서 나는 배를 돌려 바로 안위의 배가 있는 곳으로 있는 데로 갔다. 안위 배 위의 군사들은 죽기를 한하여 마구 쏘아대고 내 배의 군관들도 빗발같이 쏘아대어 적선 2척을 남김없이 모조리 섬멸하니 천행 천행이다. 우리를 에워쌌던 적선 30척도 깨뜨림을 당하니 모든 적들은 당해내지 못하고 다시 범접해 오지 못했다.

상이 이르기를, "이 왜적은 천하에 대적하기 어려운 적이다. 임진왜란 때 천하의 힘을 동원하였지만 어디 당하겠던가?"하니, 이항복이 아뢰기를 "정유년에 울도와 명량도에 왜선이 바다를 뒤덮어 올 때 안위가 하나의 판옥선을 띄워 해전에 임했지만 적들이 이 배를 깨뜨리지 못했는데, 아마도 적선이 작았기 때문에 쉽게 대적할 수 있었던 탓인가 합니다."하였다.

위의 사료에서 알 수 있듯이 당시 안위가 타고 있던 판옥선 1척에 일본 군선 3척이 공격하였지만 안위의 전선은 무사할 수 있었다. 이는 이순신의 기함이 도운 덕분이기도 하지만 도움 이전에 상당 시간 동안 안위의 전선이 일본군의 등선을 막았기 때문에 가능한 것이었다. 앞에서 살펴본 바와 같이 명량수로에 진입한 일본 군선들은 관선들이었으므로 여기에 탑승한 일본군들이 보다 높고 견고한 판옥선 위로 올라갈 수 없었던 것이다.

이와 함께 당시 조선 수군의 무기체계가 얼마나 위력적이었는가를 살펴보자. 다음의 『난중일기』에서 이를 확인할 수 있다.

> 나는 노를 바삐 저어 앞으로 돌진하며 지자地字와 현자玄字 등 각종 총통을 마구 쏘니, 탄환이 나가는 것이 마치 바람과 천둥처럼 맹렬하였다. 군관들이 배 위에 빽빽이 들어서서 화살을 빗발치듯 쏘아대니 적의 무리가 감히 저항하지 못하고 나왔다 물러갔다 했다.

위 기록에서 보듯이 당시 이순신 기함은 지자地字와 현자玄字 등 화포를 쏘아 적선을 당파하였다. 여기서 '탄환'이라고 표현한 것은 조란환을 의미한다. 이는 앞의 〈표 3-3〉에서도 볼 수 있듯이 각각 200발 또는 100발의 탄환을 동시에 발사함으로써 적의 인명을 살상하는 데 매우 탁월하였다. 더욱이 당시 화포의 명중률이 높지 않은 상태에서 근접해서 쏘는 화포의 명중률은 매우 높았을 것이다. 비록 이순신 기함 1척이 분전했지만 일본 군선이 감히 앞으로 돌진해 올 수 없었을 정도였다.

이와 같이 당시 조선 수군의 전선은 비록 판옥선 13척에 불과했지만 일본의 전선에 비해 그 기능이 매우 우수하였다. 아울러 해전에 참가한 일본의 전선도 대장선을 제외하고는 대부분 관선 위주로 편성한 것도 해전승리의 한 요인이 된 것으로 보인다.

## 08 조선 수군 승리의 원동력. 둘
_다양한 수군 전술

    명량해전 승리의 핵심요인으로 조선 수군의 다양한 전술을 들 수 있다. 이순신은 패잔전선을 수습하여 벽파진으로 진을 옮긴 후부터 장차전에 대한 구상을 한 것으로 판단된다. 이순신은 임진왜란 초기부터 치른 많은 해전을 통해 일본군의 전법에 대해 누구보다도 잘 파악했을 것임은 재론의 여지가 없다. 아울러 백의종군 중일 때도 통제사 시절의 휘하 장수들로부터 전황에 대해 수시로 보고를 받음으로써 재침한 일본군의 전술에 대해서도 파악했을 것으로 예상된다. 특히 칠천량해전 패전 후 수군 재건 차 연해안을 답사했을 때 만난 참전 장졸들로부터 칠천량해전 당시에 조선 수군이 패한 원인과 일본군의 전술에 대해서도 상세한 파악을 했을 것으로 보인다. 여기에다가 어란포와 벽파진에서 치른 일본 수군과의 소규모 해전들은 그의 적 정보에 대한 확신을 증명하고 전술구상에도 도움이 되었을 것으로 본다.

    따라서 이와 같은 그의 해전지휘 경험과 적 정보수집, 그리고 2차례의 소규모 해전을 치르면서 이순신은 다음과 같은 판단을 한 것으로 생각된다. 즉, 조선 수군의 전선과 무기체계가 일본군의 그것에 비해 월등하다는 점, 조류가 거센 상태에서 일본 수군이 그들 특유의 전법인 등선백병전을 발휘하기가 어려울 것이라는 점, 그리고 명량수로의 조류가 바뀔 것을 예측한 점, 일본 수군의 전선 중 좁은 물목인 점을 고려하여 안택선보다는 관선 위주의 수로 진입이 이루어질 것임을 예측한 점 등이다. 이순신으로서는 이러한 전투에 대한 예측을 통해 조선 수군이 승리할 방안을 강구하여 시행한 것이다.

### 조선 수군의 탁월한 전술에 주목하라

임진왜란 당시 조선 수군의 전술 가운데 하나의 특징은 적 지휘선 또는 선봉선에 대하여 화력을 집중함으로써 승기를 잡았다는 것이다. 예컨대 1592년 6월 2일의 당포해전에서 이러한 전술을 가장 효과적으로 사용하였다. "먼저 거북선으로 하여금 층루선 밑으로 진입한 후 용의 입으로 현자 철환을 치쏘게 하고, 또 천자·지자 총통과 대장군전을 쏘아 그 배를 쳐부수자 뒤따르고 있던 여러 전선들도 철환과 화살을 번갈아 쏘았는데, 중위장 권준이 돌진하여 왜장을 쏘아 맞히자, 쿵하는 소리를 내며 거꾸로 떨어지므로 사도첨사 김완과 군관 흥양 보인 진무성이 그 왜장의 머리를 베었습니다."(「당포파왜병장唐浦破倭兵狀」)라는 기록을 통해 알 수 있다. 이렇게 하여 적의 기함을 먼저 공격함으로써 적은 사기를 잃고 우왕좌왕할 때 우리 수군들은 사기충천하면서 더욱 더 공격에 박차를 가해 적을 소탕했던 것이다. 대부분의 전투에서 '층루선'으로 대변되는 적의 주력전선을 천자·지자·현자총통을 이용하여 먼저 당파함으로써 적선을 무력화시켰음을 알 수 있다. 이것은 총통의 위력 없이는 이루어질 수 없는 전술이다.

아울러 한산도해전의 경우에는 적의 선봉선에 대한 집중 공격을 하여 승리한 경험이 있다. 선봉선이 공격을 받아 항진이 어려울 경우 뒤에서 따라오던 전선들이 자연스럽게 중첩되어 원형의 탄착점을 형성하게 되고 이곳을 조선 수군이 화포로 공격할 경우 명중률이 제고되어 쉽게 당파하였던 것이다. 반면에 일본군은 조선 수군의 전선에 최대한 근접하여 조총과 단병무기를 이용한 등선백병전만으로 일관하였다. 이러한 이유로 이순신은 대다수의 해전에서 적의 등선을 막기 위한 노력을 기울였던 것이다.

한편으로 조선 수군의 전술 중에서 대다수 해전에서 고르게 나타나고 있는 것이 화공전이다. 화공전이란 화기를 이용하여 적선을 불태워 침몰시키는 전법으로 철선이 개발되지 않은 전근대 시기 대부분의 해전에서 보이는 일반적 전술이었다. 이를테면 당시 모든 배들은 목선이었고, 따라서 불에 약함은 틀림없는 사실이다. 아울러 오늘날과 같이 자체 폭발에 의한 파괴력을 가진 피사체가 없던 당시로서는 화공전이야말로 적선을 침몰시키는 데 가장 효율적인 전법이었다.

이러한 이순신의 전술구상과 당시 조선 수군의 일반적인 전술형태를 바탕으로 명량해전에서 조선 수군이 구사한 전술을 분석해 보고자 한다.

### 명량해전, 전술의 핵심 – 일자진

이순신이 진을 친 곳은 앞 장에서 살펴본 바와 같이 유속이 3노트정도 흐르는 양도 뒤편 해상이었다. 진을 치는 곳에 이동하기에는 문제가 없었지만, 장소에 도착한 후 진을 유지하는 방법이 문제가 되었다. 다시 말해 당시 조선 전선의 속도는 약 3노트 정도로 추산되므로 이곳에 진을 치기 위해서는 조류와 역방향으로 부지런히 노를 젓거나 닻을 내려 지탱하여야 한다. 한편으로 이 정도의 조류에서는 바람의 영향을 받을 경우 어느 정도 이동도 가능하다. 특히 해협 양안에는 와류가 흘러 전선의 이동이 용이한 면도 있다. 그렇지만 노를 저을 경우 격군이 피로해져서 실제 전투가 벌어졌을 때 효과적인 조함을 할 수 없다. 따라서 이순신은 모든 전선들을 일자진으로 형성한 후 닻을 내리도록 하였다. 이러한 사실은 이분李芬의「행록」과 이민서李敏敍의「명량대첩비鳴梁大捷碑」등에서 확인할 수 있다.

 이때 조선 수군이 진을 친 형태가 일자진一字陣이라는 사실에 주목할 필요가 있다. 이것은 여러 가지 목적이 내재한 것으로 보인다. 이를테면 일본군을 통과시켜 주지 않겠다는 의지의 표현이라고 할 수 있고, 화포의 위력을 극대화할 수 있으며, 일본군의 전투공간을 제한할 수 있다는 것이다. 여기서 반대의 경우를 생각해 보자. 일자진과 반대로 장사진長蛇陣(종렬진)을 형성했을 경우에는 어떤 결과를 가져올 수 있을까? 우선 일본군은 유사시 조선 수군과의 해전을 회피한 채 수로를 통과해 버릴 수 있다. 그리고 일본군이 조류에 힘입어 조선 수군 옆을 통과할 때 조선 수군은 적선을 격침시킬 방안이 없다는 것을 지적할 수 있다. 아울러 일본군으로부터 전방위全方位로 포위공격을 당할 우려가 있다는 점을 들 수 있을 것이다. 특히 무엇보다도 화포운용이 원활하지 못하다는 점을 들 수 있다.

 따라서 당시 조선 수군이 펼친 일자진은 매우 적절한 진형임을 알 수 있다. 이것의 효과는 무엇보다도 일본군의 전선 수가 많아도 좁은 수로에 갇혀있는 상태다 보니 전력을 최대한 발휘할 수 없게 했다는 데 있었다. 그러다 보니 일본군 13척과 조선 수군 13척이 각개 전투를 벌이는 효과를 초래한 것이다. 일본 군선 130여 척 중 선두의 10여 척을 제외한 나머지 전선들은 전투를 수행할 공간이 제한되는 것이다. 따라서 전투초기 이순신 기함과 안위의 전선 등 몇 척으로 싸울 때는 조선 수군이 위험할 수 있었지만, 전투 중반에 이르러 조선 수군의 모든 전선이 전투에 투입된 때에는 조선 수군이 우세한 상태에서 교전할 수 있었다.

다음으로 적 대장선과 선봉선에 대한 집중공격으로 적군의 사기를 꺾었다는 점을 들 수 있다. 이것은 앞에서 언급한 바와 같이 당시 조선 수군의 일반적인 전술이었다. 이순신은 명량해전에서도 이전과 마찬가지로 적 대장선을 집중 공격하여 대장선을 침몰시키고 적장 중 한 명인 마다시馬多時를 붙잡아 효시하였다. 이를 본 일본 수군은 사기가 크게 꺾여 전의를 상실할 정도였고 반면에 조선 수군은 전의가 크게 고양되었을 것이다.

### 조류와 바람을 이용하는 화공 작전

명량해전에서 드러난 수군전술 중 필자가 가장 주목하고자 하는 것은 조류와 바람을 이용한 화공전을 적절하게 구사했다는 점이다. 이것은 전투가 치열해진 중반 이후에 주로 채택한 전술이었다. 다음『난중잡록』·『연려실기술燃藜室記述』·『선묘중흥지宣廟中興志』등의 사료를 통해 확인할 수 있다.

아군은 싸울 뜻이 없는 양 보이며 거짓으로 적의 포위 속으로 들어가니, 왜적은 아군의 두려워하고 겁냄을 기뻐하며 육박하여 난전이 되었을 때 홀연히 장수 배에서 주라가 번갈아 불어대고 지휘기가 일제히 흔들리고 도고 鼗鼓 소리가 울리는 가운데 불이 적의 배에서 일어나 여러 배가 연소되니 불길은 하늘을 뒤덮었고, 화살을 쏘아대고 돌을 던지고 창검이 어울려서 찌르니 죽는 자는 삼대가 쓰러지듯 하였고, 불에 타죽고 빠져 죽는 자가 그 수효를 알 수 없었다.

적은 우리 군사의 형세가 약한 것을 보고 다투어 와서 덮쳐 둘러싸고 바싹 가까이 와서 싸웠다. 갑자기 장선에서 태평소를 불고 깃발이 일제히 일어나며, 바람을 따라 불을 놓으니 불은 적의 여러 배에 옮겨 붙었다. 순신은 이긴 기세를 타고 공격하니 죽은 자가 삼대 쓰러지듯 하였다.

순신이 적의 머리를 달아매고 배 위에서 풍악을 치며 도전하니 적이 분노하여 군사를 나누어 교대로 나오는데 순신은 승리한 기세를 타고 불을 놓아 여러 배들을 불태우니 시뻘건 불길이 바다를 덮은 속에서 불에 타고 물에 빠져 죽는 적병이 그 수를 알 수 없었으며……

위의 사료들을 통해 볼 때 조선 수군은 해전 당일 조류의 방향이 북서류에서 남동류로 바뀐 오후에 마침 불어 온 북풍을 이용하여 화공전을 구사하였음을 알 수 있다. 특히 위의 사료를 볼 때 화공전은 우발적으로 행한 것이 아니라 사전에 계획된 것으로 볼 수 있다. 이것은 이순신이 벽파진에 유진하고 있던 중 9월 3일부터 5일까지 북풍이 불었다고 기록한 사실과 더욱이 명량해전 직전인 9월 13일과 9월 14일에도 북풍이 분 사실을 기록한 것을 볼 때 북풍을 예상하여 전술을 구사한 것으로 판단된다.

주목할 것은 조류가 남동류로 바뀌었을 때 조선 수군은 조류 따라 이동하면서 일본군을 공격하지 않았다는 점이다. 이는 조선 수군이 일본군의 퇴각로를 따라가면서 공격할 경우 일본군의 또 다른 세력을 맞게 될 가능성이 있고, 이후 우수영 쪽으로 되돌아 올 수 없다는 점을 고려한 것이다. 기존 연구에서는 조류의 영향을 무시한 채 조선 수군이 이동한 것으로 언급하고 있지만, 사실상 명량해전에서는 조류의 영향이 매우 크게 작용한 것이다. 따라서 화약을 장치한 소형 배를 조류 따라 흘려보내고 화전을 쏜 후 화약의 폭발력으로 인해 적선을 분멸시키는 전법을 전투 막바지에 구사하기까지 하였다. 이러한 화공전은 당시 적선을 침몰시킬 수 있는 유일한 방법이었기 때문에 매우 체계적으로 수행되었을 것으로 생각된다.

반면에 일본군의 경우 그들의 주 전술인 등선백병전을 효율적으로 사용할 수 없었다. 이것은 조선 수군의 판옥선이 고대견고高大堅固하여 등선하기가 어려운 점과 조류의 영향으로 인해 조선의 전선을 둥글게 포위할 수 없었다는 데 있다. 이를테면 명량해전 두 달 전에 있었던 칠천량해전에서 일본군이 승리할 수 있었던 가장 큰 요인은 수적 우위를 바탕으로 조선의 전선을 몇 척으로 포위하여 등선이 가능했기 때문이었다. 이러한 점 때문에 일본군은 패할 수밖에 없었고 나아가 조류의 영향에 의해 오후에는 명량수로 입구 쪽으로 후퇴할 수밖에 없었던 것이다.

## 09

# 조선 수군 승리의
# 원동력. 셋
_의병들의 참전과 활약

    명량해전 시 조선 수군의 승리요인으로는 의병들의 참전도 간과할 수 없다. 그런데 이러한 의병들에 관한 기록은 일부 자료를 통해 파악할 수 있다고 앞에서 언급한 바 있다. 의병활동과 관련하여 가장 눈에 띄는 것은 피란민들이 100여 척의 향선鄕船을 동원하여 후방에서 후원하였다는 것이다. 피란민들은 가까운 해안 지방의 여러 읍에서 모여든 다양한 신분계층의 집단이었고, 그 지도자들은 모두 사인士人들로 구성되어 있었다. 이들 지도자들 중 대표적인 인물로 마하수馬河水를 들 수 있다. 마하수는 다음의 기록에서 보는 바와 같이 의병들 중 실제 전투에서 싸우다가 전사한 대표적 인물이다.

    (마하수는) 명량싸움에 미쳐 피난선 십여 척과 함께 바깥 바다에서 진을 벌리고 있다가 이공이 적에게 포위됨을 바라보고는 칼을 뽑아들며 "대장부가 죽어야 한다."하고 두 아들 성룡, 위룡을 데리고 적진으로 돌진하여 오래도록 힘껏 싸우다가 전사하였다.

위의 마하수의 활동이 의미하는 바는 조선 수군의 진형을 뚫고 해협의 북서쪽 입구 쪽에 도착한 일본 군선들을 그쪽에 포진하고 있던 의병들이 맞아 싸운 것을 말한다. 이러한 유사시 전투행위를 포함하여 후방에 포진한 의병들의 주 활동은 조선 수군의 성세를 북돋우면서 군수물자를 지원하는 임무였다. 이들의 활동에 관해 잘 나타낸 것으로 다음의 기록들을 참고할 수 있다.

> 그 때 백진남白振南 · 김성원金聲遠 · 문영개文英凱 · 변홍원卞弘源 · 백선명白善鳴 · 김택남金澤南 · 임영개任永凱 등 십여 명이 각각 피란선을 가지고 와 모였는데 "… 들자오니 공이 방금 피란선으로 하여금 먼 바다에 열을 지어 군대같이 가장하라 하시니 이 기회에 같이 나간다면 파죽의 승세가 오직 이 한 번에 있을 것이오." 하므로 이순신은 대답했다.

> 이공은 공로를 세워 속죄하라는 명령을 받자 어머니의 상사를 만나고, 다시 상중에 기용되어 바로 순천부로 달려갔다. 불에 타다 남은 배 13척과 수군 수백 명을 수습하여 왜적을 명량에서 크게 깨뜨렸다. 그 때 호남 백성의 피란선 백여 척이 이공을 믿고 의지를 삼아 약속을 받고 군량을 도와 후방의 성원이 되었는데, 거기에는 백송호白松湖도 있었고, 정운희丁運熙도 그 중 한 사람이었다.

위의 기록에서 처럼 명량해전 때 피난민 우두머리로서 이순신의 작전에 호응했던 인물로는 장흥 · 해남 · 영암 · 흥양 등지에서 온 마하수馬河秀 · 백진남白振南 · 김성원金聲遠 · 문영개文英凱 · 변홍원卞弘源 · 백선명白善鳴 ·

김택남金澤南·임영개任永凱·김안방金安邦·백송호白松湖·정운희丁運熙 등이 있었다. 그리고 향선의 의병지도자 중의 일원이었던 오익창吳益昌은 본진과 피란선단 사이를 왕래하면서 의곡義穀을 전달하고 동과冬瓜(동아)를 공급하여 수군의 갈증을 풀어 주기도 하고, 솜이불을 모아 물에 적신 다음 적의 철환을 막게 하는 조치를 취하기도 하였다. 한편으로 많은 피란민들은 이순신의 적을 피하라는 명령에도 명량 인근지역을 떠나지 않고 군량이나 군복을 조달하거나 피란선을 이용하여 세력이 강하게 보이는 등 응원전을 펼치기도 하였다. 전투가 끝난 후 피난선 300여 척에서 모여든 백성들과 나주진사 임선林愃·임환林懽·임업林業 등이 명량해전에서 승리한 군사들에게 군량을 지원하기도 하였다. 이 밖에도 전 홍산현감 윤영현尹英賢과 생원 최집崔潗, 무안에 사는 김덕수金德秀도 군량을 제공하였다. 이렇게 전라도 해안지방 각처에서는 많은 의병들이 이순신의 막하에 와서 직접 전투에 참여하거나 병참지원 등 수군활동에 도움을 주었다.

### 의병들, 육지에서 유격전으로 지원하다

의병활동은 또 다른 형태로 이루어지기도 했는데, 그것은 주로 해안지역 각지에서 수십 명에서 수백 명에 이르는 의병조직을 갖추어 해안에 출몰하는 적을 상대로 유격전을 벌이는 형태였다. 예컨대 명량해전이 있었을 무렵 명량수로와 가까운 전라우도의 장흥·강진·해남·영암 등지에서도 활발한 의병전이 전개되었다. 다음의 기록에서 보는 바와 같이 영암의 전몽성全夢星·유장춘柳長春과 나주의 박문립朴文立 등이 수군과 협력하여 명량 인근의 해안지대에서 유격전을 펼쳤던 것이다.

왜적은 바깥 바다에서 연해의 여러 고을에 침입하여 목포 상류까지 거슬러 올라와서 방자하게 노략질하였다. 마침내 통제사 이순신이 우수영에 머문 왜군을 치게 되자, 이 의병의 진중으로 편지를 보내 목포 일대와 바다를 방어하는 임무를 맡도록 하였다. 왜선 수십 척이 고을 서쪽 해암포에 머물러 있어 즉시 군사를 이끌고 서쪽으로 나아가 십대로 나누고 영장을 두었다. (중략) 드디어 군사를 정비하여 나아가 노략질하는 왜적을 격파하였다.

명량해전을 전후하여 강진·해남·영암 등 가까운 연해지방에서 펼쳐진 의병의 유격전은 명량해전을 승리로 이끄는 데 크게 기여하였다. 수군의 활약뿐만 아니라 의병의 활동도 명량해전 승리의 주요한 요소였던 것이다. 앞에서도 언급했듯이 영암의 전몽성·유장춘·박문립 등이 주축을 이룬 의병활동이 수군과의 긴밀한 협력하에 전개되었으며, 소규모의 전투에 의병이 참가하고 있음을 알 수 있다. 이러한 의병활동들이 수군의 전력을 보강하고 해상작전을 뒷받침하여 명량해전의 승리에 기여하였을 것이다.

명량해전 당시 조선 수군이 승리한 배경에는 이순신이 재기용되었다는 소식을 들은 많은 전라도 지역 연해민들이 자원입대하여 활동하거나 군수물자를 지원하는 등 수군의 빈약한 전력을 보강시켰다는 사실을 들 수 있다. 나아가 이들 중 다수는 직접 전투에 참가하여 공훈을 세우기도 하였다. 이러한 의병들의 지원이 있었기에 조선 수군들이 승리할 수 있었던 것이다.

### 명량해전, 이길 수밖에 없었던 이순신의 전략

지금까지 명량해전의 경과와 이 해전에서의 승리요인들을 도출해 보았다. 이들을 정리하면 다음과 같이 요약할 수 있다.

첫째, 당시 해전참전 세력은 일본군의 경우 총 200여 척의 전선이 명량수로 입구에 도달하여 그중 130여 척의 전선이 명량수로에 진입하여 교전한 것으로 보인다. 조선 수군의 경우 거북선은 없는 가운데 13척의 판옥선과 32척의 초탐선, 그리고 향선 100여 척이 동원된 것으로 볼 수 있다.

둘째, 해전장소는 기존 시각과는 달리 명량수로의 최협부가 아니라 양도를 최전방으로 하여 북서쪽으로 더 나아간 해역임을 알 수 있었다. 이곳은 당시 조선 수군의 전선속도로 전투가 가능한 지역이었고, 여러 가지 당대의 관련 기록들을 충족시키는 곳임을 알 수 있었다.

셋째, 당시의 명량수로의 조류에 관해서 정리한다면, 전류시각은 아침 06시 38분경에 북서류가 흘렀고, 남동류로의 전류는 13시경이었음을 추정할 수 있다. 아울러 당시의 조류속도는 최강류가 흘러서 북서류는 9.7노트, 남동류는 8.4노트의 매우 빠른 유속을 보였을 것으로 추정된다.

넷째, 전투방법으로는 기존 수중철쇄사용은 설화에 불과한 것이고, 명량해전의 지형적 특성을 고려한 가운데 조선의 우수한 전선과 화포의 위력을 십분 발휘하면서 당파분멸전술을 효율적으로 구사했음을 알 수 있었다.

그리고 조선 수군의 승리요인을 다음과 같이 4가지로 요약할 수 있다.
첫째, 판옥선 중심의 대선과 총통으로 대변되는 무기체계의 위력을 들 수 있다. 둘째, 패잔전선 10여 척에 승선하고 있는 병력만으로 전투를 수행할 수 없다고 판단한 가운데 정예인력을 확보하고 동시에 부하들의 전투의지를 고양시킨 이순신의 노력을 들 수 있다. 셋째, 이순신 자신의 전략가로서의 판단과 당시 조선 수군의 전술을 접목한 가운데 다양한 수군 전술을 상황별로 적절하게 구사한 점을 들 수 있다. 그리고 마지막으로 피란선에서 동원된 의병들의 역할을 들 수 있는 바, 이들은 조선 수군의 위세를 강하게 보이게 하는 의병전술의 효과를 거두었고, 전투 중에는 조선 수군에 대한 보급지원과 경우에 따라 적선과 전투에 직접 참여하는 등 명량해전 승리에 크게 기여하였다.

    요컨대 명량해전의 승리는 단순한 방법에 의해 이루어진 것이 아니라 위에서 살펴본 여러 가지 요인들이 복합적으로 작용한 가운데 이룩된 점을 주목해야 할 것이다. 특히 이러한 해전 승리의 중심에는 지휘관으로서 전문성을 갖춘 수군 인력을 확보한 가운데 수군전략가로서의 적절한 상황판단과 다양한 수군전술을 전투상황에 맞게 구사한 이순신의 빼어난 역할이 있었다는 사실을 인식할 필요가 있다.

명량해전, 7년전쟁의 흐름을 바꾸고,
이순신과 조선 수군의 승리로 만들다!

# 4

# 명량해전 후 수군의 재건, 7년전쟁 최후의 결전을 준비하다

# 01

# 명량해전 직후의 전황은 어떠했는가?

　　명량해전을 전후한 시점에서 일본군의 정세를 살펴보자. 전라도를 유린한 일본군은 당초 고니시와 가토오에 의해 세 길로 나누어 직접 한양으로 가려고 했는데, 도요토미가 "한양은 침범하지 말고 9월까지 닥치는 대로 무찔러 죽이고 10월 안으로 서생포나 부산 등의 소굴로 돌아오라."는 지침을 내렸다. 이에 일본군은 남녀노소를 막론하고 걸을 수 있는 자는 사로잡아 가고 걷지 못하는 자는 모두 죽이는 만행을 보이면서 남하하고 있었다.

　　이와 같이 일본군이 남으로 철수할 때 육지의 조선군은 산발적으로 여러 경로에서 복병과 야간기습 등의 방법으로 이들을 습격하여 전과를 거두고 있었다. 이를 정리하면 다음 〈표 4-1〉과 같다.

표 4-1 **조선군의 병력현황과 전과**

| 주지휘관 | 휘하 병력(명) | 교전지 | 전과(수급) | 비고 |
|---|---|---|---|---|
| 경상좌병사 성윤문 | 미상 | 의흥, 경주 | 23급 | |
| 경상우병사 김응서 | 2,100 | 운봉, 합천 | 119급 | |

| 주지휘관 | 휘하 병력(명) | 교전지 | 전과(수급) | 비고 |
|---|---|---|---|---|
| 경상도방어사 고언백 | 100 | 성주 | 21급 | 성주목사 이수일, 별장 문신언 |
| 충청병사 이시언 | 1,500 | 청주 | 166급 | 양자 합동으로 전투수행 |
| 충청도방어사 박명현 | 600 | | | |

출처 : 『선조실록』, 권94, 30년 11월 10일 정유년

한편 이즈음 수로의 상황을 살펴보자. 명량해전이 끝난 9월 하순경에 일본군의 배가 3~4척, 또는 8~9척 단위로 영광 이남의 여러 섬에 들어가 살육을 자행하고 있었다. 체찰부사 한응인의 장계에 의하면 영광 땅에 피란 중이던 배 7척이 모두 함몰되기도 하였다. 특히 강항姜沆의 증언에 의하면 당시 일본군은 무안현에 600~700척의 전선을 결진해 두고 조선 사람들을 붙잡아가고 있었다.

● 강항姜沆
강항은 당시 분호조 참판 이광정의 낭청으로, 명의 총병 양호의 군량 운반을 독려하다가 일본군에 붙잡혀갔다. 이때 그의 가족과 친지들도 모두 일본군에 끌려갔다가 강항은 극적으로 탈출하였는데, 그간의 경위를 보고한 바에 의한 것이다(강항, 『간양록看羊錄』).

이렇게 볼 때 이순신이 이끈 조선 수군이 명량해전에서 승리했지만 남해상의 제해권을 되찾을 정도는 아니었던 것을 알 수 있다. 명량해전에서 물러난 일본군은 다시 서진을 하여 전라도의 서남해안 지방을 유린하고 있었던 것이다. 이러한 상황은 다음과 같이 강항의 기록에서 확인할 수 있다.

- 9월 20일 : 비로소 해상의 왜선 1,000여 척이 이미 우수영에 당도하였으므로 통제사는 중과부적으로 바다를 따라 서쪽으로 올라갔다는 소식을 들었다. (후략)
- 9월 24일 : 무안현의 한 해곡에 도착하니 땅 이름은 낙두라 하였다.

적의 배 수천 척이 항구에 가득차서 붉은 기, 흰 기가 햇볕아래 비치고 반수 이상이 우리나라 남녀로 서로 뒤섞여 있고, 양 옆에는 어지러이 쌓인 시체가 산과 같고 울음소리가 하늘에 사무쳐 바다 조수도 역시 흐느꼈다. (후략)

이러한 사례는 비슷한 시기에 적에게 포로로 붙잡혀간 정희득鄭希得(1573~1640)도 유사한 증언을 하고 있다. 그는 그의 일본 포로생활을 기록한 『월봉해상록月峰海上錄』에서 당시의 상황을 상세히 기술하고 있다.

● 정희득鄭希得
정희득은 1597년 9월 영광 다경포에서 일본군에게 납치되어 포로로 일본에 붙잡혀 갔다가 1599년에 귀환하였다.

## 명, 이순신의 공적을 높이 평가하다

당시 명군의 경리 양호는 명량해전에서 승리한 이순신의 공적을 매우 높게 평가하고 있었다. 아울러 명량해전 이후 파견된 명 수군과의 협조체제를 구축하기 위한 노력을 기울이고 있었다. 당시 명 수군 중 가장 먼저 조선에 도착한 자는 유격 계금季金이 이끄는 수군이었다. 정유년(1597)에 처음으로 파병된 명 수군은 유격 계금이 거느린 절강 수병 3,200명으로 이들은 진린의 본 함대 보다 앞선 10월에 이미 조선에 도착하여 활동을 하게 된다. 그러나 이때 조선에 입국한 계금의 수군은 해상에서 활동한 것이 아니라 육지에 상륙하여 남원 등지에서 예교성曳橋城의 고니시군이 울산의 가토오군을 구원하지 못하도록 견제하는 역할을 담당하였다.

그리고 당시 명군은 남쪽으로 내려간 일본군을 효율적으로 공격하기 위한 작전계획을 수립하게 되었다. 요지는 당시 명군이 전라도에 주둔하고 있는 시점에서 안동을 통한 동로를 통하여 일본군을 공격할 경우 전라도에 주둔하고 있는 일본군이 저절로 물러날 것이라는 예측을 하여 실행에 옮기겠다는 뜻이었다. 이를 통해 조명연합군의 사로병진작전이 구상된 것으로 여겨진다.

    요컨대, 명량해전에서 조선 수군이 승리한 것이 당시의 전황에 미친 영향을 요약해 보면 다음과 같이 정리할 수 있다. 이를테면 일본군의 서진을 막음으로써 전라도 육지점령과 동시에 수로를 이용하여 서해안을 따라 북상하려던 일본군의 전략을 무산시켰다는 점을 들 수 있다. 명량해전에서 패배한 일본군이 전열을 정비하여 다시 무안 앞바다까지 진출했지만, 시기적으로 겨울이 다가옴으로써 해상활동 시기를 놓치게 되었다는 점이다. 아마도 여름철이었다면 일본군들이 지속적으로 서해안으로 진출하려고 하였을 것이다. 늦가을을 맞은 일본군으로서는 위험을 무릅쓰고 서해안을 따라 북상하려는 모험을 자제할 수밖에 없었을 것이다.

## 02
# 명량해전 직후 조선 수군의 활동

명량해전이 끝난 후 조선 수군은 야음을 이용하여 당사도(전남 무안군 암태면)로 옮겨 밤을 지낸 후 이튿날(9월 17일) 어외도(전남 신안군 지도읍 지도)에서 2일간 머물고, 칠산도(전남 영광군 낙월면 칠산도)와 법성포를 거쳐 홍농(전남 영광군 홍농읍, 다른 일기에는 홍농곶洪農串으로 되어 있다.) 앞으로 가서 밤을 지냈다. 이어 고참도(전북 부안군 위도면 위도)(9월 20일)를 거쳐 고군산도(전북 군산시 옥도면 선유도)(9월 21일)에 도착하여 머물렀다. 이곳에서 12일간 머무르면서 비로소 얼마간의 휴식시간을 가질 수 있었다.

이 기간 중 이순신은 명량해전 결과에 대한 상황보고를 하였고, 인근 지역 관료들과의 만남을 통해 수군활동에 대한 논의를 할 수 있었던 것으로 보인다. 아울러 당시의 전황에 대한 정보도 입수한 것으로 보인다. 그리고 10월 3일에 출항하여 변산을 거쳐 법성포에 도착하여 5일간 머문 후 10월 8일에 어외도에 도착하여 밤을 보냈다.

10월 9일에 우수영에 도착한 조선 수군은 인근 지역이 황폐화된 사실을 확인하고는 머물기가 여의치 않아 10월 11일에 안편도(안창도로 추정)

에 도착하여 18일간 머물면서 현안 문제 해결과 향후 대책을 강구하는 노력을 기울였다. 그리고 10월 29일에는 목포 앞 바다에 위치한 고하도로 진을 옮기게 된다(〈그림 4-1〉 참조).

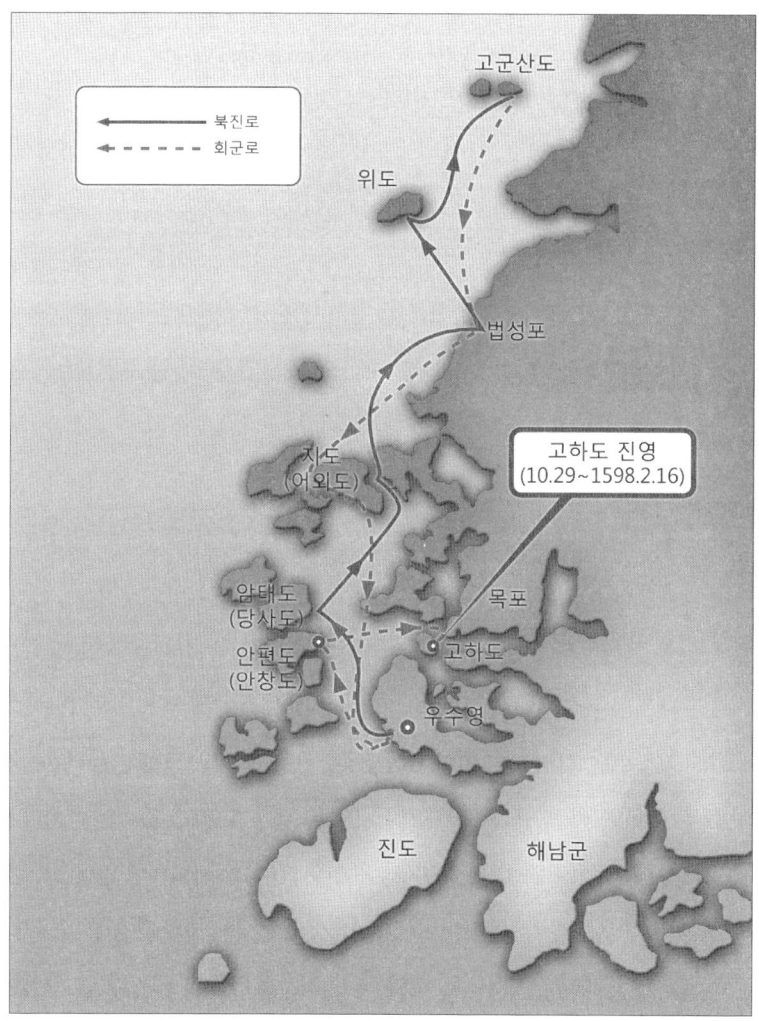

그림 4-1 **명량해전 직후 조선 수군의 이동경로**

그러면 조선 수군이 명량해전 이후부터 고하도로 진을 옮기기까지 52일간의 행적을 살펴보면서 그간의 활동을 정리해 보자. 이 시기 수군활동을 살펴보는 것은 곧 이후 본격적으로 수군을 재건하는 과정을 이해하는 근간이 될 수 있을 것이다.

### 이순신이 피란선에 주목한 이유

조선 수군이 섬들을 옮겨 다니면서 주목한 사실은 피란선들이 집결한 곳이 많았다는 것이다. 다음의 『난중일기』 기록을 살펴보자.

- 17일 을사 : 어외도에 도착하니 피란선이 무려 300여 척이나 먼저 와 있었다. 나주진사 임선과 임환, 임업 등이 와서 만났다. 우리 수군이 크게 승리한 것을 알고 서로 다투어 치하하고 또 많은 양식을 가져와 군사들에게 주었다.
- 20일 무신 : 새벽에 출항하여 바로 위도에 이르니 피란선이 많이 정박해 있었다.

명량해전이 끝난 후 조선 수군에게 가장 절실했던 것은 군사의 확보와 군량문제를 해결하는 것이었다. 그 이유는 명량해전을 통해 발생한 사상자들을 대체할 인력을 구하는 것이 급선무였을 것이고, 근거지가 없이 떠돌아다니는 입장에서 군량을 확보하는 방법을 강구하는 것이야말로 가장 절실한 문제였기 때문이다. 이러한 상황에서 집단으로 몰려다니는 피란선들은 군사와 군량을 확보하는 데 중요한 원천이 되었다. 조선 수군이 이들과 조우를 했다는 것은 당시의 수군력 재건에 매우 큰 힘이 되었을 것이다. 이러한 추정은 다음의 『이충무공전서』(권9, 「행록」) 기록을 통해 여실히 알 수 있다.

> 그때 다 쓰러진 뒤에 임명을 받아 시치고 흩어진 군사들을 거두어 모은 위에 군량이나 무기 등속도 보잘 것이 없었다. 그런데다가 철이 또한 늦은 가을이라 해상의 날씨가 무척 차기 때문에 공이 그것을 걱정하다가 문득 몇 백인지 헤아릴 수 없이 많은 피란선들이 모여드는 것을 보고 공은 영을 내려 물었다.
> "큰 적들이 바다를 뒤덮는데 너희들은 어쩌자고 여기 있느냐." 그들은 대답하되 "저희들은 다만 대감님만 바라보고 여기 있는 것입니다." 하였다. 공은 다시 영을 내렸다. "너희들이 내 명령대로 한다면 내가 너희들 살길을 지시해 줄 것이요, 만일 그렇지 않으면 어찌할 길이 없다." 모두들 말한다. "어찌 감히 명령에 복종하지 않사오리까." 공은 다시 영을 내리되 "이제 장수와 군사들이 배도 고프고 옷도 없어 이대로 가다가는 모두 죽게 되겠는데 하물며 적을 막아 주기를 어떻게 바랄 것이냐. 너희들이 만일 여벌의 옷이나 양식을 내어서 우리 군사들을 도와준다면 이 적을 무찌를 수 있을 것이요. 그래서 너희들도 죽음을 면할 것이다." 하고 말하자 대중들이 모두 그대로 실행하여 마침내 양식을 얻어 여러 배에 갈라 싣고 또 군사들로 옷 입지 않은 자가 없이 되어 그래서 승첩을 거두었던 것이다.

위 기록에서 보는 바와 같이 당시의 전황은 조선 수군과 피란민들 모두에게 상부상조할 수밖에 없는 상황을 조성하였다. 다시 말해 조선 수군은 군수품을 지원받을 수 있었고, 피란선들은 안전을 확보하는 공생의 길을 모색하게 된 것이다. 조선 수군이 명량해전 이후 서해안을 따라 이동하는 도중 만난 피란선들로부터 군수물품 지원을 받은 것은 명약관화하다고 할 것이다.

### 조선 수군의 기강 확립과 일본군에 대한 정보 수집

명량해전을 전후한 시기 전라도는 매우 탕패되어 일본군에 의해 약탈과 살육이 자행되는 등 매우 혼란한 상황에 놓여 있었다. 일본군뿐만 아니라 조선 백성 중에서도 일본군에 동조하여 사족과 양민을 학살하는 데 앞장서는 자가 있었다. 이러한 사실은 다음과 같이 전라우수사의 장계를 통해서도 확인할 수 있다.

> 전라우수사 이시언이 치계하였다. 해남·강진·장흥·보성·무안 등의 고을은 인민이 거의 다 적에게 붙어 사족의 피란처를 일일이 가르쳐 주어 거의 다 살육되었습니다. (중략) 때문에 장수를 차정하여 적을 섬멸할 적에 송원봉과 사노 인세·윤해와 사노 언경은 잡아다가 이유 없이 지만遲晚을 받아 부대시참으로 행형하여 효시해 백성들에게 국법이 있음을 알도록 하고 그 나머지의 미처 사로잡지 못한 사람은 지금 뒤쫓아 잡는 중입니다.

이러한 상황에서 이동 중이던 조선 수군도 전라우수영에 머무르는 동안 이 문제의 해결을 위해 노력하는 한편 자체 군기확립을 위한 노력도 병행하였다. 다음의 『난중일기』 기록들은 위의 보고서 내용을 뒷받침하는 것들이다.

- 13일 경오 : 이날 우수영 우우후 이정충이 약속에 늦은 죄를 다스렸다.
- 16일 계유 : 밤 10시경에 순천부사, 우후, 금갑도만호, 제포만호 등이 해남에서 돌아왔는데, 왜놈 13명과 적진에 투항해 들어갔던 송언봉 등의 머리를 베어 왔다.
- 22일 기묘 : 해남현감 유형이 적에게 붙었던 윤해, 김언경을 결박하여 올려보냈기에 나장이 있는 곳에 단단히 가두어 두도록 하였다. 무안현감 남언상은 가리포의 전선에 가두었다.
- 23일 경진 : 이날 낮에 윤해, 김언경을 처형했다.

아울러 적 전황에 대한 탐문 노력도 게을리하지 않았다. 다음은 기간 중 조선 수군의 정보수집 노력에 관한 기록들이다.

- 10일 정묘 : 밤 10시경에 중군장 김응함이 와서 해남에 있던 적들이 달아나 후퇴하는 모습을 많이 보았다고 전했다.
- 11일 무진 : (전략) 정탐인 이순, 박담동, 박수환, 태귀생을 해남으로 보냈다. (중략) 조계종이 와서 왜적의 정세를 말하고, 또 왜적들이 우리 수군을 몹시 겁낸다고 했다.
- 13일 경오 : (전략) 조금 있으니 탐망선이 임준영을 싣고 왔다. 그 편에 적의 소식을 들으니, "해남에 들어와 웅거해 있던 적들이 초10일에 우리 수군이 내려오는 것을 보고 11일에 모두 도망갔는데… (후략)"
- 15일 임신 : (전략) 임홍, 임중형, 박신 등이 왜적의 정세를 살피려고 작은 배를 타고 흥양과 순천 앞바다로 나갔다.

위 기록들을 통해 볼 때 조선 수군은 전라도 해남을 비롯한 육지의 전황과 전라도 동부해안 쪽의 적정에 대해 치밀하게 살펴보고 있다. 아울러 명량해전 당시 적정 수집임무를 담당했던 임준영과 임중형은 여전히 탐망군관으로서의 역할을 수행하고 있음을 확인할 수 있다.

한편으로 조선 수군은 10월 24일 경에 이르러 명 수군이 강화도에 도착한 사실을 알게 되었다. 아울러 10월 25일에는 선전관을 통해 명 수군이 배를 정박하기에 적당한 장소를 물색하여 보고하라는 지시를 받았다. 이때는 적이 완전히 물러가지 않은 시점이고, 조선 수군도 제대로 주둔하기에 적당한 곳을 찾지 못함에 따라 명군 유박장소를 즉시 보고할 수 없는 형편이었다. 이러한 사정을 모른 채 명군 지휘부의 경리 양호는 "이순신에게는 군사가 주둔할 처소와 군사가 움직이고 있는 상황을 물어보라고 하였으나 달이 지나도록 회답이 없다"라고 하면서 이순신의 지체함을 질책하고 있다.

# 고하도 수군 재건
# 프로젝트. 하나
_군수물자의 확보

조선 수군은 10월 29일에 진을 목포 앞바다에 있는 보화도로 옮겼다. 보화도는 고하도라고도 부르는데(이하 고하도로 칭함.), 고문헌에 의하면 섬의 둘레가 12리에 달하는 크기의 섬이라고 기록되어 있다. 조선 수군이 고하도에 진을 옮긴 이유는 서북풍을 막을 만하고 배를 감추기에 적합하다는 것이었다. 그런데 이러한 이유 외에도 고하도의 위상에 관해서 다음의「고화도유허비高和島遺墟碑」내용이 주목된다.

대체로 이 섬은 남쪽에서 서쪽으로 이어지는 바다의 길목에 위치하여 오른편으로 영남에 연하고 왼편으로 한양으로 연결된다. 가깝게는 군사들에게 식량을 공급할 수 있어서 승리를 기약함이오. 멀리는 행재소에 곡식을 제공하는 데 궁색하지 않음이라.

고하도가 육지와 연접한 섬으로 한양과 영남으로 연결되는 바닷길의 길목에 위치하고 있는 점을 이순신이 가장 높이 평가하였다.

그러는 한편으로 당시의 당면과제였던 군량문제 해결과 전선을 건조할 만한 장소로 고하도를 택했다는 사실을 다음의 기록을 통해 살펴볼 수 있다.

옛날 선조 정유년에 통제사 이충무공이 병란을 맞이하여 병사들과 함께 하였다. 전쟁이 계속되는 가운데 군량미가 가장 큰 문제였다. 이에 군량미를 비축할 수 있고 전선을 정비할 만한 곳을 찾던 중 얻은 것이 나주 고하도이다. 곳곳의 전진에 남은 곡식을 이곳에 쌓게한 다음 군사를 모집하여 둔에 들게 하고 별장으로 하여금 관리하게 하였다.

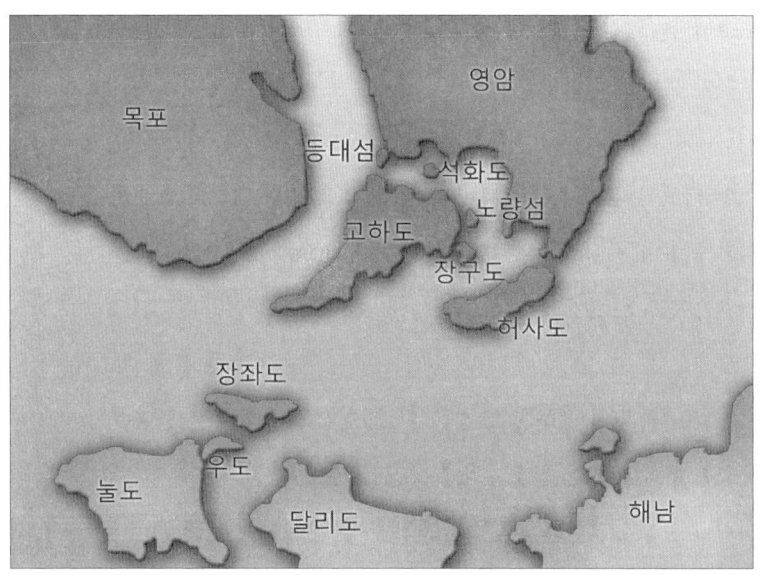

그림 4-2 **고하도의 위치도**

이와 같이 조선 수군이 고하도에 주둔하면서부터 수군력 재건을 위한 본격적인 노력을 기울였다고 볼 수 있다. 그러면 고하도에 주둔한 조선 수군이 재건을 위해 어떠한 노력을 기울였는지 살펴보도록 하자.

### 군량과 군수 물자를 확보하다

겨울이 목전에 다다른 시점에서 가장 큰 문제는 군량과 의복의 확보였다. 우선 군량을 확보하기 위한 노력을 기울였는데, 그것은 바로 다음 자료에서 보듯이 해로통행첩제도●를 창안하여 시행한 것이 가장 큰 효과를 본 것으로 보인다.

> ● 해로통행첩제도
> 해로통행첩제도는 배의 크고 작은 차이에 따라서 쌀을 바치고 통행첩을 받게 하였는데, 큰 배는 3석, 중간 배는 2석, 작은 배는 1석으로 정하였다. 한편 유성룡의 『懲毖錄』(권2)에는 고금도에 이진한 후에 해로통행첩제도를 시행한 것으로 기록하고 있다. 그렇지만 필자의 생각으로는 당장 막대한 양의 군량미를 획득하기 위해서는 이러한 특단의 제도가 필요하다고 보았을 때 고하도에서부터 시행한 것으로 보인다.

순신이 드디어 보화도로 진군하자 전쟁에 나갈 군사가 천여 명이나 되었는데, 군량이 모자라는 것을 근심하여 마침내 해로통행첩을 만들고 명령하되, "삼도의 공사선을 물론하고 이 통행첩이 없으면 간첩으로 처벌하리라." 하니 피란선들이 모두 와서 통행첩을 받는 것이었다. 순신이 배의 크고 작은데 따라 차등 있게 쌀을 바치고 통행첩을 타가게 하여 열흘 동안에 쌀 1만여 석을 얻었다.

다음으로 군사들이 입을 의복을 구하는 것도 백성들의 도움에 의지할 수밖에 없었다. 당시 일반 수졸들의 군복은 별도로 만들어지는 것이 아니라 일반 백성들의 평복과 같았기 때문에 백성들이 입던 옷을 지원받아 입을 수밖에 없었다. 다음의 자료를 통해 확인할 수 있다.

군사들이 또 의복이 없어 걱정이었다. 순신이 피란 온 백성들에게 타이르기를, "너희들이 왜 여기까지 왔느냐."하니 모두들, "사또를 믿고 왔습니다." 하는 것이었다. 순신이 말하되,

"지금 날씨가 얼고 바닷바람이 차가운데 군사들이 모두 손가락이 빠지니 어찌 너희들을 위해서 적을 막아낼 수 있겠느냐. 너희들에게 남은 옷이 있다면 어째서 우리 군사들에게 나누어 주지 못하느냐."하자 백성들이 모두 남은 의복들을 바치는 것이었다.

백성들의 도움을 얻으면서 군량과 의복을 마련한 조선 수군은 구체적인 수군재건을 위한 노력을 기울였다. 우선 당장 육지에다가 집과 군량창고 짓는 것이 급선무라고 판단하고 집지을 계획부터 수립하였다. 그리하여 그 다음날부터 섬 북쪽에 있는 재목을 베어 집을 짓기 시작하였다.

아울러 인근 지역 유지들과 관료들로부터 군량미를 구하는 노력을 지속적으로 추진하고 있었다. 다음의 『난중일기』(정유년 11월)에 나타난 기록들을 통해 확인할 수 있다.

- 5일 임진 : 영암군수 이종성이 밥을 30말이나 지어 일꾼들에게 먹이고, 또 말하되, "군량미 200섬을 준비하고 벼[중조] 700섬도 준비하였다."고 한다. 이날 보성군수와 흥양현감을 시켜 군량창고 짓는 것을 살펴보게 했다.
- 7일 갑오 : 늦게 전 홍산현감 윤영현, 생원 최집이 와서 만났는데, 군량으로 벼 40섬과 쌀 8섬을 바쳤다. 며칠 동안의 양식으로 도움이 될 만했다.

- 28일 을묘 : 무안에 사는 진사 김덕수가 군량으로 벼 15섬을 가져와 바쳤다.

위 기록에서 보면 전현직 지방관료와 무관사인들이 군량을 바치고 있는 모습이 보인다. 그런데 앞에서 언급한 바 있는 해로통행첩제도를 시행하는 모습은 보이지 않는다. 이것은 아마도 군량창고 건축을 완료하고 병력 모집을 본격적으로 추진할 때 시행하지 않았을까 추정된다. 왜냐하면 수군들이 어느 정도 안정적으로 주둔할 만한 장소가 확보되어야만 대민 활동을 체계적으로 수행할 수 있고, 또한 획득한 군량미도 안전한 곳에 보관할 수 있기 때문이다.

또한 확실하지는 않지만 12월 5일자 기록에 보면 "김돌손이 봉학을 데리고 함평 땅으로 가서 포작을 찾아 모았다."라는 내용이 보임에 따라 이때부터 해로통행첩제도를 시행할 준비를 갖춘 것이 아닐까 추정된다. 왜냐하면 포작들은 어로를 주업으로 하면서 유사시 수군들에 동원되는 부류들이었기 때문에 이들을 통한 피난선 규합에 선도적인 역할을 하지 않았을까 예상*되는 것이다.

● 예상
이순신은 아군의 세력이 약할 때 포작들을 동원하였는데, 임진년 첫 전투였던 옥포해전 때 포작선 46척을 동원한 바 있다. 명량해전 때도 피란선 100여 척을 동원하여 후방에서 성원하게 하였는데, 이때도 같은 성격의 포작들이 주축을 이루었을 것으로 추정된다.

더욱이 이순신의 『난중일기』에 고하도에서의 기록이 무술년(1598) 1월 4일까지만 전하고 있어서 이후의 상황을 알 수가 없으므로 현전하는 기록만으로 해로통행첩제도를 시행하지 않았을 것이라고 속단할 수는 없다. 이 해로통행첩 제도는 고금도에 이진한 후에도 계속 시행되었을 것으로 보이므로 뒤에서 좀 더 살펴보고자 한다.

04

# 고하도 수군 재건 프로젝트. 둘

_정예병력의 확보

한편 이 시기 이순신은 꾸준하게 군기를 엄정히 하면서 군사들의 사기를 북돋우는 노력도 병행하였다. 이 시기 명량해전 때의 공로를 인정받아 이순신 자신은 물론 거제현령 안위를 비롯한 군공을 이룩한 자들에 대한 조정의 포상●이 시행되었다.

그리고 11월 22일을 전후한 시점에서 장흥 부근에서 있었던 전투●●를 승리로 이끈 공로를 11월 28일 상부에 보고하였고, 그 결과 12월 5일에는 군공을 세운 장수들에게 상품과 직첩을 나누어 주기도 하였다.

그러면 조선 수군이 108일간 고하도에 머무르는 동안 병력모집과 전선건조는 얼마나 이룩하였을까. 우선 병력모집 현황에 대해 살펴보자.

● 포상
거제현령 안위가 정3품 통정대부가 되는 등 군공을 이룬 자들이 벼슬을 받았고, 이순신의 경우에는 은자 20냥만 상으로 받았다.

●● 전투
구체적으로 어떤 전투였는지는 확인할 수 없다. 다만 이순신이 승첩 장계를 올리고 그 결과에 따라 상품과 직첩을 받은 것을 고려해 볼 때 무시할 수 없는 전과를 거둔 것으로 추정된다.

당시 수군자원을 획득하기 위해서는 무엇보다도 행정적인 조치가 취해져야 했다. 특히 당시 육군이나 수군할 것 없이 인력이 모자란 시점에서 연해안의 수군 충원 군현을 전속시키는 문제는 수군병력을 확보하는 근간이 되었다. 임진왜란 강화기에도 수군에 소속된 인원을 육군에 전속시키는 일이 벌어져 이순신이 이를 시정할 것을 강력하게 요구하여 관철시킨 적도 있다. 고하도에 주둔하고 있을 적에도 순찰사 황신과 만나 연해안 19고을을 수군에 전속시킴으로써 수군병력 징발을 공식화하도록 조치를 취하고 있다.

그러나 당시 전라도 지역의 각 고을이 판탕되어 주민들이 피란선을 타고 해상으로 무리를 지어 다니거나 산 속으로 피신한 자들이 많아 이들을 수군 자원으로 획득하기 위한 노력을 병행해야만 하였다. 그러한 노력의 일환으로써 앞에서 언급한 바와 같이 포작을 찾아 모으는 작업을 함으로써 수군병력 충원에도 기여했을 것으로 보인다. 그러나 구체적으로 병력을 모집하는 노력이 일기에는 더 이상 보이지 않는다.

## 2,000여 명의 병력을 확보하다

이러한 노력의 결과 고하도에서 획득한 병력규모는 얼마나 되었을까? 당시 고하도에서 구체적으로 어느 정도의 군사들이 모였는지에 대해서는 현전하는 자료상으로는 알 수가 없다. 다만 고금도로 진을 옮길 때 언급한 몇 가지의 기록을 바탕으로 추정할 수밖에 없다. 다음 『징비록』과 『선조실록』의 기록을 검토해 보자.

(A) 이때 이순신에게는 이미 군사 8,000여 명이 있어서 고금도에 나아

가 주둔하였는데, 식량이 궁핍할 것을 근심하여 해로통행첩을 만들고 명령하기를, "3도의 연해를 통행하는 공사 선박으로서 통행첩이 없는 것은 간첩선으로 인정하고 통행할 수 없게 한다."하였다.

(B) 제독이 말하기를 (생략), 이어 묻기를 "이순신이 거느리고 있는 수병은 얼마나 됩니까?"하니, 상이 2,000여 명일 것이라고 대답하자, 제독이 말하기를 "천조의 수병도 지금 많이 나왔는데 국왕께서는 그 소식을 들어 알고 있습니까?"하였다.

먼저 자료(A)에서 보듯이 유성룡은 조선 수군이 고금도에 이진할 당시 8,000여 명이라고 언급하고 있다. 그러나 이것은 매우 과도하게 부풀린 숫자로 볼 수 있다. 왜냐하면 무술년(1598) 9월 사로병진작전 시 조선 수군의 숫자가 7,300여 명이라고 보고한 것보다도 더 많은 숫자이므로 신뢰할 수 없는 수치이다.

다음으로 자료(B)에서 선조가 명의 제독 마귀의 물음에 2,000여 명이라고 답한 것이 사실에 가까운 수치가 아닐까 생각된다. 왜냐하면 명량해전 당시 조선 수군의 병력을 1,800여 명으로 추산●할 수 있고, 여기서 명량해전을 치르면서 입은 병력손실이 정확하지는 않지만 수십~수백 명에 달할 것으로 추정되므로(흔히 명량해전 때에 조선 수군의 병력손실을 『난중일기』의 기록(정유년 9월 18일)에 따라 전사 2명, 부상 2명으로 언급하기도 한다. 그러나 이것은 이순신이 탄 배에서 발생한 군사 피해규모이다. 필자의 추정으로는 기타 조선 수군의 전선에서도

● 추산
명량해전 당시 조선 수군이 보유했던 전선이 판옥선 13척과 초탐선 32척이었으므로 판옥선 1척의 병력을 130명으로 보고 초탐선 1척은 5명으로 계산한다면 모두 1,850명이다.

사상자가 많이 발생했을 것으로 생각된다. 왜냐하면 명량해전에서는 좁은 수로에서 상호 근접전으로 전투가 이루어짐으로써 조선 수군도 어느 정도 피해를 입었을 것이다. 그리고 동원된 향선에 탑승했던 의병들의 사상자 수도 상당했을 것으로 추정된다.) 1,000여 명으로 표현할 수 있다. 따라서 이들을 제외하고 고하도에서 1,000여 명의 군사를 모았다고 하더라도 2,000여 명으로 표현할 수 있을 것이다.

특히 고하도에 주둔하고 있을 때에는 겨울이 다가옴에 따라 군사들을 휴식시켰을 가능성도 있고, 전선이 아직 충분히 건조되지 않은 시점에서 많은 병력을 유입시키기가 쉽지 않았을 것으로 보인다. 따라서 고하도에서 유진하는 동안 조선 수군의 전체 병력은 2,000여 명으로 추산해도 무리가 없을 듯하다.

# 고하도 수군 재건 프로젝트. 셋
_전선의 건조

당시 병력모집과 병행하여 적극적으로 노력을 기울인 분야가 바로 전선의 건조이다. 다음의 『난중일기』(정유년 12월 및 무술년 1월) 기록을 통해 당시 전선건조를 위한 노력 여부를 확인할 수 있다.

- 5일 신유 : 정응남이 점세를 데리고 진도로 갔는데, 새로 만드는 배를 조사할 일로 함께 나간 것이다.
- 10일 병인 : 배 만드는 곳에 나가 앉아서 지켜보았다.
- 정월 초 2일 무자 : 이날 새로 만든 배에 흙덩이가 떨어졌다.

당시 서해안 지역은 예로부터 전선을 건조하는 데 필요한 소나무 등의 목재가 풍부한 곳이었다. 위 기록에는 조선 수군이 전선을 건조한 지역은 고하도와 진도지역이 언급되고 있지만, 영암, 나주 등의 전선 건조지에서도 작업이 이루어진 것으로 추정된다. 그러면 고하도에서 유진하고 있을 당시 전선은 어느 정도 건조하였을까?

다음의 자료를 검토해 보자.

> 병선에 대해서는 양호의 민력이 이미 고갈되었으므로 다시 더 만들도록 독촉할 수가 없었다. 주사가 이미 40척을 만들었는데 이 숫자를 합하여 경리에게 보고하였다.

## 40척의 전선을 건조하다

위의 기록으로 보아 조선 수군의 힘으로 40척의 병선을 만들었음을 알수 있다. 당시 백성들을 동원하여 병선을 만들 여건이 조성되지 못한 시점에서 수군의 힘만으로 전선을 40척 건조한 것이다. 다만 이 전선에 병력을 모두 충원할 수는 없었을 것으로 보인다. 그러면 당시 고하도 중심의 도서에서 40척의 병선을 만들 수 있을 만큼 선재들을 충분히 확보할 수 있었을까? 앞에서도 언급한 바와 같이 전라도 지역에는 의송지宜松地가 많았다. 다음 〈표 4-2〉를 통해 살펴보자.

표 4-2 **전라도 지역의 의송지**宜松地 **현황(1448년)**

| 행정단위 | 의송지(山, 島嶼, 串) |
|---|---|
| 부안 (3) | 외도, 구도, 화이도 |
| 영광 (8) | 모야도, 매음점도, 고이도, 증도, 사도곶, 창두곶, 구수산, 임치도 |
| 함평 (5) | 해제곶, 서발포, 아사라산, 석포곶, 김포곶 |
| 나주 (12) | 가야산, 다리도, 비시도, 도초도, 암태도, 안창도, 자은도, 기좌도, 팔시도, 하의도, 이시도, 송도 |
| 영암 (6) | 귀산, 갈두산, 보길도, 두와두산, 노도, 해제곶 |
| 강진 (6) | 월이곶, 좌곡곶, 산달도, 완도, 고시도, 선산도 |
| 해남 (6) | 진산곶, 백야포, 백방산, 초도, 평도, 가아도 |

| 행정단위 | 의송지(山, 島嶼, 串) |
|---|---|
| 장흥 (3) | 대이매도, 우두곶, 장내곶 |
| 순천 (5) | 송도, 장성포곶, 삼일포곶, 경도, 금오도 |
| 광양 (1) | 묘도 |
| 낙안 (2) | 장도, 용두곶 |
| 보성 (1) | 초라산 |
| 무장 (1) | 이진곶 |
| 옥구 (1) | 천방산 |
| 흥양 (23) | 송곶, 주포곶, 우두곶, 망지곶, 황산곶, 장암곶, 박길곶, 이로도, 협도, 정도, 주도, 경죽도, 사포곶, 가라포, 수덕산, 유주산, 소흘라곶, 말개도, 기화도, 팔전산, 천등산, 재산도, 성두곶 |
| 진도 (3) | 가사도, 평도, 초도 |
| 무안 (3) | 고철금산, 유달산, 모두곶 |
| 흥덕 (1) | 소요산 |
| 임파 (1) | 성산 |
| 함열 (1) | 성산 |

출처 : 『세종실록』, 권121, 30년 8월 27일(庚辰)

위 〈표 4-2〉의 자료가 비록 조선 전기의 자료이지만 임진왜란 시기 전라도 지역의 전선 척수가 타 지역보다 많았던 사례를 통해 볼 때 조선 중기에도 선재가 풍부했던 지역임을 입증한다고 보인다.

임진왜란 초기 해전 시의 전선 척수와 강화기간 중 조선 수군이 목표로 했던 전선 척수를 비교해 볼 때 전라도 지역이 많았고, 특히 〈표 4-3〉에서 나타난 바와 같이 전라우도 지역의 전선 보유 수가 타 지역에 비해 많았다.

따라서 당시 조선 수군이 고하도에 주둔할 당시 고하도 인근에 있던 지역의 의송지에서 전선 건조가 이루어졌을 것이다. 이를테면 무안・진도・해남・영암・나주 등지의 선재가 풍부한 지역에서 전선을 건조한 후 고하도로 이송하였을 것으로 보인다. 다만 이 시기 병력 충원에 제한점이 있어서 전선 모두에 병력을 충원할 수는 없었을 것으로 보인다.

표 4-3 **임진왜란 시기 하삼도 전선 보유 수**

| 시기 | 도별 전선 보유 수 | | | |
|---|---|---|---|---|
| | 전라좌도 | 전라우도 | 충청도 | 경상우도 |
| 1592년 6월(당항포해전 전후) | 23 | 25 | 미참 | 3 |
| 1593년 9월(목표 전선 수) | 60 | 90 | 60 | 40 |

## 06

# 고금도 수군 강화 프로젝트. 하나
_고금도의 입지조건

고하도에 유진하고 있던 조선 수군은 무술년(1598) 2월 17일에 강진 땅 고금도로 진을 옮겼다. 이순신이 진을 고금도로 옮긴 이유는 무엇일까? 이는 다음의 기록을 통해 살펴볼 수 있다.

통제사 이순신의 서장에 일렀다.
"소서행장은 예교에 주둔하고 있으며 2월 13일에는 평수가가 그의 군사를 거느리고 와서 같은 곳에 주둔하고 있습니다. 우리 주사는 멀리 나주 경내의 보화도에 있으므로 낙안과 흥양 등의 바다에 출입하는 왜적이 마음 놓고 마구 돌아다녀 매우 통분스럽습니다. 그리고 바람이 잔잔하니 이는 바로 흉적들이 소란을 일으킬 때이므로 2월 16일에 여러 장수를 거느리고 보화도에서 바다로 나아가 17일에 강진경내의 고금도로 진을 옮겼습니다. 고금도 역시 호남 좌우도의 내외양을 제어할 수 있는 요충지로 산봉우리가 중첩되어 있고 후망이 잇대어져 있어 형세가 한산도보다 배나 좋습니다. 남쪽에는 지도가 있고, 동쪽에는 조약도가 있으며, 농장도 역시 많고, 한잡인도 거의

1,500여 호나 되기에 그들로 하여금 농사를 짓게 하였습니다. 흥양과 광양은 계사년부터 둔전을 하였던 곳으로 군민을 초집하여 경작할 생각을 하고 있습니다." 비변사에 계하하였다.

위의 기록에서 보듯이 이순신이 고금도로 진을 옮긴 목적은 여러 가지 이유가 작용한 것이다. 먼저 일본군의 정세에 대한 고려로, 고니시 유키나가가 지휘하는 일본군이 예교성에 들어가 있다는 사실에 대해 고하도에 주둔하고 있어서는 이들에 대한 적절한 대처를 할 수 없다는 것이다. 또한 시기적으로 봄이 다가와 피아 간에 해상활동이 활발해지는 환경을 맞아 그동안 고하도에 주둔하면서 증강시킨 전력으로 어느 정도 대적 자신감을 찾았기 때문에 수군 본연의 임무를 수행하기 위한 것으로도 보인다. 아울러 고금도의 위치가 호남 좌·우도를 제어할 수 있는 요충지인 것과 경작면적이 넓고 인구가 많아 군량확보에도 큰 도움이 될 것으로 판단한 것이다. 이러한 사실은 다음 고지도를 통해서도 확인할 수 있다.

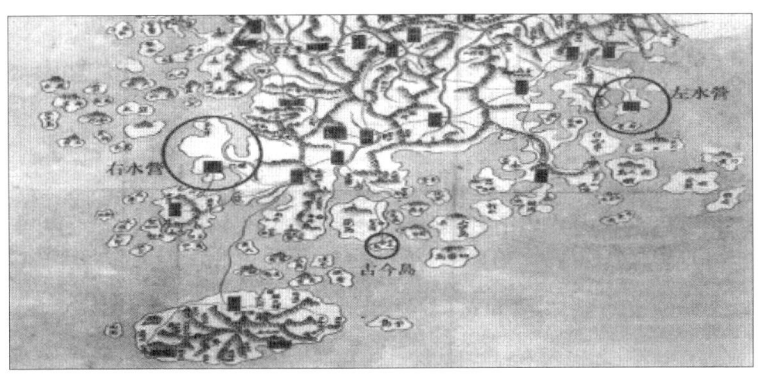

그림 4-3 『**여지도첩**輿地圖帖』**의 전라좌·우수영과 고금도**

고금도는 어떤 섬인가. 고금도는 행정구역상 완도군에 속하며 완도에서 북동쪽으로 약 12.1km 떨어진 곳에 위치한다. 고금도의 주변 환경을 살펴보면 동쪽에 약산도(일명 조약도), 서쪽에 완도(군외면), 남쪽에 신지도, 북쪽에 강진군(도암면·대구면)이 위치한다. 고금도 북부 해역은 강진만에서 흘러나온 담수로 인해 강진(마량), 완도, 고금도 사이에 3개의 협수로가 형성된다. 그로 인해 고금도 북쪽에 넓은 간석지가 발달되어 있고 남쪽 바다는 흐름이 빠르고, 수심이 깊다. 이는 다음의 〈그림 4-4〉를 통해 확인할 수 있다.

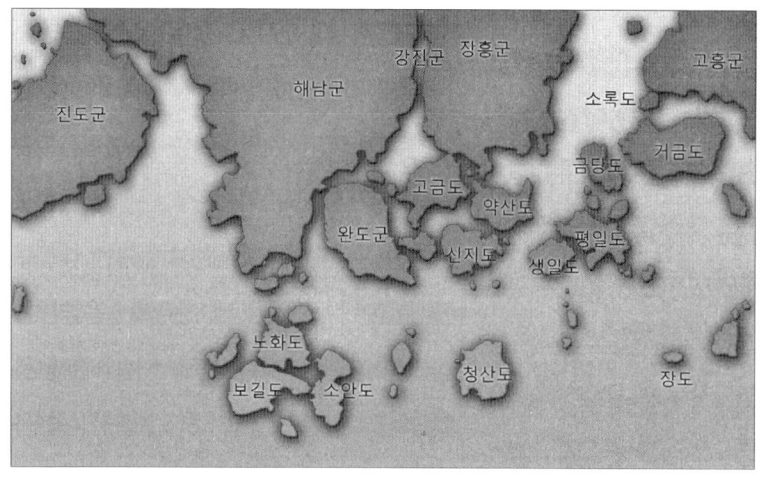

그림 4-4 **고금도의 위치**

이러한 고금도의 입지는 섬주민들에 의해 작성된『고금면지초古今面誌抄』에 다음과 같이 기술되어 있다.

고금도는 비록 섬이기는 하나 풍랑의 격심이 없는 고로 '연화부수격蓮花浮水格'이요, 산세는 금수錦繡이며 토지는 옥야沃野라. 곡물이 많이 생산되고 어염시초魚鹽柴草 또한 부족하지 않다. 육지와의 교통은 본도(고금도) 가교리에서 강진 마량으로 통하여 임의대로 왕래할 수 있으니, 모두 사람이 살기에 좋은 곳이라 칭한다.

위 기록에서 보듯이 고금도는 비록 섬이기는 하지만, 사람이 살기에 좋은 섬으로 인식되어 왔다. 임진왜란 당시 이순신은 고금도의 위상에 대해 다음 『이충무공전서』(권9, 「행록」)에서 보는 바와 같이 언급하고 있다.

무술년(54세) 2월 17일에 고금도로 진을 옮겼다. 그 섬은 강진에서 남쪽으로 30여 리쯤 되는 곳에 있어 산이 첩첩이 둘려 지세가 기이하고, 또 그 곁에 농장이 있어서 아주 편리하므로 공은 백성들을 모아 농사짓게 하고 거기서 군량공급을 받았던 것이다.

## 고금도, 조선 수군과 백성이 함께 살 수 있는 곳

고금도는 입지조건이 좋아서 조선 수군이 유진하기에 매우 적합한 곳이었다. 특히 농사짓기에 용이한 지역이어서 군량획득에 매우 큰 기여를 하였다.

그러면 당시 고금도의 인구규모는 얼마나 되었을까. 16세기에 이순신은 고금도의 한잡인閑雜人을 1,500여 호戶로 추산하였는데, 임진왜란 당시의 고금도 인구 통계를 현재 전해지는 자료로는 발견할 수 없다. 다만 당시의 인구는 일반적으로 1호를 5명으로 계산하므로 1,500호×5명 =

7,500명으로 추산할 수 있다. 이 정도의 인구는 조선후기와 비교할 때 어느 정도의 규모일까? 이는 조선후기 강진현 부속도서의 인구와 비교하여 유추할 수 있다. 다음 〈표 4-4〉는 18세기 『여지도서輿地圖書』와 『호구총수戶口總數』를 통해 본 강진현 부속도서의 인구 규모를 정리한 것이다.

표 4-4 **18세기 전라도 강진현 부속도서의 호구수**

| 도서명 | 위치 | 『여지도서』(1759) | | | | 『호구총수』(1789) | | | |
|---|---|---|---|---|---|---|---|---|---|
| | | 戶 | 口 | 男 | 女 | 戶 | 口 | 男 | 女 |
| 고금도 | 관문 80리 | 613 | 1,513 | 618 | 895 | 690 | 2,145 | 1,050 | 1,095 |
| 조약도 | 관문100리 | 298 | 931 | 412 | 519 | 169 | 1,309 | 511 | 798 |
| 신지도 | 관문120리 | 509 | 1,325 | 629 | 696 | 581 | 1,843 | 762 | 1,081 |
| 완 도 | 관문120리 | 382 | 1,017 | 477 | 540 | 449 | 1,322 | 666 | 656 |
| 청산도 | 관문300리 | 428 | 1,352 | 591 | 761 | 490 | 1,576 | 719 | 827 |

위 〈표 4-4〉에서 보듯이 18세기 고금도 주민은 약 1,500~2,200명 정도로 파악된다. 이는 16세기말 고금도의 인구 규모에 비해 20~30% 정도 수준이다.

그러면 조선 후기에 비해 16세기말의 고금도 인구가 많았던 요인은 무엇일까? 아마도 정유재란 시기 경상도와 전라도가 일본군에 의해 황폐화된 가운데 피란선과 육지주민들이 거주지를 떠나 유랑하면서 점차 운집한 것으로 추정된다. 특히 삼도수군통제영이 건설되면서 한산도부터 고하도를 거쳐 고금도에 이르기까지 많은 백성들이 수군을 따라 이동한 사례를 통해 이를 입증할 수 있다.

한편 조선 수군이 고금도에 이진한 이후부터 수군재건을 위한 노력이 보다 가속화된 것으로 보인다. 왜냐하면 고하도에서 전선 40척을 건조하였지만, 이 세력만으로 일본군과 접전하기에는 부족하기 때문이었다. 적어도 한산도 통제영 설진 초기정도의 전력(70~100척 정도로 추정한다.)이 요망되었을 것이다.

이러한 상황에서 고금도에 이진한 조선 수군은 봄을 맞아 해상상태와 근무여건이 나아짐으로써 수군재건 노력을 활발하게 추진할 수 있었다. 아울러 겨울에 주춤했던 일본 군선들의 활동 역시 드러나게 됨으로써 일본군에 대한 정세 파악과 견제 노력도 중요시되었다.

그러면 고금도에 이진한 조선 수군이 수군력 건설을 위해 어떤 노력을 기울였을까? 아마도 고하도에서와 마찬가지로 병력 및 군량 확보와 전선 건조, 그리고 무기 장구류의 확보에 지속적으로 매진했을 것으로 보인다.

먼저 병력 및 군량확보를 위해 어떤 노력을 기울였는지 살펴보자. 이 부문에 대해서는 『이충무공전서』의 「동의록」에 나오는 이순신 휘하인물들의 활약상을 통해 살펴볼 수 있다. 비록 이 자료가 1930년대에 삽입되어 사료로서의 가치가 떨어지는 면이 있지만, 1700년대 후반에 편찬된 『호남절의록湖南節義錄』의 내용과 유사한 부분이 많이 있기 때문에(『호남절의록』은 1799년 고정헌 등이 편찬한 책이다. 비록 후대에 만들어진 책자이고 문중자료들을 임의로 삽입한 면이 있긴 하나 1795년『이충무공전서』의 편찬 연대와 비슷하므로 사료로서의 가치는 어느 정도 있다고 보인다. 여기서 「충무이공순신동순제공사실忠武李公舜臣同殉諸公事實」과 「충무이공순신참좌제공사실忠武李公舜臣參佐諸公事實」에 기재된 인물들은 「동의록」에 기재된 인물들과 중복되는 인물들이 다수 있다.) 어느 정도 자료 활용이 가능하다고 본다.

# 고금도 수군 강화 프로젝트. 둘

_전문 병력의 충원

● 류형柳珩
류형(1566~1615)은 명종21년 경원부사 류용柳溶의 외아들로 태어났다. 관향은 진주이다. 정유년에 해남현감이 되어 이순신 막하에서 활동하였고, 노량해전에 참전하여 공을 세웠으며, 종전 후에도 다양한 보직에서 활동하였다.

병력 충원과 관련하여 당시 해남현감이었던 류형柳珩●의 활약상이 주목된다. 다음의 자료를 통해 알 수 있다.

이공과 마음을 합쳐 전쟁의 계책을 세우는데, 사람들이 피란하여 여러 섬으로 들어가는 이가 많고, 장정이 쓸 만한데 각각 배를 사사로 가지고 처자를 보호하는 것을 보고서는 이공에게 비밀히 고하였다. "그 처자와 수령들의 가속을 한곳에 안돈시키고 가정을 돌보는 염려를 없게 한다면 이 무리들은 다 우리의 소용이 될 것입니다." 이공이 깨달아서 좋은 생각이라 칭찬하고 이것에 따랐다. 이렇게 해서 수천 명의 건아들이 노를 젓고 다투어서 목숨을 바치며 집으로 돌아가지 않으니 군대의 모습이 다시 떨치게 되었다.

위 기록을 보면 당시 많은 피란민들이 가족들의 안위 때문에 섬에 들어가 나오지 않음으로써 병력충원이 어려웠는데, 이들에게 특별한 보호시설을 마련하여 생활하게 한다면 장정들이 가족에 대한 염려가 없어지기 때문에 수군자원으로 지원이 가능할 것이라는 의미이다. 이것은 매우 기발한 병력충원 방안이다. 이것이 과연 류형의 건의에 의한 것인지 정확하지는 않지만, 이러한 방법으로 병력 충원뿐만 아니라 많은 사람들이 한곳에 운집함으로써 전선 건조 등에의 노력 동원도 가능하게 되었다.

또 다른 방법으로 명망있는 사인士人들이나 가세가 비교적 풍족한 집안의 사람들이 의기를 떨치며 병력을 지원한 사례들도 다수 발견할 수 있다. 이것은 임진왜란 초기부터 지속적으로 이루어진 것으로 정유재란기에는 더욱 그 의미가 크게 부각되었다. 예컨대 정사횡鄭思竑은 이순신의 군관으로 정유재란 시기에는 이순신이 통제사로 복귀되자 이순신의 밑에서 의병을 일으키고 군량을 모아서 노량해전에까지 크게 활약하였다. 그 동생 정사정鄭思靖 역시 집안 하인 수백 명을 거느리고 이순신의 막하에 들어가 활약하였다. 이몽린李夢麟도 집안의 하인들과 장사 100여 명을 이끌고 이순신의 진영에 합류하였다. 이들 외에도 많은 인물들이 의병을 규합하여 이순신 휘하에서 종군하였다.

## 08

# 고금도 수군 강화 프로젝트, 셋
_군수물자의 확보

비록 정확하지는 않지만 이순신이 고금도로 진을 옮긴 이유는 이러한 피란민들의 운집과 생활공간으로 활용하기 위한 것이 일차적인 목적이 아니었을까 생각된다. 왜냐하면 〈그림 4-4〉를 통해 알 수 있듯이 고금도의 위치가 주변 지역과의 유통 연계성과 전략적 이점 등이 복합적으로 상호 기능할 수 있는 곳으로 보이기 때문이다. 이를테면 북쪽으로는 육지와 근접하였고 주변에는 많은 섬들이 둘러싸고 있기 때문에 유통망이 잘 발달되었을 뿐만아니라 군사적으로도 안전하게 보호될 수 있는 지역이었다.

그러면 당시 군량확보는 어떻게 이루어졌을까. 여기서도 역시 이순신 휘하 인물들의 활약상을 통해 그 실태를 추정할 수 있다. 정유재란 시기 통제사 이순신의 보좌역을 수행했던 이의온 李宜溫●의 활동을 살펴보자.

● 이의온 李宜溫
이의온(1577~1636)의 자는 율연栗然이요, 호는 오의정五宜亭인데 여주사람이다. 아버지는 사옹원司饔院 판관으로 좌승지에 증직된 응인應仁이다. 좌찬성을 지내고 영의정에 증직된 문원공 회재晦齋 언적彦迪선생의 손자이다.

정유년에 이통제사의 막하로 나아갔다. 이충무공은 평소에 운주당에 거처하고 있었으며, 매일 밤이 깊어 북소리가 그치면 공은 장막 안으로 그를 불러들였다. 가서는 군무에 대하여서만 말하고 의온은 비록 아는 것이 있어도 말을 하지 않다가 드디어 둔전에 관한 계책을 건의하였다. 이충무공이 기뻐하면서 탄식하기를

"어찌 그대가 알고 보는 것이 이같이도 심원한가. 진실로 내 마음에 꼭 맞는다." 하고 그렇게 시행하도록 하였다. 그때에 군대는 해마다 줄어들고 군량도 부족하였으므로 의온이 가산을 기울여 군량을 보조하였으며, 고금도에서는 해로의 통행증을 만들어 바다를 지나는 피란선들은 쌀을 납부하고 통행증을 받아가도록 영달하여 장부가 여러 권으로 쌓여 그 계획이 적중하였다.

위의 자료를 살펴볼 때 군량확보를 위한 이의온의 노력은 담대한 면이 있다. 크게 세 가지 측면에서 그 활동을 요약할 수 있는데, 하나는 둔전을 설치하는 안을 마련하여 시행했다는 점이다. 임진왜란 강화기 동안 조선 수군의 군량확보의 원천은 바로 둔전을 통해서였는데, 고금도에서도 둔전을 설치하여 군량확보에 크게 기여한 것으로 볼 수 있다. 둔전을 설치한 장소는 고금도를 비롯하여 인근 섬들이 대상이었을 것으로 보인다. 두 번째는 자기 집안의 사재私財를 털어서 군량을 확보하는 데 기여했다는 점이다. 세 번째는 고하도에서부터 시행한 것으로 언급한 바 있는 해로통행첩제도를 실시한 장본인이라는 점이다. 물론 위의 인용문에서는 고금도에서 해로통행첩제도를 시행한 것으로 언급하고 있지만, 재삼 강조하듯이 필자 생각으로는 고하도에서 그 계획을 수립하여 부분적으로

시행하다가 고금도에 이진한 후 본격적으로 시행한 것으로 생각된다. 여기서 이의온 자신이 해로통행첩제도를 창안했는지 여부는 정확하게 알 수는 없지만, 어쨌든 이순신의 보좌관으로서 둔전경영과 군량확보에 크게 기여한 것은 사실인 것 같다.

그런데 당시 둔전 경영의 경우에는 큰 효과를 보지 못했을 것이다. 왜냐하면 아직 가을 추수를 하지 못한 시점에서 양곡을 수확하려면 적어도 1년은 경과해야 했기 때문이다. 따라서 고금도에 몰려든 백성들의 경우 기존 보유하고 있는 양곡이나 기타 상품유통과 필요물품 교환 등의 상행위를 통해 생계를 유지해 나간 것으로 보인다. 유성룡은 『징비록』에서 "먼 곳 가까운 곳에서 병화를 피하는 사람들이 다 이순신에게로 와서 의지하여 집을 짓고 막사를 만들고 장사를 하며 살아가니, 이들을 성안에 다 수용할 수 없었다"고 언급하고 있다.

## 09

# 고금도 수군 강화 프로젝트. 넷
_전선의 건조

조선 수군의 중요한 활동은 전선의 건조이다. 이 분야 역시 이순신 휘하 인물들의 활약상을 바탕으로 살펴볼 수 있다. 기간 중 가장 큰 역할을 한 인물로는 흥양현감 최희량崔希亮●을 들 수 있다. 최희량이 전선건조에 기여한 사실은 다음의 기록을 통해 확인할 수 있다.

● **최희량**崔希亮
최희량(1560~1651)은 갑오년(1594)에 무과에 급제한 후 충청수사 이계정의 휘하에서 군관으로 활약한 후 선전관을 거쳐 정유년(1597)에 흥양현감에 제수되어 이순신 휘하에서 활동한 인물이다.

한산에서 새로이 전함이 부서져 모두 수몰되었는데, 희량은 무술년 봄에 굶주리고 지친 백성들을 이끌고 몸소 재목을 끌어서 전선을 조성하였으며, 활과 화살, 창과 방패가 정비된 것이 다른 고을이 아직 겨를이 없었던 것에 비해 단연 뛰어나서 당시 통제사 신 이순신이 특별히 포계를 올린 것입니다.

위의 자료를 통해서 알 수 있는 것은 1598년 봄에 최희량이 백성들과 함께 전선을 건조했다는 사실과 당시 전라도 고을이 일본군에 의해 황폐

● 흥양현

흥양현은 고려 때 일곱 고을이 있었을 정도로 경내가 크고 넓었다고 한다. 그만큼 이곳에 많은 사람들이 몰려 살았고, 살 만한 곳이었기에 왜구들의 침구도 많았다. 왜구들의 침구를 막기 위해 조선시대에는 이곳에만 여도, 녹도, 발포, 사도의 4개 수군기지를 두었고, 수많은 산성과 봉수를 만들었다. 수군기지가 많았다는 것은 이 지역에서 전선을 건조하기가 쉬웠다는 의미이기도 하다.

화된 상태에서 흥양현이 유일할 정도로 전비 유지 상태가 탁월했다는 사실이다. 다시 말해 전선 건조는 지역 백성들이 동원되어 주된 역할을 담당했다는 점을 확인할 수 있다. 아울러 당시 흥양현●은 선재가 많고, 선소가 있어서 전선 건조에 기여가 큰 고을이었으므로 전선 건조 성과가 크게 드러난 것으로 보인다.

한편으로 당시 일본군은 대부분 예교성에 주둔한 가운데 일부 세력들이 해안에 상륙하여 분탕질을 하고 있었다. 이들은 고금도 인근까지 진출하여 조선 수군과 접전을 벌이기도 했는데, 이때 흥양현감 최희량의 활약이 돋보인다. 다음〈표 4-5〉는 기간 중 일본군과 접전을 벌여 거둔 전과를 종합한 것이다.

표 4-5 **무술년 초기 흥양현 지역 전투 결과**

| 일자 | 전투지역 | 전과 | 비고 |
|---|---|---|---|
| 무술년 3. 18. | 고도, 첨산 | 수급 38급 | |
| 무술년 3. 22. | 첨산 | 수급 31급 | 왜적 1명 생포 |
| 무술년 4. 14. | 흥양현 남문 밖 | 수급 5급 | |
| 무술년 7. 12. | 남당포 | 수급 2급 | |

출처 : 최희량, 『일옹문집逸翁文集』, 권2, 「청포소請褒疏」 ; 「파왜보첩破倭報捷」

이와 함께 무기와 각종 군수장비의 확보도 병행되었다. 이 부문 역시 고하도에서 시작된 이래 고금도에서는 보다 활발하게 추진되었다. 당시 의복류는 당연히 백성들로부터 조달받았을 것이고, 무기류는 민중들을 모집하여 구리銅·쇠鐵를 실어다가 대포를 만들었다. 최희량이 남긴 「임란첩보서목壬亂捷報書目」(「최희량임란첩보서목崔希亮壬亂捷報書目」 (보물 제660호)은 총 10개의 장으로 구성되어 있다('첨산승첩尖山勝牒1', '양강승첩楊江勝牒', '고도승첩姑島勝牒', '첨산승첩尖山勝牒2', '남문승첩南門勝牒', '헌괵주첩獻馘奏牒', '남당승첩南堂勝牒', '전함보첩戰艦報牒', '병기보첩兵器報牒', '병량보첩兵糧報牒'). 이 중 '전함보첩', '병기보첩', '병량보첩'에는 전함과 그 내부에서 활용되는 집물들이 다양한 종류별로 수록되어 있다.)에는 새로이 건조한 전선과 집물什物 목록이 수록되어 있는데, 당시 전선에 소요되는 군기류들의 종류를 이해할 수 있다. 여기에는 각종 총통과 활, 화살, 창, 칼, 철환 등의 무기들과 신호용 물품, 군량, 기타 다양한 집물들이 망라되어 있다.

이와 같은 노력의 결과 고금도에서의 수군재건 노력은 성공을 거두었다고 판단된다. 이를테면 「선묘중흥지宣廟中興志」에 의하면 "장사들이 다시금 구름같이 모여들고 남쪽 백성들이 이고 지고 찾아들어 오는 자가 여러 만호나 되니 진영의 웅장한 것이 그 전 한산도에 있을 때보다 10배나 되었다."라고 표현하고 있다.

### 독자적인 작전을 가능하게 할 전력을 증강하다

고금도에 주둔하고 있을 때 조선 수군의 병력과 전선 숫자는 얼마나 되었을까. 명 수군이 무술년(1598) 7월 16일에 고금도에 합류하기 까지 조선 수군의 병력과 전선규모를 확인할 수 있는 자료는 발견하기가 어렵다. 다만 이후의 몇 가지 사료를 통해 그 규모를 유추할 수 있을 것이다.

앞에서 언급했듯이 명량해전 직후 조선 수군은 1,000여 명 정도였다가 고하도에서 고금도로 이진할 즈음에 2,000여 명이었다고 본다. 그리고 고금도에 이진할 당시 전선은 40척을 건조하였다고 하였다. 따라서 기존의 13척을 포함할 경우 모두 53척이다. 그런데 당시 조선 수군의 병력규모는 2,000여 명이었으므로 보유하고 있는 전선 모두에 다 충원할 수는 없다. 따라서 1척에 130명이 탑승한다고 볼 때 최대 20여 척을 가동할 수 있을 정도이다. 이렇게 볼 때 당시 전선 수는 53척이었더라도 무군선이 절반정도는 차지했을 것이다. 따라서 전선 척수와 병력규모를 완전히 일치시키기는 어렵다고 본다.

다만 조선 수군의 병력규모는 무술년 9월의 사로병진작전 시 조선 수군의 인원을 언급한 기록을 통해 살펴볼 수 있다. 다음 〈표 4-6〉은 조명연합군의 병력현황을 표시한 것이다.

표 4-6 사로병진작전 시 조명연합군의 병력 현황

| 구분 | 명군 | 조선군(무술년 10월 현재) | 병력 합계 |
| --- | --- | --- | --- |
| 동로군 | 24,000명 | 5,514명 | 29,514명 |
| 중로군 | 26,800명 | 2,215명 | 29,015명 |
| 서로군 | 21,900명 | 5,928명 | 27,828명 |
| 수로군 | 19,400명 | 7,328명 | 26,728명 |
| 합 계 | 92,100명 | 20,985명 | 113,085명 |

출처 : 『선조실록』, 권105, 31년 10월 12일 갑자

〈표 4-6〉에서 보는 바와 같이 사로병진작전에 참가하는 수로군은 모두 26,728명으로 나타나고 있으며, 조선 수군은 모두 7,328명으로 나타나고 있다. 이 숫자는 1598년 9월 현재 병력규모이므로, 7월 16일 명 수군이 합류한 때로부터 2개월이 지난 시점이다. 필자의 판단으로는 명 수군이 참전한 이후부터는 병력을 증강하는 일은 일단 줄어들었을 것으로 보

인다. 이미 많은 수의 원군이 도착했기 때문에 대규모 추가병력이 주둔할 장소문제를 포함하여 명 수군과의 효율적인 연합작전이 급선무이고, 조선 수군의 병력증강에 관한 관심은 부차적인 문제였을 것으로 판단된다. 따라서 이 숫자가 곧 고금도에 명 수군이 도착했던 시기의 병력규모로 간주해도 무방할 듯하다.

그러면 이 정도 병력이 탑승할 정도의 전선규모는 어느 정도였을까? 판옥선 정원을 평균 130명으로 추산할 경우 7,300여 명의 수군이 승선하려면 모두 56척의 판옥선을 보유한 것으로 볼 수 있다. 기존 연구에서는 이 시기 수군 전선규모를 80여 척으로 추산하고 있다. 이것은 전쟁이 끝난 후인 경자년(1600) 1월에 이항복이 당시 전선의 척수가 80여 척이라고 언급한 사실을 근거로 하고 있다. 그런데 당시 전선에는 군사가 탑승하지 않은 무군선도 있었으므로 전선 숫자는 56척보다는 많았을 것으로 보인다. 그리고 고금도 이진 초기에 53척이 있었으므로 적어도 10여 척 이상은 건조하지 않았을까 생각된다.

고하도에서 보다도 전선건조 척수가 줄어든 이유는 다음의 두 가지로 설명할 수 있다. 첫째, "주사가 40척을 만들었는데, 병선에 대해서는 양호兩湖의 민력이 이미 고갈되었으므로 다시 더 만들도록 독촉할 수 없었다."는 언급으로 인해 고금도에서 전선건조를 심하게 독려하지 못했을 것이라는 점, 둘째 고하도에서 주둔하고 있을 때는 겨울이었기 때문에 해상활동이 거의 이루어지지 않았다고 본다. 따라서 전선을 만들기만 하고 탑승하지 않다가 고금도로 이진할 때는 봄이 되어 해상활동이 활발해져 전선을 더 많이 건조할 여건이 부족했다는 점을 들 수 있다. 더욱이 이순신 휘하에서 감조전선監造戰船과 출납군병出納軍兵을 담당한 군관이었던 나대용이 올린 다음의 상소문을 볼 때 전선척수에 대한 추정이 가능해진다.

> 겸삼도통제사兼三道統制使 이운룡李雲龍이 치계하기를,
> "나주에 사는 전 현령 나대용의 상소 내용에(중략) 임진·계사 년간의 전선 숫자는 거의 200여 척에 달하였으나 오히려 부족하였다. 그런데 정유재란 뒤에는 간신히 마련한 전선의 숫자가 삼도를 통틀어 60여 척이었으니 각처에 배분하는 데 있어 극히 소홀하여 뜻밖의 사태가 일어날 경우 속수무책일 수밖에 없으니 뉘라서 숫자를 늘리는 것을 바라지 않을까마는 군사가 부족하여 만들지를 못하였다.

이럴 경우 전선 숫자와 병력규모를 나란히 파악하기에는 애로가 있다. 따라서 고금도에서 충원된 병력은 기존 병력을 합하여 모두 7,300여 명으로 추산할 수 있고, 전선 수는 무군선을 포함하여 60~70척 규모●로 추산할 수 있을 것이다. 이와 같은 결과는 다음 〈표 4-7〉과 같이 정리할 수 있다.

● 60~70척 규모
이항복이 전선 수를 80여 척이라고 언급한 시기는 전쟁이 끝난 지 만 1년이 경과한 시점이다. 따라서 이 기간 중 전선을 건조하지 않았다고 보장할 수도 없고, 전황에 따라 다른 지역에 흩어져 있던 전선이 수습된 면도 간과할 수 없다. 따라서 고금도에서는 80척을 넘지 않았을 것으로 보인다. 아울러 7,300여 명의 병력이 모두 탑승했다면 총 56척의 전선이 가동된 것으로 추정한다.

표 4-7 **고하도·고금도에서의 전력증강 현황(판옥선)**

| 구분 | 명량해전 직후<br>(1597. 9. 17.~10. 28.) | 고하도 주둔기<br>(10. 29.~1598. 2. 16) | 고금도 주둔기<br>(2. 17.~7. 15.) |
|---|---|---|---|
| 병력확보 | 1,000여 명 | 2,000여 명 | 7,300여 명 |
| 전선건조<br>(판옥선) | 13척<br>(기존 전선 유지) | 53척<br>(40척 추가 건조) | 60~70척<br>(10여 척 추가 건조) |

# 10

# 조선과 명, 수군으로 일본전을 준비하다

　임진왜란이 발발한 후 명 조정에서는 일본군을 저지하기 위한 원병을 보내면서 5년이 지나도록 수군은 파병하지 않았다. 물론 군수물자나 병력 이동을 위한 목적으로 선박을 이용했지만 해전을 목적으로 한 전선을 파견하지는 않았다. 그런데 정유재란이 발발하자 임진년의 경우와는 달리 수군을 파견하기로 결정하였다.

　그러나 명 조정에서 수군 파병이 늦었다고 해서 해로 방어에 대한 개념이 없었던 것은 아니었다. 명 조정에서 육군 파병을 결정할 무렵 이미 북경 방어와 관련하여 해로상海路上으로 볼 때 경상-전라-산동-북경의 연결을 우려하고 있었고, 특히 전라도를 해로상 중국의 수도권과 연결되는 중요 지점으로 의식하고 있었다. 그렇지만 조선 수군이 육군과는 달리 기대 이상으로 큰 활약을 하여 일본 수군을 물리쳤고, 동시에 강화회담이 진행되었기 때문에 수군 파병은 보류하고 있었던 것으로 판단된다. 그러다가 정유재란을 맞아 수군 파병을 결정한 것은 일본의 재침을 미리 판단한 명 조정이 이에 대비를 하던 중 일본의 공격침로가 임진년 때와는 달리 전라도를 우선적인 목표로 삼았다는 사실을 파악함으로써 명의 안전을 도모하기 위해 파병할 준비를 갖춘 것으로 보인다.

### 명 수군의 참전 배경

정유재란 발발 이후 명 조정에서는 수군의 파견과 관련된 타당성에 대한 논의가 초기부터 꾸준히 제기되었다. 그러다가 결국 1597년 6월 병부시랑 형개邢玠 등이 파병할 수군의 전력을 증강해야 한다는 점 등을 건의하여 명 신종神宗의 재가를 받음으로써 수군 파병이 사실상 결정되었다.

명 조정은 수군 파견을 결정했지만 바로 수군을 보내지는 않았다. 수군 파견이 구체화된 것은 1597년 7월 22일, 원균이 지휘하던 조선 수군이 한산도 칠천량 해전에서 패배한 것이 직접적인 계기가 되었다. 조선 수군의 한산도에서의 패전, 그리고 이어서 벌어진 남원성 전투에서의 명장 양원楊元의 패전은 명 조정에 심각한 위기감을 조성하였다. 명 조정의 판단은 조선 수군의 패전으로 남해상의 제해권을 상실하여 일본군에게 전라도로 서진할 수 있는 길을 열어 주었고, 그것이 남원을 압박하는 계기가 되었다고 본 것이다.

결국 한산도와 남원의 실함失陷은 명군 지휘부에게 일본군이 한반도를 통해 요동으로 북상北上하게 되는 것은 물론이고, 서해의 해로를 통해 남경南京·절강浙江·등래登萊·직예直隸 지역까지 침범할 지도 모른다는 우려감을 증폭시켰다. 이에 명은 곧 이들 지역의 수병을 동원하여 일본 수군의 침범에 대비하는 해방海防 조처들을 마련하였다.

이어 8월 27일 경에는 의주 부근에 머물던 명의 수병을 남하하도록 지시하고, 9월 9일에는 당시 물러나 있던 진린陳璘을 기복起復시켜 부총병에 임명하고 광동 수병 5,000명을 이끌고 조선을 원조토록 하는 한편, 절강浙江·상해上海·복건福建·광동廣東의 수병 2만 1,000명을 추가로 동원하도록 조처하였다.

이와 같이 명 조정에서 수군 파병을 결정한 목적은 명 내지의 안전을 도모하기 위한 것으로 그것은 명 육군을 파병한 목적과 일치하였던 것이다. 따라서 이후 전개되는 조선 수군과의 연합작전 전개 시 명 연안 방어에 종속되는 작전 개념을 가진 명 수군은 일본 수군을 대하는 자세에 있어서 조선의 입장과는 달리 소극적인 태도로 일관하는 계기가 된다.

정유년에 처음으로 파병된 명 수군은 유격 계금季金이 거느린 절강 수병 3,200명으로 이들은 진린의 본함대보다 앞선 10월에 이미 조선에 도착하여 활동을 하게 된다. 그러나 이때 조선에 입국한 계금의 수군은 해상에서 활동한 것이 아니다. 앞에서도 언급했듯이 이들은 육지에 상륙하여 남원 등지에서 예교성曳橋城의 고니시가 울산의 가토오를 구원하지 못하도록 견제하는 역할을 담당하였다.

명 수군의 본격적인 파견은 "무술년(1598) 1월 20일경 복건의 수병이 출발한다."는 군문 형개의 언급과 같이 사로병진작전四路竝進作戰을 위한 육군의 추가 파병과 동시에 1598년 초부터 시작되었다. 사로병진작전은 1597년 말의 울산 도산성 공격의 연장이라 할 수 있다. 당시 명군은 비록 실패하였지만 전투 경험을 통해 일본군을 공략할 수 있다는 자신감을 갖추게 되었다. 이에 명군 지휘부는 그간 실추된 위신 회복과 함께 전쟁을 빨리 끝내려는 계산에서 사로병진작전을 계획했던 것이다.

사로병진작전 중 수로水路의 대장은 진린이었는데 진린은 명의 동남부 지방에서 선발한 수군 병력을 이끌고 무술년 4월 27일에 요동에 도착했고, 한양에 들어온 것은 6월 중순이었다. 진린의 수군은 한양에 잠시 머물다가 남하하여 그해 7월 16일에 고금도 통제영에 합류하였고, 이때부터 조명 수군이 연합하여 본격적인 활동에 들어가게 된다.

이 때 진린이 거느린 휘하 수군 병력은 실제 병력과 뒤에 합류 예정인 병력이 기록마다 큰 차이를 보이고 있다. 『선조실록』에는 진린의 군사 9,000여 명이 요동에 도착했음을 기록하고 있으나, 신흠申欽의 『상촌집象村集』에는 보병 포함 1만 590명으로 나와 있다. 이를 정리하면 다음 〈표 4-8〉과 같이 나타낼 수 있다.

표 4-8 **정유재란에 참전한 명 수군의 병력 현황**

| 관직 | 성명 | 병력(소재) | 병력 수 | 입국/출국 | 비고 |
|---|---|---|---|---|---|
| 좌영도사 | 진구경 | 양광병 | 2,000명 | 1598. 6.~1599. | 진린 휘하 세력 수병 80~90명 보병 2,000명 노량해전 참가 |
| 좌영중군 | 심찬 | 보병 | 2,000명 | 1598. 6.~1599. | |
| 천총 | 장여문 | 낭산병狼山兵 | 4,590명 | 1598. 6.~1599. | |
| 표하유격 | 왕원주 | 수병 | 2,000명 | 1598. 9.~1599. 3. | |
| 부총병 | 등자룡 | 수병 | 3,000명 | 1598. 9.~1598. 11. 19. | 노량해전 전사 |
| 유격 | 심무 | 수병 | 1,000명 | 1598. 10.~1599. 4. | 노량해전 참가 |
| 유격 | 복일승 | 수병 | 1,500명 | 1598. 9.~1599. 4. | 상동 |
| 유격 | 양천윤 | 수병 | 2,000명 | 1598. 7.~1599. 4. | 상동 |
| 천총 | 이천상 | 수병 | 2,700명 | ?~1600. 10. | 상동 |
| 유격 | 장양상 | 수병 | 1,500명 | 1599.~1600. 10. | |
| 유격 | 만방부 | 수병 | 2,200명 | 1599. 4.~1600. 9. | |
| 유격 | 백사청 | 수병 | 1,600명 | 1599. 4.~1600. 3. | |
| 유격 | 오종도 | 수병 | – | 1599. 3.~1600. 11. | 강화주둔 |
| 표하수비 | 이응창 | 수병 | 1,000명 | 1599. 8.~1600. 10. | 강화주둔 |
| 유격 | 서성 | 수병 | – | ?(병으로 교대) | (계금) 강화 |
| 유격 | 계금 | 수병 | 3,200명 | 1597. 10.~1599. 4. | 노량해전 참가 |
| 계 16개 부대 | | | 30,290명 | 노량해전 참가자 2만 3,990명 | |

출처 : 신흠申欽 『상촌집象村集』; 이민웅, 『임진왜란 해전사』.

## 명 수군 도독 '진린'은 누구인가?

명 수군의 최고 지휘관인 진린은 어떤 인물인지에 대하여 잠깐 언급해 보고자 한다. 『중국정사中國正史 조선전朝鮮傳』에 보면 진린은 광동성 옹원翁源 태생으로 자字는 조작朝爵이고, 호號는 용애龍厓이다. 그는 명의 세종 가정년간嘉靖末年(1566)에 지휘첨사指揮僉事가 되었고, 만력萬曆 초기에 도지휘첨사都指揮僉事, 광동도사관廣東都司官, 부총병서副總兵署 동안참장東安參將으로 있다가 탄핵을 받아 오래도록 야인으로 있었다. 임진왜란을 맞아 부총병으로 발탁되어 요보정산동군遼保定山東軍을 지휘했으나 곧 병부상서 석성의 탄핵으로 파직되었다가 정유재란 때에 재기용되어 총병관으로서 수로 대장을 맡게 되었다.

이러한 진린의 성품에 대하여 당시 영의정이었던 유성룡은 다음과 같이 소개하면서 진린에 대한 부정적인 평가를 하고 있다.

> 상이 청파青坡까지 나와서 진린을 전송하셨다. 나는 진린의 군사가 수령을 때리고 욕하기를 함부로 하고 노끈으로 찰방察訪 이상규李尙規의 목을 매어 끌어서 얼굴이 피투성이가 된 것을 보고 역관을 시켜 말렸으나 듣지 않았다. 나는 같이 앉았던 재상들을 보고 말하기를 "안타깝게도 이순신의 군사가 또 장차 패하겠구나! 진린과 같이 군중에 있으면 견제를 당하고 의견이 틀려서 반드시 장수의 권한을 빼앗고 군사들을 학대할 것이다. 이것을 제지하면 화를 더 낼 것이고 그대로 두면 한정이 없을 것이니 순신의 군사가 어찌 패전을 면할 수 있겠는가?" 하니 여러 사람들이 동의하고 탄식할 뿐이었다.

이러한 사실은 『선조실록』에도 나타나고 있는데, 진린은 1598년 6월

26일에 동작강에서 선조가 베풀어 준 전별연에서 "배신들 중에 혹 명을 어기는 자가 있으면 일체 군법으로 다스려 절대로 용서하지 않을 것입니다."라고 하여 조선조정을 긴장시켰다. 그리고 선조는 이 말의 중대성을 깨닫고 비변사에 일러 조치를 취하도록 하였다.

선조의 지시에 따라 비변사에서는 연합작전의 성공적 추진을 위해 명군에 대한 대책을 수립하여 다음날 보고하였다. 비변사가 보고한 다음의 글에서도 확인할 수 있듯이 당시 명군의 조선군에 대한 폐해는 심각한 수준이었고, 더욱이 어렵게 구성한 수군의 경우는 더욱 폐해가 우려되는 상황이 노정되고 있었다.

"중국 장수가 아군과 함께 거처하여 방해되는 일이 많이 있습니다. 모든 일에 있어 어렵고 쉬운 것을 막론하고 독촉이 성화같고 심지어는 중요한 시기를 당하여 대처할 때에도 자기들 마음대로 하여 우리의 뜻이 통하지 않고 있습니다. 그리고 공을 세울 만한 것에는 아군으로 하여금 손도 대지 못하게 하고 잘못한 일이 있을 경우에는 번번이 우리에게 책임을 돌리는 등 지난날의 일은 사사건건 이와 같았습니다. 더욱이 수군의 경우는 모두 새로 유랑하는 백성들을 어렵게 모아 구성하였는데, 지금 허다한 중국장수들이 진중에 내려가서 절제를 핑계로 엄격하고 다급하게 처치한다면 다시 흩어져 버릴 우려가 없지 않습니다."

위의 우려보다도 더 심각한 것은 명의 장수가 우리나라의 군병을 직접 거느리고 싶어한다는 의지를 표명했다는 것이다. 그럴 경우 일은 더욱 어렵게 되어 통제사 이하는 모두 군사 없는 장수로 전락되고 말 것은 명

약관화한 일이었다. 특히 진린보다 먼저 조선 수군과 합류한 계금의 수군은 이미 상당한 폐해를 조선 수군에 끼치고 있는 상태였다.

이러한 형편에서 비변사에서는 다음과 같은 대책을 건의하였다. 우선 진린에게는 조선의 수군은 탕패한 나머지 제 모양을 이루지 못하고 있고, 그간의 기계와 선척도 많이 준비하지 못했으며, 군사들도 훈련이 되지 못한 상태인지라 중국장수의 지휘를 잘 이행하기 힘든 형편임을 알리고, 조선 수군의 지휘관들에게 진린의 뜻에 잘 따르도록 하겠다는 요지의 글을 보내도록 하겠다고 하였다. 동시에 조선 수군의 여러 장수들에게는 별도로 유서諭書를 마련하여 이러한 뜻을 전달하고 미리 대비할 수 있도록 하는 조치를 건의하였다. 이와 같이 당시 참전한 명장明將들이 그러했듯이 진린 또한 성품이 사납고 포악하여 다른 사람들이 두려워 할 정도였으므로 조선 조정에서는 별도의 조치를 취할 정도였다.

한편 당시 명 수군과 연합작전을 펼치게 될 조선 수군의 상황에 대해 살펴보자. 조선 수군은 앞에서 살펴본 바와 같이 60~70척의 전선을 건조하였다. 이 정도 규모의 전선은 임진왜란 초기 수준과 유사하므로 충분히 독자적인 작전을 수행할 수 있을 정도였다. 다시 말해 조선 수군이 어느 정도 작전 능력을 갖추었기 때문에 명 수군에 일방적인 종속은 면할 수 있었다. 이러한 점에서 이순신을 중심으로 한 조선 수군의 재건 노력이 큰 의미를 갖게 되는 것이다.

한편으로 연합함대 구성을 앞두고 군량 문제 해결도 중요한 관건이 된다. 명 수군의 합류 사실이 통보된 이후 이에 대비한 군량 확보는 매우 절실한 문제였다. 고하도 진영에 있을 때부터 군량창고를 짓고, 그 해 가을 이전까지 필요한 군량을 비축함으로써 조선 수군의 군량은 자급이 가능했지만, 명 수군의 군량을 확보하는 문제가 대두되었다. 그러나 이순신이 고하도에 이어 고금도에서도 해로통행첩제도를 시행하였고, 고금도에서의 둔전 경영 또는 명군 자체의 군량 조달● 등으로 군량미 해결에 관해서는 큰 문제가 없었던 것으로 판단된다.

● 군량조달
수로군의 군량조달은 다른 육로의 명군들에 비해 서해안을 통한 운송으로 용이한 면이 있었다.

이상과 같은 상황하에서 조선 수군은 진린이 이끄는 명 수군이 고금도에 합류함에 따라 연합함대를 구성하여 이후 해상작전에서 연합작전을 수행하게 되었다.

# 7년전쟁 최고의 선택, 사로병진작전

11

1598년 6월부터 사로병진작전四路竝進作戰을 위한 군별 이동이 시작되었다. 이것은 당시 일본군이 주둔해 있던 울산, 사천, 순천지역의 왜성을 조명연합군이 네 군데 길로 나누어 공격하는 전략이었다. 이를 동로·중로·서로·수로로 나눌 수 있다. 이 중 동로는 제독 마귀麻貴가 조선의 경상좌병사 김응서金應瑞군과 연합하여 울산성에 주둔해 있던 일본군 가토오 기요마사加藤淸正군을 공격하는 것이었다. 중로는 제독 동일원董一元(초기에는 이여매李如梅)이 조선의 경상우병사 정기룡鄭起龍군과 연합하여 사천의 시마즈 요시히로島津義弘군을 공격하는 작전이었다. 서로는 제독 유정劉綎이 조선의 도원수 권율權慄군과 연합하여 순천의 고니시 유키나가小西行長군을 공격하는 것이었고, 수로는 진린이 조선의 통제사 이순신이 이끄는 수군과 연합하여 순천의 고니시군을 협공한다는 것이다(〈그림 4-5〉 참조).

이러한 작전지침하에서 먼저 서로군의 육군장 유정은 휘하 2만 5,000여 명의 군사를 거느리고 1598년 6월 29일부터 서서히 남하하여 전주까지 이동할 준비를 하고 있었다. 그리고 군문 형개邢玠는 요동의 봉황성에 있으면서 행장이 갖춰지는 대로 한양에 입경할 준비를 갖추고 있었다. 그러나 이러한 많은 군사들이 속속 도착하여 남하할 채비를 갖추고 있는 상태에서 명군에게 있어서 가장 중요한 문제는 군량을 해결하는 것이었다.

따라서 군량을 공급해야 하는 조선으로서는 매우 난감한 상황에 봉착

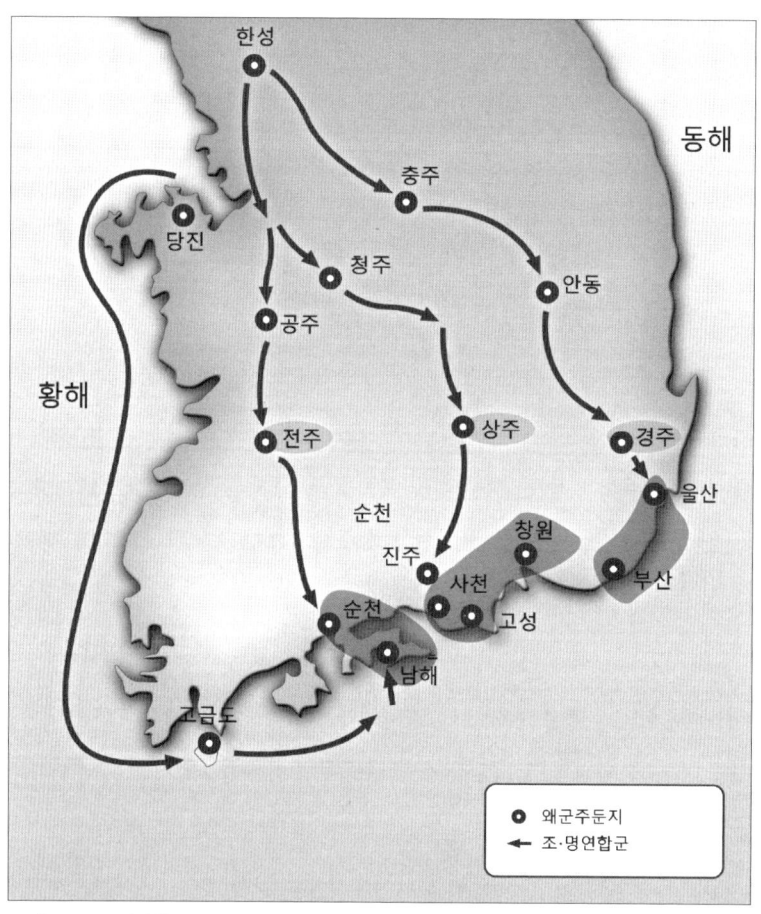

그림 4-5 **조명연합군의 사로병진작전도**

하고 있었다. 이전 해에 모았던 9만여 석의 군량은 동·중·서로에 나누어 주둔하고 있던 관병에 공급하느라 모두 사용하였고, 명에서 공급받기로 한 군량은 아직 도착하지 않고 있었다. 그리고 겨울을 지나기 위해 여러 배신들이 묵은 곡식을 독촉해 모아서 군전軍前에 보냈기 때문에 곡식이 거의 없는 상태였다. 구체적으로 보면 1598년 5월초 현재 경창京倉에 비축한 군량 중 남쪽으로 내려 보낸 쌀을 제외하고 백미 6,964석과 좁쌀 1,258석만이 남아 있는 형편이었다. 이는 추가로 당도할 유정의 군사들을 지공支供하기에 턱없는 양이었다. 그리고 만약 유정의 서로군이 작전지역에 남하할 경우 가까스로 자급하고 있는 조선 수군에게 군량을 독촉할 우려가 있어서 조선 수군의 군량마저도 고갈될 형편이었다. 이러한 와중에도 경리 양호는 우의정 이덕형에게 반달 만에 20만여 석의 군량을 마련하도록 독촉하였다.

  이러한 군량문제는 사로병진작전이 착착 준비되던 7월에 접어들어 가장 절실하고 중요한 문제로 대두되었다. 당시 군량 공급은 앞에서 살펴본 바와 같이 명에 의존할 수밖에 없었다. 그리고 군량을 운송하는 방법을 보면 서로군과 수로군의 군량미는 바로 해로를 통해 남쪽으로 운송하고 나머지 군량은 경창으로 운반하여 기타 중로와 동로에 보급하였다. 한 예로 명의 이곳㽞申에서 7만여 석을 실어서 경강京江에 도착하기 전에 강화에서 내려 전주·나주·은진 등지로 나누어 보내고, 경창에 운반해 온 곡식도 매일 방출하면서 충주 쪽으로 강을 통해 운반하였다.

  한편 명의 서로군 대장 유정은 7월 12일에 한양을 떠나 남하하기 시작하였다. 그는 선조가 베풀어 준 전별연에서 군량 공급에 최선을 다해 줄 것을 부탁하였다. 그리고 정응태의 무주誣奏사건●이 발생하였다. 이로 인해

● 무주誣奏사건

정응태의 무주사건은 1598년 1월, 울산전이 끝나고 경리 양호楊鎬가 재거再擧를 꾀하자 정응태(병부주사 : 형개邢玠의 막료)가 양호를 비롯하여 마귀麻貴, 이여매李如梅를 탄핵한 것을 말한다. 발단은 진인陳寅, 주승周陞(유격장) 등이 양호에게 죄를 짓자 정응태에게 도산의 전투는 군량과 무기 등은 수없이 버리고 명군 중 죽은 자가 매우 많았는데 다 보고되지 않았고, 양호는 기요마사淸正와 화의를 꾀하였으며, 전후의 논공도 공정하지 못하였다고 참언한 데서 비롯되었다. 정응태는 양호의 죄 20조목, 마귀, 이여매를 더불어 죄로써 탄핵하고 각로閣老인 장위張位도 붕당을 감싸고 황제를 속였다고 하여 체포를 아뢰었다. 이때 양호는 접반사 이덕형을 시켜 탄핵된 내용 중 다섯 가지는 조선에 관계된다고 하여 조선 역시 진주사 최천건 등을 보내 양호를 변명하고 유임을 청하게 되었다. 6월 양호는 삭적되고 도어사 만세덕萬世德이 후임이 되었다.

경리 양호가 명으로 돌아가고, 신임 경리 만세덕萬世德은 아직 도착하지 않고 있는 상황에서 총사령관 중 한 명인 군문 형개가 빨리 도착할 수 있도록 조선 조정에서 힘써 줄 것을 요청하였다. 이것은 사로병진작전이 날이 추워지기 전인 늦어도 8월 중에는 실행이 되어야만 승산이 있다는 이유에서였다.

## 군량문제 해결은 작전 성공의 필수 요소

당시 조선 조정에서도 군량문제 해결을 위해 여러 가지 방책을 강구하였다. 경상도의 경우 조정으로부터의 군량 공급이 없어 관곡官穀이 전혀 없는 상황이었다. 당시 백성들이 산골짜기에 묻어 놓은 곡식과 새로 개간한 곳에서 수확한 것을 합칠 경우 군량 공급이 겨우 가능한 형편이었다. 따라서 이러한 민간으로부터의 군량 공급을 원활히 하기 위해 경상우도 조도사調度使로 정인홍鄭仁弘을 임명하고, 경상좌도(동로) 조도사로 이시언李時彦을 임명하여 군량을 모으는 한편 총관사摠管使 유영경柳永慶으로 하여금 이들을 통합 지휘하는 임무를 수행하도록 하였다. 아울러 전라도와 충청도의 군량 공급에 대해서는 이광정李光庭을 양호총관사兩湖摠管使로 임명하여 전라도와 충청도의 군량운송에 관한 모든 일을 검칙하여 시행하도록 조치하였다.

이와 병행하여 명에서 이송하여 당시 의주에 있던 곡식 중 20만여 석을 운송하고 이를 3등분하여 한양과 영남, 호남으로 보내어 군량을 충당할 예정이었다. 다만 이를 운송할 수단이 구비되지 않았는데, 이는 해로의 사정과 군량운반선의 제한으로 인해 원활하게 이루어지기 어려운 형편이었다.

한편 서로군의 육군 제독 유정의 사후임무를 부여받은 우의정 이덕형이 7월 20일에 전라도로 내려갔다. 그런데 당시 조선 조정에서는 전라도로 내려간 유정의 전투수행 의지에 대해 회의를 품고 있는 상황이었다. 예컨대 1593년 제2차 진주성 전투에서 진주성이 일본군에게 포위당했을 때 유정은 구원요청을 받았음에도 참전하지 않았던 사례가 있었다. 그리고 이제는 전라도로 내려가서는 부하들의 뇌물을 받고서는 적을 공격하려는 논의를 중지시키기도 했기 때문이다. 더욱이 전라도에 내려간 유정의 서로군은 민폐만 끼치는 형편이었다. 이러한 상황은 현지에서 유정의 접반사로 활동한 김수의 다음과 같은 장계를 통해 살펴볼 수 있다.

> 아문의 각 장수들이 전라도 지방에 도착하여 많은 군정軍丁을 조발하여 도처에서 수색하였는데, 머리카락이 없는 자는 모두 결박하여 끌고 갔습니다. 그리하여 병으로 머리가 빠진 자나 승려들 역시 모두 잡혀가 하루에만 무려 수백 명에 이르고 있습니다. 이를 기회로 중국 군사들이 마을에 출입하면서 재산을 약탈하고 부녀자를 겁탈하였으며, 심지어는 소녀까지도 강간하였습니다. 일이 발각되자 제독이 그 중에 심한 자를 효수하였습니다.

이러한 상황에서 사로병진작전의 한 축인 중로의 총 대장인 동일원이 사로 중 가장 늦게 8월 2일 임지로 떠났다. 그 역시 전별하는 자리에서 선조에게 군량 공급을 원활히 해 줄 것을 요청하였다. 그런데 당시 이미 작전을 개시한 동로와 서로의 연합작전 중 동로에 비해 서로가 좀 더 원활하게 추진된 것으로 나타나고 있다. 이것은 동로의 경우 경상도 중영장 김응서의 장계를 통해 알 수 있다.

이를테면 사천에 머물러 있던 적 1,000여 명이 경산과 청도 지역으로 나누어 들어가 노략질을 자행할 때 김응서와 권응수, 한명련 등이 합세하여 접전을 벌였다. 그때 참장 왕국동王國棟은 10리 밖에서 구경만 하였고, 총병 오유충吳惟忠도 하양에 도착해 있으면서도 구원하지 않았다. 반면에 서로군의 경우 도원수 권율의 보고에 의하면 왜적 수백 명이 안음에서 무주와 금산의 경계를 넘어 들어와 있어서 공격하기 곤란하므로 제독 유정에게 품의하였더니 명의 군사 500명을 그날로 발송하였다. 이러한 사실을 통해 볼 때 서로군이 동로에 비해 연합작전이 비교적 원활하게 추진되고 있음을 알 수 있다.

### 조명 연합함대의 형성과 절이도해전

진린의 수군이 통제사 진영에 당도하기 전에 이미 조명 수군 간의 연합작전이 전개된 사례가 발견된다. 이를테면 전라병사 이광악의 장계에 의하면 1598년 5월 25일에 일본 전선이 흥양에 침투하였고 6월 초에는 흥양 내륙 깊숙이까지 침투해 왔을 때 낙안군수 방덕룡方德龍은 중국 장수 이 천총千總과 합세하여 적을 토벌한 적이 있다. 이는 비록 육지에서의 전투지만 조선 수군 장수급 인물이 명의 장수급 인물과 합세하여 전투를 수행하였으므로 조명 수군 간의 연합작전의 효시로 보아도 무방할 듯하다.

그로부터 한 달 후인 7월 16일에 사로병진작전의 한 축을 형성하기 위한 진린이 거느린 명 수군이 조선 수군이 주둔하고 있던 고금도 통제영에 합류하였다. 이로부터 본격적인 조명 수군 간의 연합작전이 이루어지게 된 것이다. 명 수군의 본대가 도착한 이틀 뒤인 7월 18일 왜선 100여 척이 녹도를 침범한다는 정보를 얻고 이순신과 진린 도독은 각각 전선을 거느리고 금당도(고흥군 금일면 금당도)로 나갔을 때, 일본 군선 2척이 조명 수군의 전선을 보고 도망치는 광경을 목격했다. 조명 수군이 금당도에 도착했을 무렵엔 날이 저물었으므로 이순신은 녹도 만호 송여종의 경계 함대를 절이도折爾島(현재의 고흥군 금산면 거금도) 북서단 해역으로 파송하여 적을 철저히 경계, 감시토록 하였다. 절이도는 당시 적에게 침범당한 녹도와 금당도 사이에 있는 섬이다.

  이순신은 금당도에서 함대를 결진하고 적의 야습에 대비했다. 다음날 새벽에 적선 100여 척이 조선 수군을 급습해 오자 이순신은 스스로 함대를 지휘하여 적의 함대열 속으로 돌격하면서 적선 50여 척을 불태웠다. 『선조수정실록』에도 "이순신이 수군을 직접 이끌고 적 가운데에 돌입하여 화포를 발사하여 50여 척을 불태웠다"고 기록되어 있다. 그러나 『이충무공전서』에는 위 기록과 달리 이순신이 금당도에서 경야하지 않고 녹도 만호 송여종에게 전선 8척을 주어 잠복케 한 후 일단 고금도로 물러난 것으로 기록되어 있다. 필자는 실록에 근거하여 채택하였다(〈그림 4-6〉 상황도 참조).

  이 해전에서 조선 수군은 적 수급 70급을 베었는데 진린은 후방의 안전 지대로 물러나 있음에 따라 아무런 전과가 없었다. 이에 진린이 대노하여 행패를 부리자 이순신은 진린에게 수급 40여급을 보내고 유격 계금에게도 5급을 보내어 이들의 불만을 해소시켰다.

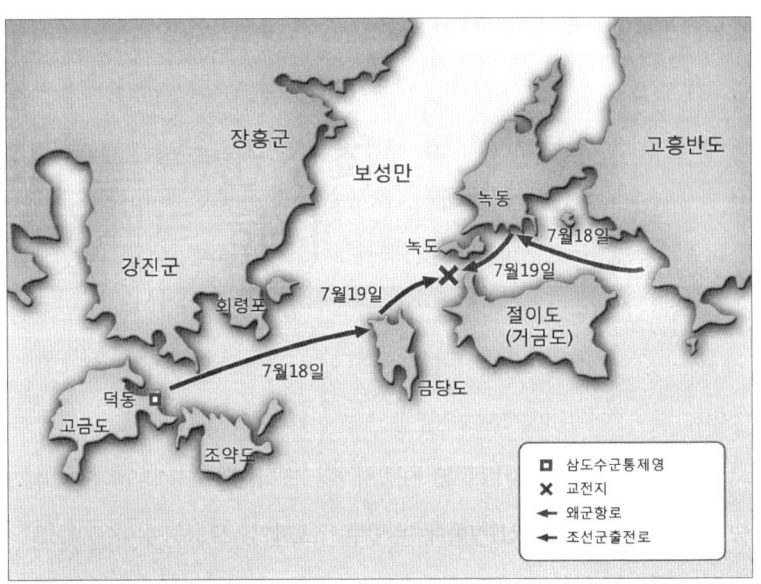

그림 4-6 **절이도해전 상황도**

사정이 이러함에도 불구하고 수로군 총대장 진린 도독은 자신이 전공을 세웠다고 보고하였다. 군문 형개가 "진 도독이 바다에서 왜적을 만나 수급 27과를 베고 2명을 사로잡았으며, 배 6척을 침몰시켰는데, 조선의 수병도 전과를 올렸다"고 언급한 것이 그것이다. 그러나 이것은 명의 수군이 거둔 전공이 아님은 이순신이 별도로 보고한 다음의 장계를 통해 알 수 있다.

통제사 이순신이 치계하였다. "지난번 해상전투에서 아군이 총포를 일제히 발사하여 적선을 쳐부수자 적의 시체가 바다에 가득했는데, 급한 나머지 끌어다 수급을 다 베지 못하고 70여 급만 베었습니다. 중국 군대는 멀리서 적선을 바라보고는 원양으로 피해 들어가 하나도 포획하지 못했습니다.

그러다가 우리 군사들이 참획한 수를 보고 진 도독이 뱃전에 서서 발을 둥둥 구르면서 그 관하를 꾸짖어 물리쳤으며 신 등에게 공갈협박을 가하여 못하는 짓이 없었으므로 신 등이 마지못해 40여 급을 나누어 보냈습니다. 계유격도 가정을 보내어 수급을 구하기에 신이 5급을 보냈는데, 모두들 작첩하여 사례하였습니다."

이와 같이 명 수군 도독 진린은 군공에 매우 집착하여 조선 수군의 행동에 많은 제약을 가하였다. 절이도 해전에서 보는 바와 같이 진린은 전투에 있어서 관망적인 자세를 취하면서도 군공軍功에는 강한 집착을 보임으로써 조선 수군에 대하여 상당한 압박을 가한 것으로 판단된다.

### 사로병진작전을 시작하다

사로병진작전의 본격적인 시작은 일시 한양에 올라 와 머물고 있던 삼로의 대장인 제독 마귀, 동일원, 유정이 8월 18에 한양을 떠나면서부터였다. 그동안 군량문제 해결 등을 위해 명에 일시 귀국했던 군문 형개가 한양에 도착함에 따라 사로 중 삼로의 제독이 일시에 한양으로 돌아와 다시 군문 형개의 지휘를 받아 일본군 세 소굴에 대한 거사일자를 정한 것이었다.

이러한 시기에 일본의 도요토미가 사망했다는 풍문이 돌면서 일본군의 철수 움직임에 대한 정보도 자주 있게 되었다. 예컨대 경상좌병사 성윤문의 보고에 의하면 포로가 되었다가 풀려나온 사람들의 정보를 종합하여 "관백의 병이 위중하므로 적이 철수하여 돌아갈 계획을 세우고 있다."고 하였다. 아울러 서생포의 적들은 소굴을 불사르고 철수해 돌아가려고 하고 있으며, 부산과 동래의 일본군도 소굴을 불사르고 서생포에 모이고 있다는 것이었다. 경상도 관찰사 정경세도 이와 비슷한 내용의 보고를 하였다. 이순신도 일본에서 도망해 온 사람들의 말을 인용하여 "수길이 7월 초에 병사했으므로 흉적들이 철수해 돌아가려 하고 있다."고 보고하였다. 그러나 우의정 이덕형은 예교의 적들이 철수를 하기는커녕 성을 수축하고 관솔을 많이 준비하는 등 전투준비를 하고 있다고 보고함으로써 일본군의 예교성 철수는 낭설임을 보고하였다.

이러한 와중에 유격 계금과 조선 수군이 합동으로 흥양 경내에서 일본군과 해상전투를 벌여 11명을 사로잡고 17과를 참획한 전과를 거두었다. 정확한 날짜를 알 수 없기 때문에 공식적인 해전으로 명명할 수는 없지만, 이러한 사례를 통해 볼 때 조명 수군 간의 연합작전이 부분적으로 성공을 거두고 있었다고 볼 수 있다.

그런데 사로병진작전이 본격적으로 시작되면서 무엇보다도 중요한 문제는 역시 군량 공급이었다. 군문 형개는 사로 중 중로의 군량이 적체되어 이송이 원활하지 못한 점을 지적하면서 이를 해결해 줄 것을 선조에게 요청하였다. 이에 대해 비변사에서는 군량운반계획을 수립하여 선조에게 보고하였는데, 그 골자는 다음과 같이 정리할 수 있다.

이를테면 경기와 충청도의 각 참站에 인부를 분정하여 군량을 용산창으로부터 용궁과 상주로 운반하는 방법에 대해서 강구한 것이다. 즉, 여주까지의 군량 운송은 배로 운반하되 5개 처의 각 참에 2,000명씩의 인부를 배정하여 이들로 하여금 운반토록 하는 것이었다. 그런 후 여주 이상부터는 배로 운반하기가 쉽지 않으므로 충주까지의 이송은 알맞은 곳에 참을 설치하고 각 참에는 경기도의 각 참에 분정된 인부들이 와서 운반하게 한다면 군량수송이 원활하게 이루어질 수 있다는 것이었다. 이러한 방법을 통해 중로군의 군량운송은 조선인 인부를 동원하여 힘겹게 추진되었다고 볼 수 있다.

이러한 시점에서 서로군과 수로군의 상황을 살펴보자. 당시 서로군의 대장 유정 제독은 남원에 도착하여 고니시의 강화요청을 받고는 강화하는 척하면서 사로잡을 계책을 강구하였다. 이를 살펴 본 이덕형은 매우 위험한 방법이라고 평가하였다.

### 진린, 조선 수군을 견제하다

당시 수로군의 경우 진린은 이순신의 공격작전을 자주 제지하였다. 그럴 경우 예교성의 일본군에 대한 협공작전이 수포로 돌아갈 우려가 노정되었다.

당시 이순신과 진린 간에는 상당한 갈등이 드러나고 있었다. 당시 조선 수군은 고금도의 덕동에 진을 쳤고, 명 수군은 서쪽인 묘당도에 진을 치고 있었는데, 명군은 그들 진영 가까이에 있는 우리 수군과 백성에게 행패와 약탈이 심하였다. 이에 이순신이 이를 시정할 것을 요구했지만 명군의 행패는 갈수록 심해졌다. 보다 못한 이순신이 예하 장졸들에게 철수 명령을 내려 조선 수군이 독자적인 행동을 하려고 하자, 그때서야 진린은 잘못을 사과하고 명 군사들에 대한 처벌권을 이순신에게 넘겼다. 이러한 행동을 통해 부분적이나마 이후의 연합작전에서 이순신의 입장이 강화되는 효과를 가져왔다.

작전 통제권이 명 수군 도독 진린에게 있는 상황하에서 이순신은 일본군을 무찌르는 일보다 선결 문제는 명군과의 협조 관계를 어떻게 유지하느냐 하는 것이었다. 즉, 명 수군의 대장인 진린을 어떻게 설복하여 원활한 작전을 수행해 나갈 것인가 하는 문제로써 앞서 기술한 바와 같이 군공을 돌리는 유화책宥和策과 '철진撤陣' 등의 강경책을 수시로 되풀이 하였던 것으로 판단된다.

이와 같이 이순신은 적절한 외교술을 발휘하여 명군을 통제했지만 명군에 의한 조선 수군에 대한 견제는 이후의 연합작전에도 지속되었다. 이순신이 이때(무술년 9월)에 올린 장계를 보면 "신이 수군을 정비하여 바다에 나가서 틈을 타서 적을 소멸하려고 하지만 매번 도독의 제재를 받고 있어 안타깝기 그지없습니다."라고 하여 진린의 간섭과 견제가 수시로 이루어졌음을 알 수 있다.

이러한 문제점을 인식한 선조는 군문 형개에게 이 사실을 조심스럽게 알리도록 하면서 여의치 않을 경우 진린을 육군의 한 지역을 맡기는 방안을 강구하고 있다는 정보를 흘리도록 하자고 지시하였다. 이러한 방책에 대해 비변사에서는 드러날 경우 우리 수군이 먼저 큰 피해를 입을 수 있다고 예상하면서 다른 방책을 제시하였다. 이를테면 유정이 예교를 공격함에 있어서 육군과 수군에 대한 호령이 통일되어야 하는데 그렇지 못할 경우 유정이 수군까지도 절제할 수 있는 권한을 부여해야 한다는 의견을 군문 형개에게 전달하자고 하였다. 이러한 논의가 실행되었는지는 구체적으로 알 수는 없으나 이순신의 다음의 보고에 의하면 이러한 노력이 어느 정도 추진된 것으로 판단된다.

> 진 도독이 신을 불러 "육군은 유 제독이 총괄하여 통제하고 수군은 내가 당연히 총괄하여 통제해야 하는데 지금 듣건대 유 제독이 주사를 관장하려

한다하니 사실인가?"하기에 신은 모른다고 답변하였습니다.

이러한 움직임 때문인지는 알 수 없으나 어쨌든 조명 수군은 드디어 예교성에 대한 공격을 본격적으로 시작하였다. 그리고 이어서 임진왜란 7년의 대미를 장식하는 노량해전이 전개된다.

# 5

## 노량해전
## - 하늘도 울고, 땅도 울고, 사람도 울고

# 01
# 노량해전 이전의 조명연합군과 일본군 대치 상황

조명수군은 사로병진작전의 한 축을 형성하면서 대일본 공격작전을 수행하고 있었다. 이제부터는 구체적인 공격작전이 개시되는데 이는 예교성에 주둔하고 있는 일본군을 조명연합군이 육지와 바다에서 동시에 공격하는 것이었다. 이를 예교성 수륙합공전이라 불렀다.

조명연합군의 예교성 수륙합공전을 살펴보기 전에 당시(1598년 9월 하순) 사로의 병력현황과 군량현황, 그리고 일본군 주둔현황을 살펴볼 필요가 있다. 먼저 조명연합군의 병력현황을 살펴보면 다음 (〈표 5-1〉은 〈표 4-6〉과 동일한 표임.)과 같다. 〈표 5-1〉에서 보는 바와 같이 사로병진작전에 참가하는 명의 병력은 모두 9만 2,100명으로 나타나고 있으며, 조선군은 모두 2만 985명으로 나타나고 있다. 그런데 이때 조선군에 대한 능력 평가는 그렇게 높지 못하다. 당시 조선에서 명에 올린 자문에 의하면, 위에 편성된 조선군은 여러 종류의 남정을 불러 모아 대략 훈련시켜서 무예는 익혔으나 그 수효가 많지 않고 옷과 갑옷이 미비하여 독자적으로 적과 겨루기는 불가능하다고 하였다.

표 5-1 **사로병진작전 시 조명연합군의 병력 현황**

| 구분 | 명군 | 조선군<br>(무술년 10월 현재) | 병력 합계 |
|---|---|---|---|
| 동로군 | 24,000명 | 5,514명 | 29,514명 |
| 중로군 | 26,800명 | 2,215명 | 29,015명 |
| 서로군 | 21,900명 | 5,928명 | 27,828명 |
| 수로군 | 19,400명 | 7,328명 | 26,728명 |
| 합계 | 92,100명 | 20,985명 | 113,085명 |

그런데 명 수군은 1만 9,400명●으로 드러나고 있다. 그리고 특기할 것은 조선 수군의 수가 7,300여 명이라는 사실이다. 이는 명량해전 직전의 약 2,000명의 수준에서 무려 5,300여 명이 늘어났다는 점이다. 이를 전선 척수로 계산해 볼 때 명량해전 때의 13척의 판옥선을 보유했을 때와 비교●●해 본다면 판옥선 정원을 평균 130명으로 추산할 경우 7,300여 명의 수군이 승선하려면 모두 56척의 판옥선을 보유한 것으로 볼 수 있다.

그러나 이것은 판옥선 정원을 완전히 채웠을 경우에 해당된다. 실제로는 판옥선 정원을 채우지 못했을 것으로 보이며, 무군선無軍船도 일부 있었을 것으로 생각된다. 따라서 이때 조선 수군의 전선은 약 60~70척 정도로 추산●●●한다.

● 1만 9,400명
명 측의 기록에는 진린 휘하의 병력을 1만 3,000여 명으로 언급하고 있다(제갈원성諸葛元聲, 『양조평양록兩朝平攘錄』). 이것은 진린이 고금도에 합류한 직후의 병력을 의미하는 것으로 판단된다. 이후 병력이 늘어나 노량해전 전후에는 2만 명 정도의 명 수군이 참전한 것으로 보인다.

●● 비교
명량해전 때 13척의 판옥선과 함께 32척의 초탐선을 보유했다고 기록되어 있다. 그러나 초탐선의 경우 승선 인원이 겨우 4~5명에 불과하므로 여기서는 무시한다.

●●● 추산
이러한 추정의 근거는 노량해전이 종료된 후 만 1년이 경과한 1600년(선조 33) 1월에 좌의정 겸 도원수 이항복이 당시의 전선 척수가 삼도를 합쳐 80여 척이라고 한 언급에 따른 것이다. 따라서 노량해전 직후의 상황을 고려해 볼 때 20여 척 이상의 전선을 건조하기에는 무리라고 판단된다.

한편 일본군은 조선의 남부 지방에 내려와 성을 쌓은 채 주둔하고 있었다. 이것은 앞장에서 살펴본 바와 같이 1597년 가을에 일본군의 북상이 육상에서는 조명연합군에 의해 직산 전투에서, 해상에서는 조선 수군에 의해 명량해전에서 좌절되었던 것도 한 원인이었다. 아울러 일본군 내부에서도 도요토미의 지시가 한양 점령이 아니라 남하하여 요해지에 주둔하라는 것이었기 때문에 일본군은 남쪽 지방에서 축성한 가운데 주둔하고 있었던 것이다.

이러한 상황에서 앞에서 살펴본 바와 같이 조명연합군은 사로병진작전에 따라 남하하면서 일본군을 압박하고 있었다. 그 결과 조명연합군의 압박에 의해 수복되지 않은 곳은 경상좌도의 울산·양산·동래와 경상우도의 김해·창원·웅천·고성·거제·진주·사천·곤양·남해지역 및 전라좌도의 순천뿐이었다. 그리고 이들 지역에 주둔하고 있던 일본군의 병력현황을 살펴보면 경상좌도의 경우 2만 2,000~2만 5,000여 명, 경상우도는 3만 1,000~3만 4,000여 명 정도, 전라좌도의 경우 1만 5,000여 명으로 모두 6만 8,000명~7만 9,000명으로 추산된다. 여기서 그 주둔현황을 알 수 없는 창원부와 웅천현의 일본군 병력을 포함한다면 8만 명이 넘을 것으로 보인다.

이번에는 당시 사로병진작전의 가장 중요한 문제로 거론된 군량운송에 관해 살펴보자. 당시 군량은 〈표 5-2〉에서 보듯이 명에서 가져온 도미와 소미, 콩과 조선의 대미와 콩을 합한 것으로 1597년 5월부터 1598년 9월까지 총 39만 5,350석의 군량을 확보하였다. 이 중 이미 지급된 군량이 21만여 석이었고, 1598년 9월 하순 현재 전투현장에 이송 중인 군량이 11만 4,000여 석이며, 남아 있는 군량이 약 6만 9,000여 석이었다.

표 5-2 사로병진작전 시 조명연합군의 군량 현황

| 구분 | | 쌀 | | 콩 | 계 | |
|---|---|---|---|---|---|---|
| 총군량 | | – | | – | 395,350석 | |
| 지급된 군량 | 명 | 도미稻米<br>소미小米 | 2,310석<br>31,700석 | 22,550석 | 56,560석 | 212,330석 |
| | 조선 | 대미大米<br>소미 | 54,910석<br>19,140석 | 81,720석 | 155,770석 | |
| 잔량 | 명 | 도미<br>소미 | 5,900석<br>32,670석 | 22,260석 | 60,830석 | 69,320석 |
| | 조선 | 대미<br>소미 | 3,120석<br>960석 | 4,410석 | 8,490석 | |

출처 : 『선조실록』, 권104, 31년 9월 28일(庚戌)

당시 군사 1만 명이 한 달에 약 2,700석의 양곡을 소비*한다고 본다면 〈표 5-3〉에서 보는 바와 같은 11만 4,000여 석의 군량은 조명연합군 총 11만 3,000여 명이 약 4개월 동안 작전할 수 있는 양이었다.

표 5-3 1598년 9월 현재 사로에 지급 중인 군량 현황

| 구분 | | 쌀 | | 콩 | 계 |
|---|---|---|---|---|---|
| 동로 및 중로 | 충주방면 | 도미<br>대미<br>소미 | 3,710석<br>3,490석<br>21,970석 | 16,290석 | 45,460석 |
| | 여주방면 | 소미 | 5,050석 | 3,010석 | 8,060석 |
| 중로 | 은진방면 | 도미<br>소미 | 1,190석<br>16,880석 | 2,930석 | 21,000석 |
| 서로 | 전주방면 | 도미<br>소미 | 2,800석<br>27,840석 | 4,100석 | 34,740석 |
| 수로 | 나주방면 | 도미<br>소미 | 200석<br>4,980석 | – | 5,180석 |
| 계 | | | 88,110석 | 26,330석 | 114,440석 |

출처 : 『선조실록』, 권104, 31년 9월 28일(庚戌)

> ● 양곡을 소비
> 1598년 7월 호조에서 보고한 바에 의하면 전라도의 수륙관병 약 3만 명에게 한 달에 소요되는 곡식이 8,000여 석에 달한다고 하였다. 이를 통해 군사 1만 명이 한 달에 2,700여 석의 군량을 소비한다고 추산할 수 있다.

따라서 이는 곧 1598년 9월 말부터 1599년 1월까지 전쟁을 수행할 수 있는 양으로 이것이 제대로 이송만 된다면 적어도 군량문제는 해결이 되는 셈이다.

### 예교성의 지리적 환경

이러한 상황에서 동·중·서로와 수로의 공격전이 본격적으로 시작되었다. 이중 노량해전의 배경이 되는 예교성 수륙합공전을 중심으로 당시의 전황을 살펴보고자 한다. 예교성은 왜교성이라고도 하는데 먼저 예교성의 지리적 위치에 대해 알아보자. 예교성은 순천 동남쪽 25리 되는 곳에 있었다. 이 성은 여수반도의 목을 차지하여 서쪽은 산에 의지하고 북, 동, 남의 삼면은 광양만에 면하였으며, 북쪽에 하나의 채를 가지고 있었는데, 이것이 바로 예교성이다. 이것은 정유년 겨울 중에 일본군의 우키다 히데이에宇喜多秀家, 도오도오 다카도라藤堂高虎 등이 신축한 것이다.

당시 예교성에 주둔하고 있던 일본군의 수는 1만 5,000명이고, 예교성의 형세는 3면이 바다로 둘러있어 1면만 육지에서의 공격이 가능한데, 땅이 질어서 공격하기가 쉽지 않았다고 한다. 아울러 서로군의 사후사伺候使로 활동한 이덕형도 예교성이 공략하기가 쉽지 않음을 다음과 같이 언급하였다.

"예교는 산이 길게 바다로 뻗어나와 양쪽은 해변이고, 한쪽은 육지와 이어져 있는데, 성을 다섯 겹으로 쌓아 외성을 함락시키더라도 내성이 또 있으므로 결코 함락시키기 어려웠습니다. 그리고 적의 가옥이 밖에서 보면 한 채도 없는 것 같으나 안에 들어가 돌아보면 수없이 많았습니다."

## 노량해전의 예고편, 예교성 전투

서로군과 수로군의 예교성 수륙합공은 9월 20일에 시작되었다. 서로군의 제독 유정은 대군을 거느리고 8월에 한양을 떠나 수원을 경유하여 전주로 내려간 다음 순천 예교의 적을 치기로 하였다. 그러나 전주에서 약 1개월간을 지체하다가 결국 9월 11일에서야 출정식을 거행하였다. 그리고 전주에서 출발하여 곡성현을 경유하여 9월 19일 예교성 북단의 부유富有에 진출하기로 하였다.

당시 전투편성 현황과 이동 경로를 살펴보면 다음 〈표 5-4〉와 같다.

표 5-4 **서로군의 편성과 이동경로**

| 구분 | 명군 지휘관 | 병력 수 | 조선군 지휘관 | 이동경로 |
|---|---|---|---|---|
| 좌협 | 부총병 이방춘 | 8,000여 명 | 전라병사 이광악 | 전주-구례현-광양현 |
| 중협 | 부총병 조희빈 | 1만여 명 | 충청병사 이시언 | 전주-곡성현-순천부 |
| 우협 | 부총병 오광 | 5,600명 | 전라방어사 원신 | 전주-순창군-낙안군 |
| 본군 | 제독 유정 | 1만여 명 | 도원수 권율 | - |
| 섬진수비군 | 유격장 부양교 | 3,000명 | - | - |

한편 예교성 수륙합공전을 위해 조명 연합수군은 고금도를 출발하여 9월 15일에 나로도에 도착하여 3일간 머물다가 18일에 방답진을 거쳐 19일에 전라좌수영 앞에 정박한 후 20일 오전 8시경에 묘도猫島에 도착하였다. 여기서 당시 묘도주변의 지형에 대해 살펴볼 필요가 있다. 이는 당시 조명 수군의 공격해로에 대한 이해를 돕기 위한 것이다.

예교성 수륙합공전 시 조선 수군은 송도(당시 유도로 추정)에 주둔하고 있었고, 명 수군은 묘도에 주둔하여 일본군의 도주로를 차단하고 있었다. 따라서 묘도에는 당시 명 수군의 주둔 흔적이 남아 있다. 예컨대 묘도에는 진린 도독이 진을 설치했다고 하는 도독산성(석축)과 유진하였다는 도독동●이 있다.

● 도독동
묘도의 도독산성 정남에 함선을 정박하기에 알맞은 내만이 있는데, 만의 깊이 1.25km, 만의 너비 2.25km 가량 되는 좋은 항구가 있었다. 서쪽 봉화산에서 왜선을 감시하고 도독동 옆에 있는 온동만(도독산성 바로 밑 북서쪽에 있다.)에 몇 척의 함선을 대기시켜 놓고 나머지 대선단은 이곳 남쪽 내만에 정박하였을 것으로 추정한다. 그런데 지금은 이 만을 매축하여 옛날의 흔적은 찾을 수 없고 다만 방축 밖 외만이 남아 있는데, 이곳은 광양만 항계 내로서 공유수면으로 되어 있다.

여기서 당시 조·명·일의 수군이 이동할 수 있는 수로에 대해 살펴보자. 현재 묘도의 남측해안과 장구미 사이의 해협의 폭은 750m밖에 안되고, 이 해협 사이에 목도가 있고 작은 바위섬이 2개나 있어서 실제로 사용 가능한 해협은 묘도와 목도 사이와 목도와 돌섬 사이 각각 250~300m 정도 밖에 안되는 좁은 목이다. 일본군이 예교성에서 철수하여 도망하려 한다면 묘도 북쪽의 광양만해협(폭 3km)이나 묘도 남쪽의 좁은 목을 지나야 한다. 묘도 북쪽 해협은 명 수군이 지키고 있고, 묘도의 남쪽해협으로 나가는 길은 조선 수군이 그 길목을 막고 있으니 철수해서 도망하려 해도 불가능한 일이었다. 조선 수군과 명 수군은 묘도 남쪽의 좁은 목을 지나 송도(유도로 추정) 앞으로 나가 진을 쳤다. 조선 수군이 예교성을 공격하기 위해 들어가기 위한 물길은 두 가지이다. 첫째는 남쪽 물길인데 묘도 남쪽으로 방향을 틀어 작은 송도 남쪽으로 해서 묘도 남쪽 좁은 해협을 지나노라면 파도는 자는 듯하다. 그러나 묘도 서쪽 바다로 나가면 파도가 일기 시작한다. 우순도를 지나 침로를 남쪽으로 치우치게 하면서 서남쪽 방향으로 행선하면 삼간도(묘도-삼간도의 직선거리는 5.5km에 이른다.)에 이른다. 삼간도에서 북으로 3.5km쯤 올라가면 서쪽으로 송도(유도로 추정)가 보인다. 송도 내만에 들어서면 파도는 간 곳이 없고, 조용한 호수와 같이 잔잔하다. 여기에서 다시 서쪽으로 행선하여 섬 모퉁이를 돌아 나오면 눈 앞에 장도가 나타나고 왼편으로는 율촌나루터가 보인다(현재 장도는 완전히 매립된 상태이다.).

장도를 지나서 장도 서쪽 기슭을 타고 2km만 가면 예교성에 다다른다. 율촌나루터에서 예교성에 이르는 해안은 간조 때 200~1,000m까지 갯벌이 드러난다. 둘째는 북쪽 물길인데 묘도 북쪽으로 방향을 틀어 묘도를 남으로 하고 광양 땅을 북으로 하여 3km~4km의 넓은 북광양만에 들어서면 파도는 남해보다는 덜한 것 같으나 그러나 묘도를 지나 송도로 곧바로 향하려 하면 송도까지의 직선거리가 11km쯤 되는데, 이는 멀기도 하거니와 묘도 남쪽의 고요한 파도에 비하면 훨씬 거칠다(요컨대 묘도-광양-송도를 주위에 두고 있는 광양내만은 지름 6km의 넓은 해역으로 이루어져 있기 때문에 파도는 남쪽 항로보다 사납게 인다.).

### 예교성, 수륙합공작전을 전개하다

당시 조선 수군은 묘도 남쪽 항로를 택하여 삼간도를 거쳐서 송도에 이르렀다. 만일 묘도 북쪽항로를 택하였다면 거친 파도에 운항하기도 어렵겠거니와 멀리 예교성에서 곧바로 보이므로 아군의 행선이 노출되었을 것이다. 묘도 남쪽 항로를 택하여 행선하고 묘도를 지나 곧바로 송도로 간다고 해도 일부는 예교성에 노출된다. 따라서 조명 수군은 묘도 남쪽의 해로를 통하여 예교성을 공격하였다(〈그림 5-1〉 참조).

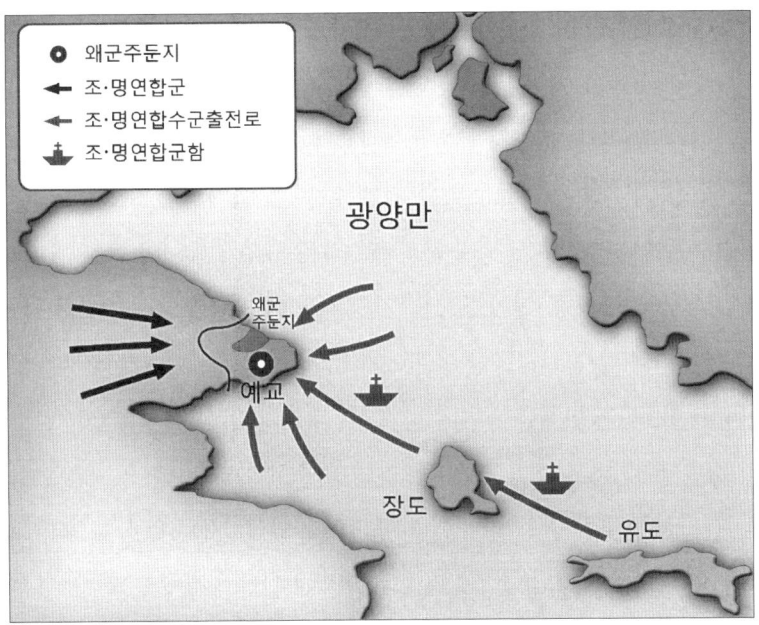

그림 5-1 **예교성수륙합공전 상황도**

9월 20일부터 수륙합공전이 시작되었는데, 이때 서로군이 먼저 육지에서 공격하였다. 유정이 이끄는 서로군은 예교에 진격해 들어가서 성 밖 7~8리 지점에서 맞서 싸웠는데, 일본군이 퇴각한 것으로 나타나고 있다.

이 전투 상황을 이덕형의 보고에 따라 부연한다면 당시 서로군의 유정은 고니시와 만나기로 한 자리에서 부하들 중 2명을 선발하여 1명은 자신인 양 행세토록 하고, 다른 한 명은 도원수로 분장하여 만날 무렵 명의 군사가 먼저 대포를 쏘는 바람에 고니시가 놀라 예교성으로 피신하였다고 한다. 고니시를 사로잡는데 실패한 서로군은 일본군을 쫓아 예교성 앞까지 공격한 것이다. 이때 조명 수군도 해상에서 드나들며 포를 쏘면서 공격을 가하였다.

9월 21일에도 조명 수군은 예교성을 공격했는데, 물이 얕아 더 가까이 다가가 싸울 수가 없었다. 이러한 와중에 남해의 일본군 중 정탐선이 나타나자 이를 추격하여 빈 배를 노획하였다. 당시 남해의 일본군은 1,000여 명이 주둔하고 있었다.

다음날인 22일에도 조명 수군은 예교성을 공격하였다. 이 전투에서 명의 유격 계금이 왼쪽 어깨에 총상을 입는 부상을 당했고, 군사 11명이 탄환에 맞아 전사하였다. 조선 수군도 지세포만호와 옥포만호가 총상을 입었다.

다음날 전날(9월 22일) 전투에서 명의 군사들이 피해를 입은 것은 조선 수군의 책임이라고 생각한 진린은 전투에 참가했던 서천만호 및 홍주대장, 한산대장에게 곤장 7대씩 쳤으며, 금갑도만호, 제포만호, 회령포만호에게도 모두 곤장 15대씩 쳤다. 그렇지만 군문 형개는 육지에서의 소극적인 태도와는 달리 세 차례에 걸친 공격에 수군이 신속하게 작전을 전개한 것에 대해 글을 보내어 칭찬을 하였다.

9월 30일에는 명 수군의 참장 왕원주王元周와 유격장 복일승福日昇, 그리고 파총 이천상李天常 등이 함선 100여 척을 거느리고 와서 합세하였다.

# 03
# 동로군과 중로군의 패전, 사로병진작전이 약화되다

 이 시점에서 동로군과 중로군의 상황을 살펴보자. 우선 동로군은 울산의 도산성을 공격하였는데, 당시 울산에는 가토오가 거느리는 일본군 1만여 명이 성안에 둔거하고 있었다. 그런데 이번 전투에서는 제1차 도산성전투 때와 같이 성을 포위했지만 1차 때와는 매우 다른 상황에 봉착하였다. 이를테면 성을 방어하기 위해 성 밖 주위에 해자垓子를 만들고 바닷물을 끌어 들여 사람이 건너지 못하게 함으로써 함락시키기가 쉽지 않게 된 점이다. 그리하여 제독 마귀가 이끈 동로군은 성 밖 30리 지점에 쌓아놓은 적군의 양식을 모두 불태웠을 뿐이었다. 그리고 9월 22일에는 일본군의 야간 습격에 의하여 명의 군사 5명이 피살되고 1명이 사로잡히는 피해를 입기도 하였다.

 다음으로 중로군의 상황을 보면 당시 사천의 신채에는 시마즈 요시히로島津義弘가 거느린 일본군이 7,000~8,000명 주둔하고 있었다. 대장인 제독 동일원이 이끄는 중로군은 9월 18일에 진주를 공격하고 여세를 몰아 진격하자 일본군의 무리 400여 명이 성을 버리고 신채新寨로 들어갔다.

조명연합군이 벤 일본군의 수급은 80여급이었고 유격 노득공은 탄환에 맞아 죽었다. 이후 9월 28일에는 사천성을 포위하였다. 동일원은 시마즈가 지키고 있던 사천 신채를 우습게 보고 10월 1일부터 공격을 시작하였는데, 10월 2일에 진격하여 대포로 성문을 부수고 쳐들어가려고 할 무렵 유격 모국기의 진영에서 실수로 화약에 불이 일어나게 되었다. 이로 인해 진중이 소란하자 일본군이 성안에서 나와 공격하고 사방에서 복병이 덮쳤다. 결국 중로군은 허둥지둥 무너져 사망한 숫자가 거의 7,000~8,000명*이나 되어 제독 동일원은 진주로 후퇴하고 말았다.

● 7,000~8,000명
일본 측 연구 성과(『日本戰史 朝鮮役』)에는 명군 전사자를 3만 8,700명으로 기록하여 전과를 과장하고 있다.

이러한 상황에 대해 경상도 관찰사 정경세는 보고를 통해 '시체는 벌판에 가득차고 군량과 무기는 130리까지 흩어졌으며, 설령 다시 공격하려고 해도 군대에 무기가 조금도 없으니 속수무책'임을 알렸다. 이로써 중로군은 완전히 패전한 것이다.

중로군의 패전 소식을 들은 동로의 제독 마귀는 전의를 상실하고는 경주로 후퇴하고 말았다. 이렇게 하여 중로군의 패전은 동로군의 후퇴를 불러옴으로써 두 군대의 공격은 실패로 돌아갔다.

한편 수로군의 경우 10월 1일에 도독 진린이 상륙하여 유정의 본영에서 같이 회의한 결과 이튿날 2일을 기하여 수륙 협동으로 총공격을 감행하기로 약속하였으며, 육상에서는 운제雲梯(성을 공격할 때 썼던 구름에 닿을 만큼 높은 사닥다리), 비루飛樓(매우 높은 곳에 세운 누각)를 앞으로 추진시켜 성 가까이 배치한 다음 모두 노숙하였다.

서로군의 유정은 10월 2일 예교를 공격할 때 모든 군사가 성 아래로 60

보쯤 전진했는데, 일본군의 총탄이 비오는 듯하자 제독은 끝내 깃발을 내려놓고 독전하지 않았다. 부총병 오광의 군사는 대장의 호령이 있기를 고대하다가 졸기도 하였다. 그때 조수는 차츰 빠지고 수군도 물러갔다. 일본군은 육군이 일제히 진격하지 않는 것을 보고 밧줄을 타고 성을 내려와 오광의 군대를 공격하여 20여 명을 죽이자 오광의 군대는 놀라서 100보 쯤 후퇴하고 각 진영의 사기도 모두 떨어졌다.

## 04 예교성 전투에서 조선 수군, 혈투를 벌이다

　조선 수군의 경우 혈전을 벌였다. 육지에서 유정의 육군이 공격을 주저함에 따라 예교성의 일본군은 수군에만 공격의 초점을 맞추었다. 조명 수군은 혈전을 거듭함으로써 왜적의 시체가 언덕 밑에 낭자하게 흩어져 있었으며, 쌓여 있기도 할 정도였다. 이 전투에서 많은 적을 살상하였지만 조선 수군의 전사자도 29명이었고, 명의 군사 사망자도 5명이 발생하였다. 이를테면 사도첨사 황세득과 이청일이 전사하고, 제포만호 주의수와 사량만호 김성옥, 해남현감 유형과 진도군수 선의경, 강진현감 송상보 등이 부상을 입었다.

　이튿날인 10월 3일에는 수군이 조수를 타고 혈전하여 대총으로 고니시의 막사를 맞추자 일본군이 놀라고 당황하여 모두 동쪽으로 갔으니 만약 서쪽에서 공격하여 들어갔다면 성을 함락시킬 수 있었다. 김수가 문을 열어젖히고 싸우자고 청하였지만 유정은 노기를 띠고 끝내 군대를 출동시키지 않았다. 그때 성 위에서 어떤 여자가 부르짖기를 '지금 왜적이 모두 도망갔으니 명의 군대는 속히 쳐들어오라'고 했지만 팔짱만 끼고 지나쳤다. 유정은 마침 사천에서 패했다는 소식을 듣고는 마음이 혼란하여 후퇴를 결정하였다고 한다. 그리고는 그날 밤을 틈타 철수하였다. 그날의 철수상황을 우의정 이덕형은 다음과 같이 묘사하였다.

> 제독이 밤을 틈타 철수하자 군대가 뿔뿔이 흩어져 왜교에서부터 순천에 이르기까지 쌀이 길바닥에 낭자하였고 왜교에 남은 식량도 아직 3,000여 석이나 되었는데, 모두 불태우라고 명하였으나 타지 않은 것은 왜적의 손에 들어가고 말았습니다. 철수할 때 수군은 조수를 이용해서 전진하여 성을 공격하려고 하였습니다. 금번의 거사에 우리 군사는 거의 수천 명이나 되었고, 성을 공격할 수 있는 무기도 매우 훌륭했는데, 적의 성을 한 쪽도 무너뜨리지 못하고 도리어 적에게 업신여김을 당하였으며 적에게 식량을 제공하였으니, 돌아와 아픈 마음을 견딜 수 없습니다.

이로써 마지막 서로군마저 패퇴함으로써 사로병진작전 중 육로의 3로군은 모두 실패로 끝나게 되었다. 삼로 중 서로군의 유정이 취한 행동은 이해하기 곤란한 점이 많아 조정 신료들 중 분개하는 자가 많았다. 심지어 선조마저도 다음과 같은 심정을 피력하기까지 하였다.

> (전략) 호남의 일은 유 제독에게 배신당한 것 같다. 이는 존망이 관계된 것인데, 제독이 조정에서 동방을 돌보는 염려를 명심하지 않았으니, 황제께서 장수로 임명하여 구원하는 뜻이 어디에 있는가. 유 제독이 일부러 힘써 싸우지 않았고 우리나라 장수가 싸우기를 청해도 듣지 않은 정상을 약간 드러내어 꺼려하는 바가 있게 해야 한다.

한편 이즈음 수로군의 상황을 살펴보자. 조명 수군은 10월 3일에 조수를 타고 진격하여 많은 왜적을 살상하였다. 그러나 명 수군은 치열하게 싸우느라 조수가 빠지는 것을 깨닫지 못하여 명의 군선 23척이 얕은 항만에 걸리자 일본군들이 불을 질렀는데, 죽거나 잡혀간 명 군사들이 매우 많았다. 이 중에서 살아 돌아온 자는 140여 명이었다. 조선 수군의 배 7척도 얕은 곳에 걸렸었는데 다음날 수군이 일찍 조수를 타고 와 구원하였으므로 돌아와 정박할 수 있었다.

이 전황에 대해 이순신의 『난중일기』에는 "초저녁에 나가 싸우기 시작하여 자정 무렵까지 공격하였는데 명의 사선沙船 19척, 호선虎船 20여 척이 불탔다."고 기록되어 있다. 따라서 실록상의 기록과 이순신 일기의 기록과는 16척의 차이가 있다. 이것은 아마도 전체 불탄 척수는 39척이지만 그중 완전히 전소되어 큰 피해를 입은 전선은 23척이었을 것으로 추정된다.

이렇게 23척의 명 전선이 분멸된 것으로 가정하고 명 전선에 승선하여 전사한 인원을 산출해 보자. 피해를 입은 명의 전선 중 사선은 100명 정도 승선하였고, 호선은 30~40명 정도 승선한 것으로 나타나고 있다. 10월 3일에 분멸된 명 전선 23척 중 2척은 100명이 승선하였고, 나머지 21척은 35명 정도로 계산하면 모두 합해 935명이다. 이 중 140여 명이 살아 돌아왔기 때문에 희생자는 모두 약 800명으로 추산된다.

다음 날인 10월 4일에도 조명 수군은 종일 역전하여 적에게 피해를 입혔다. 서로군과 함께 예교성에 대한 수륙합공작전을 수행했던 조명 수군은 유정의 육군이 10월 7일에 퇴군함으로써 3일간 정세를 관망하다가 철수하여 나로도에 도착하여 진을 치고 사변에 대비하였다.

다음날 10월 8일에는 적군은 유정의 진영이 고요한 것을 보고 매우 수상스럽게 여기다가 철수가 확인되자 그들이 버리고 간 모든 군량과 군용자재를 탈취하거나 또는 불태워버렸다. 이렇게 하여 유정군이 공연히 겁내고 철수하게 되자 조명 수군도 철수하게 되었다. 그리하여 10월 9일에 조명 수군은 해안정에 투묘하였다가 10월 10일에 좌수영에 이르렀고, 12일에 나로도에 결진하였으며, 이리하여 10월을 보내고 11월을 맞이하게 되었다.

유정의 서로군이 후퇴하자 4~5일이 지난 후 일본군은 성 밖으로 나와 순천 중로에 하나의 기를 꽂았는데, 거기에는 "군량과 무기가 부족하였는데 명과 조선이 우리에게 군량을 주고 무기를 보조하였으니 대단히 감사하다."는 요지의 글이 적혀 있었다고 한다.

퇴각한 유정의 서로군은 부총병 이방춘과 함께 남원의 부유창에 주둔하였고, 부총병 오광은 순천성 안에 진을 쳤으며, 부총병 조희빈과 유격장 사무관, 유격장 왕지한, 유격장 우백영 등은 전라방어사 원신과 함께 순천성에서 5리쯤 떨어진 곳에 주둔하였다. 그리고 유격장 부양교와 충청병사 이시언은 구례에 진을 치고 주둔하였다.

이로써 사로병진작전은 수로군 만이 제몫을 했을 뿐 육로의 삼로 모두가 실패한 가운데 소강상태에 접어들었다. 그리고 서로군 역시 동로 및 중로와 마찬가지로 남원의 부유까지 물러남으로써 일본 군영과의 전투는 당분간 회피하게 되었다.

## 05 도요토미 히데요시의 사망, 노량해전의 배경이 되다

　소강상태에 빠진 전황이 다시 활성화된 것은 일본의 관백 도요토미 히데요시가 사망한 사실이 전해지고, 일본군이 철수할 것이라는 정보가 입수되면서부터였다. 이러한 정보는 무술년 전반기부터 소문으로 전해져 왔지만, 실제 도요토미가 사망한 날짜는 1598년 8월 18일이었다. 이로써 도요토미의 유훈을 받은 오대노五大老는 조선에서의 철군을 결정하고, 이 방침을 조선에 출병해 있던 제장에게 "화의和議를 성립시키고 11월 중순까지 귀국하라."는 명령을 전달하였다.

　이러한 정보가 입수되자 수로군과 서로군의 수뇌부는 다시금 예교성 공격을 추진하게 되었다. 그리하여 11월 8일에 이순신은 도독 진린과 밀담하여 예교성을 공격하기로 결정하였다. 이렇게 하여 다음날인 초9일부터 연합함대는 다시 출동하게 되어 백서량(여수군 남면)에 결진하였으며 10일에는 좌수영 전양에 이르렀고, 11일에는 다시 유도에 도착하여 결진하였다.

　한편 일단 순천 예교성 공격에서 부유로 물러났던 유정은 다시 예교성 공격을 위해 11월 1일 출발하였다. 유정은 부유에 군사를 집결시키고 고니시와 화의를 의논한 끝에 인질까지 보냈다. 그리고 11월 18일에 유정은 오종도吳宗道와 항왜 등과 서로 의논한 다음 고니시와 화의를 맺도록 하였는데 여러 차례에 걸쳐서 뇌물을 받게 된 그는 금백金帛을 보내면서 고니시의 비위를 맞추면서 인질까지 바치기로 한 것이다. 이렇게 하여 고니시는 총검류와 인질을 그에게 보내고, 그는 질관으로 기수 두 사람을 참장이라고 거짓으로 칭하게 하고 가정 30명을 이끌고 같이 가게 하였다.

　이즈음 고니시는 유정 제독과 진린 도독에게 강화하자고 하면서 유 제독에게는 수급 2,000급을, 진 도독에게는 1,000급을 보내줄 터이니 자기를 돌아가게 해 달라고 하였다. 진 도독은 그 말을 믿고서 말하기를 "나에게도 수급 2,000급을 주면 보내 줄 수 있다."고 하자 고니시는 날마다 예물과 주찬・장검 따위의 선물을 보냈다. 그러면서 말하기를, "남해에 사위가 있는데 그와 만나 의논해야 하므로 사람을 보내어 불러오려고 하니 이곳의 배를 보내 주기 바란다."하자, 이순신이 말하기를, "속임수의 말을 믿어서는 안된다. 사위를 불러온다는 것은 구원병을 청하려는 것이니 결코 허락할 수 없는 일이다."하였으나, 진린은 듣지 않았다. 그리하여 14일에 1척의 작은 배를 보냈는데 왜인 8명이 타고 있었다. 그 뒤에 이순신이 말하기를, "왜선이 나간 지 이미 4일이 되었으니 구원병이 반드시 올 것이다. 그러니 우리들도 묘도 등지로 가서 파수하여 차단시켜야 한다."하였다.

　이러한 진린의 행위에 대해 한탄한 이순신은 휘하 장령들과 회의를 가졌다. 이 자리에서 이순신 휘하 군관 송희립과 해남현감 유형은 이순신의 의견에 찬동하면서 일본군에 대한 각개격파의 내선작전을 세웠다. 그리고 이 뜻을 진린에게 알렸는데 진린도 깜짝 놀라 그제야 경주輕舟로써 연락하는 것을 허락하였던 자기의 무지를 자책하는 눈치●였다.

> ● 자책하는 눈치
> 이러한 상황과는 달리 당시 유정의 사후임무를 맡은 이덕형이 말하기를 "18일에 이순신이 진린에게 말하기를 '적의 구원병이 수일 내에 당도할 것이니 나는 먼저 가서 요격하겠다'고 하니, 진린이 허락하지 않으나, 이순신은 듣지 않고 요격하기로 결정하고서 나팔을 불며 배를 몰아가자 진린은 어쩔 수 없이 그 뒤를 따랐다"고 하는 의견도 있다.

한편 일본군의 여러 부대는 11월 11일에 철수를 시작키로 하고 시마즈, 소오 요시토시宗義智, 다치바나 무네시게立花宗茂 등은 모두 그의 수성을 버리고 시마즈와 소오는 창선도에 집결하였고 다치바나 등은 거제도로 옮겨 대기하였다. 이들은 고니시가 철수하여 오는 것을 기다렸으나 그들이 예교에서 아군에 의하여 귀로를 차단당하여 늦어지게 된 것을 알자 18일에 시마즈, 소오, 다치바나 및 부산에서 오게 된 데라자와 마사나리寺澤正成와 다카하시 무네마스高橋統增 등이 함선 약 500척을 이끌고 남해도에서 야조를 이용하여 노량해협을 지나서 예교로 부원키로 하였다.

# 06

# 노량해전, 조선과 일본의 자존심 대결

　이날 조명 수군은 적을 노량부근에 맞아 싸우기로 하고 유도를 떠나서 묘도에 옮아간 뒤 밤 10시경에 진린은 부장인 등자룡鄧子龍과 통제사 이순신을 선봉으로 삼고 진린 자신은 부장인 진잠陳蠶, 유격장 계금季金, 복일승福日昇, 왕원주王元周, 심무沈懋, 파총 이천상李天常 등을 거느리고 그 뒤를 따라 나갔다. 앞 장에서 언급하였듯이 당시 조선 수군의 세력은 판옥선이 70척 전후로 추정되며, 명 수군의 전선은 약 400척으로 추정된다. 한편 노량해전에 참전한 조선 수군의 주요 장령과 명 수군의 주요 장령 현황은 다음의 〈표 5-5〉 및 〈표 5-6〉과 같다.

표 5-5 **노량해전 참전 조선 수군의 주요 장령**

| 직 책 | 성 명 | 직 책 | 성 명 |
|---|---|---|---|
| 삼도수군통제사 | 이순신 | 경상우수사 | 이순신李純信 |
| 전라우수사 | 안 위 | 충청수사 | 오응태 |
| 해남현감 | 유 형 | 가리포첨사 | 이영남 |
| 낙안군수 | 방덕룡 | 흥양현감 | 고득장 |

| 직 책 | 성 명 | 직 책 | 성 명 |
|---|---|---|---|
| 순천부사 | 우치적 | 안골포만호 | 우 수 |
| 당진포만호 | 조효열 | 진도군수 | 선의경 |
| 사량만호 | 김성옥 | 강진현감 | 송상보 |
| 사도첨사 | 이 섬 | 제포만호 | 주의수 |
| 발포만호 | 소계남 | 군 관 | 송희립 |
| 군 관 | 이언량 | 경상우도조방장 | 배흥립 |
| 금갑도만호 | 이정표 | 당포만호 | 안이명 |
| 조라포만호 | 정공청 | 미조항첨사 | 김응함 |
| 장흥부사 | 전 봉 | | |

표 5-6 **노량해전 참전 명수군의 주요 장령**

| 직 책 | 성 명 | 직 책 | 성 명 | 직 책 | 성 명 |
|---|---|---|---|---|---|
| 도 독 | 진 린 | 부총병 | 등자룡 | 참 장 | 왕원주 |
| 부총병 | 진 잠 | 유격장 | 허국위 | 유격장 | 계 금 |
| 유격장 | 심 무 | 유격장 | 복일승 | 유격장 | 양천윤 |
| 유격장 | 마문환 | 유격장 | 장량상 | 파 총 | 이천상 |
| 파 총 | 심 리 | 중 군 | 도명재 | | |

한편 사천성에서 동일원을 물리치고 창선도로 군사를 철수한 시마즈는 노약한 군사들과 잡혀가 있던 조선의 남녀들을 먼저 부산포로 보낸 다음 정병만을 무장하게 하고 노량해협을 향해 항진하였다. 총 500여 척 중 시마즈가 거느린 선발대 300여 척이 먼저 노량수로를 진입하였다.

조명 수군은 11월 18일 밤 예교성의 고니시군에 대한 퇴로 차단작전을 변경하여 이날 밤 10시경 노량수로 좌단 쪽으로 이동하였음은 앞에서 언급한 바와 같다. 조명 수군은 이동하는 동안 은밀히 기동하여 일본군이 조선 함대의 이동상황을 인지하지 못하도록 하였다. 이동하는 동안 군사들의 입에는 방어래를 물리고 북도 눕힌 채 조심스럽게 항진하였다. 약 2시간에 걸친 이동 끝에 조명 수군은 이날 밤 자정 무렵 노량수로 좌단 쪽에 도착하였다. 이때 진린이 이끈 명 수군은 좌협이 되어 대도 북방의 죽도 부근에 포진하고, 이순신이 지휘한 조선 수군은 우협이 되어 노량수로 좌단부터 관음포 입구에 이르기까지 횡렬로 포진하였는데, 닻을 내리지 않고 응전태세로 대기하였다.

이윽고 한밤중이 되자 척후선으로부터 경보를 받게 되었는데, 적의 대함대가 사천 남쪽에 있는 광주양光洲洋(노량수로 동단의 외양)을 통과하여 서쪽 노량방면을 향한다는 것이었다. 이어서 복병장으로 나가 있던 경상우수사 이순신李純信도 일본군의 서항西航을 확인하여 급보하였으므로, 좌우 양협은 일제히 노량수로를 목표로 항진하였다.

19일 새벽 2시경에 일본의 구원군이 노량수로 좌단에 도착하였다. 적 함대가 근접하여 오자 진린은 진격의 영을 내렸고, 이순신도 먼저 적 선열船列 중간을 돌파하여 들어갔다. 이때 명 수군은 호준포·위원포·벽력포를 일시에 쏘았고, 조선 수군도 각양 총통을 쏘면서 신화薪火를 던지고 화전을 발사했다. 이에 일본군은 선수를 돌릴 새도 없이 부서지고 불이 타오르기 시작하였다. 동시에 좌우 엄격掩擊으로 화살을 빗발같이 쏘자 일본군은 당황하여 동요의 빛이 짙었고, 일본 전선들 또한 제대로 전진하지 못했다.

### 이순신 휘하 장수들의 활약, 노량해전 승리의 원동력

전투가 진행되면서 이순신 휘하 막하장수들은 생사를 도외시한 채 적극적으로 참전하였다. 예컨대 가리포첨사 이영남, 낙안군수 방덕룡, 홍양현감 고득장, 순천부사 우치적, 안골포 만호 우수, 사도첨사 이섬 등의 활약이 돋보였다.

예컨대 가리포첨사 이영남李英男은 자기가 탄 배를 몰아 적선을 크게 충격하고 화전을 수없이 쏘게 하여 적선을 무력화시킨 뒤 맹사猛士를 거느리고 적선에 뛰어올라 여러 명의 적을 찔러 죽이다가 유탄에 맞아 쓰러지게 되자 그 종사들이 침몰직전의 적 선상에서 겨우 그를 구해낼 수 있었다.

또 낙안군수 방덕룡方德龍은 삼지창을 옆에 끼고 적선에 뛰어올라 '하나'의 호창으로 한 사람을 죽이고, '둘'의 호창으로 또 한 사람을 죽이니 종사들도 이에 제창하여 닥치는 대로 적을 무찔렀다. 격전의 와중에 그도 또한 가슴에 부상을 입은 가운데서도 분전하여 적선을 온전히 노획하였다.

흥양현감 고득장高得蔣도 적선에 뛰어들어 군관 이언량李彦良과 서로 앞을 다투어 참하면서 돌진하고 뱃간을 여러 곳으로 뒤지면서 적을 죽이다가 모두 난투 끝에 죽었다.

이때에 순천부사 우치적禹致績은 적장 한 사람이 대궁을 휘어잡고 루선 위에 높이 앉아서 독전하는 것을 보고 쏘아 죽였다.

안골포 만호 우수禹壽는 사도첨사 이섬李暹과 서로 신호하면서 두 배를 같이 몰아 적선 양현으로 동시에 총통을 쏘고 화전을 쏘았으며 장차 적의 배 위로 뛰어 올라가려고 할 때에 이미 배에 불이 크게 일어나고 탄약이 유발하므로 이순신의 배를 찾아 가까이 가게 되었다.

한편 이 해전에서 이순신과 진린은 상호 상대방을 위급한 상황에서 구원하기도 하였다. 예컨대 한때 이순신의 배가 적을 쫓아 더욱 적 함열 깊이 돌진할 때 적선이 좌우로 쳐들어와 포위하려 하자 진린의 배가 급히 달려와서 대포와 활로써 이 적선을 물리쳤다. 다른 한편으로 적이 진린의 배를 세 겹으로 포위한 채로 화살과 조총을 집중으로 쏘면서 그 배에 뛰어올라가려고 하였다. 이때 이순신과 우수, 이섬은 일본군의 배에 불이 옮아 붙게 하여 진린의 배를 구원하였다.

명의 부총병 등자룡鄧子龍은 70세의 노장으로, 조선의 판옥선 1척을 빌려 타고(진린과 등자룡은 명군의 전선이 크기가 작아 상대적으로 큰 조선의 판옥선을 각각 1척씩 빌려 타고 전투에 임했다. 등자룡은 판옥선 승선 인원 중 15명을 조선 수군 중에서 차출하여 참전하였다.) 전투에 임하여 수없이 많은 적을 죽였다. 그러다가 혼전의 와중에 뒤에서 쏜 명의 포탄이 잘못 맞아 그가 탄 배 중앙에서 불이 나기 시작하였으므로 그의 군사들이 한곳에 모여 불을 피하면서 싸웠다. 이때 적병이 함상으로 뛰어올라와 백병전을 벌인 끝에 등자룡도 드디어 중상을 입게 되고 부하들도 다수가 부상을 당하였다.

### 북서풍을 이용하여 화공전에 성공하다

해상에는 북서풍이 강하게 불어와 바람을 등진 채 싸운 조명 수군은 화공전●을 구사하였다. 이에 적함들에 불길이 솟아 바닷물도 붉게 물들었는데, 그 와중에 경상우수사 이순신李純信은 적선 10여 척을 불태우는 전과를 거두기도 하였다.

명 장수들도 적극적으로 참전하였다. 유격장

● 화공전

『선조실록』에서 기패관 주충의 보고에 의하면 '18일 4경에 여러 곳의 구원병이 크게 몰려와 드디어 대전이 벌어졌는데 포와 화살은 쏘지도 않고 불뭉치만을 적선에 던져 200여 척을 소각시켰다.'는 기록이 있다. 또한 신흠申欽의 『상촌집象村集』에는 "이에 중국군이 높은 위치를 이용하여 분통을 적선에 흩뿌리니 매섭게 불어오는 바람에 불길이 맹렬히 타오르면서 적선 수백 척이 순식간에 잿더미로 변하고 온 바다가 붉게 물들었다."라는 기록이 보인다. 이 기록들을 통해 볼 때 바람을 이용한 화공전을 펼친 것으로 볼 수 있다. 따라서 조명 수군이 위치한 풍상 쪽에서 바람을 이용한 화공전이 전투의 승리에 기여한 바가 크다고 볼 수 있다.

계금은 예교성 전투에서 부상당한 왼편 팔을 동여 맨 채 바른 손에 미첨도를 들고 적 7명을 참살하였다. 부총병 진잠陳蠶은 진린의 배를 호위하면서 진격하여 호준포와 위원포를 쏘았는데, 적함에 명중하는 소리가 먼 바다에까지 들릴 정도였다.

이러한 격전이 지속되자 마침내 견디지 못하게 된 적은 드디어 도망치기 시작하여 관음포 내항을 외해로 오인한 가운데 몰려 들어가게 되었다. 이때는 동이 트기 전이었는데, 이순신이 가장 선두에 서서 적을 몰아넣었고, 해남현감 유형과 당진포만호 조효열, 그리고 진도군수 선의경과 사량만호 김성옥의 배들이 그 뒤를 따랐다.

관음포에 갇힌 일본함대는 조명 수군의 화포공격에 좋은 표적이 되었다. 조선 수군의 여러 배에서는 지자, 현자, 승자의 각종 총통을 일시에 집중 사격하여 일본군은 패색이 짙었다. 포구 안에서 진퇴유곡에 빠진 일본군은 궁서반서窮鼠反噬의 각오로 최후의 발악을 하게 되어 총 역습을 감행하기에 이르렀다.

이러한 혼전과 격전이 진행되던 중 어느새 날이 밝기 시작하였다. 관음포구 내에 갇힌 일본군과 후미의 응원군이 필사적으로 조선 수군에게 대응하였다. 이러한 와중에 이순신은 적이 쏜 총탄에 맞아 전사하고 말았다. 이순신의 죽음을 감춘 조선 수군 지휘부는 여세를 몰아 일본군과 치열한 교전을 계속하였다.

### 노량해전이 끝나고 난 후

전투는 사시巳時(09:00~11:00)까지 치열한 격전이 계속되다가 정오 무렵에 조명 수군이 크게 승리한 가운데 상황이 종료되었다. 조선 수군과 일본군이 관음포 앞에서 치열한 격전을 벌일 때 고니시는 묘도 서쪽 해상을 통해 남해로 빠져 나가 도주●하였다. 그리고 부산, 울산에서 오는 구원군과 합류하여 일본으로 건너가고 말았다.

> ● 도주
> 기패관 주충의 보고에 의하면 고니시는 떠내려오는 물품과 하늘에 치솟는 화염을 보고서 구원병이 크게 패한 것으로 알고 외양으로 도망쳤다고 하였다.

한편 당시 일본군의 동향을 살펴보자. 시마즈의 기함은 반파 상태가 되어 창선도를 거쳐 더욱 동쪽으로 간신히 달아났다. 이때 다치바나, 소오, 데라자와 등의 분전으로 겨우 거제도까지 철수하게 되었으나 퇴조에 밀려서 암초 또는 얕은 여울에 좌초한 배도 많았다. 시마즈의 부장인 키이레 세주노카미喜入攝津守 등은 격전 끝에 궤주하였는데, 군사 약 500명을 이끌고 배에서 바다로 뛰어내려 반사반생半死半生으로 헤엄쳐서 남해도에 기어 올라갔다. 그들은 육로를 따라 선소리船所里에 이르자 소오가 버리고 떠났던 공성空城 안으로 들어가 잠복하고 있다가 뗏목을 만들어 타고 창선도로 향하였다. 조명 수군은 그들이 버리고 간 배를 모두 불태우고 포구를 봉쇄하였다.

노량해전이 끝난 후 진린은 11월 21일 4경에 예교성을 수색하였다. 그때 적의 배는 텅 비어 있고, 성 위에만 불빛이 있었는데, 잠시 후에 곧 꺼졌다고 한다. 새벽녘에 적의 소굴에 올라가 보니 적들이 밤 사이에 뒷산으로 도망치고 없었다고 한다. 당시 일본군은 쌀, 기장, 콩, 조 등의 곡식을 물가에 운반해 놓고 싣고 가지 못한 것이 산더미처럼 쌓여 있었는데 대략 몇 만 석쯤 되었고, 크고 작은 총포 및 화약 등의 무기와 일용품까지도 없는 것이 없었으며, 소와 말 등 가축들도 많이 남아 있었다.

이어서 진린은 예교성에 들어가 양곡 등을 수습하는 데에는 관심을 쏟지 않고 수급을 참획하는 데에만 급급하였다. 특히 수습하는 도중 갑자기 방옥房屋을 불태우게 하여 3,000여 석의 양곡이 소실되기도 하였다.

　서로군의 대장 유정도 노량해전이 끝난 후 24일에야 비로소 예교의 공성 안으로 어슬렁거리고 들어가서 일본군이 남기고 떠나간 수급을 찾아내는 데 골몰하였다. 그런 가운데 조선 사람으로서 일본군에게 잡혔다가 싸움의 틈을 타서 겨우 산곡 중에 들어가 흩어져서 숨어 있던 사람들까지 찾아내어 모조리 목을 베었으며 고니시가 보낸 적의 인질 6명까지 수급으로 충당하는 것이었다.

# 07 노량해전, 일본의 재침 야욕을 꺾다

　노량해전에서 조명 수군은 일본군을 크게 무찔렀다. 이 상황에 대해서는 좌의정 이덕형의 장계에 비교적 상세히 기록되어 있다. 이덕형의 보고에 의하면 우리 장수들이 이순신을 포함하여 10여 명 전사했지만, 적선 300여 척 중 200여 척을 분멸시켰다고 하였다. 여기서 일본 군선의 척수는 다른 자료에 의하면 500척으로 나오지만 여기서는 300척으로 언급하고 있다. 이것은 일본군 전체 척수는 500척이었지만 시마즈가 거느린 선발대 300척이 격전을 벌였으므로 이에 대해 언급한 것으로 볼 수 있다. 한편 이덕형의 종사관 정혹은 "부서진 배의 판자가 바다를 뒤덮어 흐르고 포구에는 무수한 왜적의 시체가 쌓여 있었다."고 하여 일본군이 크게 패한 것을 사실적으로 묘사하고 있다.

## 노량해전을 승리로 이끈 사람들

　노량해전에서 공을 크게 세운 자에 대해서는 도원수 권율權慄의 보고를 바탕으로 살펴볼 수 있다. 이를테면 전투에 참가한 조선 수군의 장수 중

우치적·이섬·우수·유형·이언량의 공이 가장 컸으며, 전선 중에서는 이순신이 타고 있던 배가 가장 공이 컸다는 점을 보고하였다.

한편 근접전으로 치러진 전투였기 때문에 조명 수군의 피해도 상당수 발생하였다. 노량해전에서 조선 수군은 함평의 전선을 비롯한 4척이 침몰되었고, 명 수군은 등자룡의 전선을 포함하여 2척이 침몰●되었다. 그러나 일본군은 무려 200여 척이 침몰되었고, 대다수 전선들이 뿔뿔이 흩어졌으며, 격전을 벌인 300여 척 중 온전하게 도주한 적선은 50여 척에 불과하였다.

인명피해를 보면 위에서 언급하였듯이 조선은 이순신을 비롯한 10명의 장수들이 전사하였다. 아울러 이름이 드러나지 않은 조선 수군의 많은 장졸들도 다수 희생●●되었다. 반면에 진린 휘하에서는 부총병 등자룡 및 진잠陳蠶의 부장 도명재陶明宰가 전사한 것이 확인된다. 하지만 상호 근접전으로 치러진 혼전과 격전이었기 때문에 명 수군의 많은 장졸들도 희생되었을 것으로 추정된다. 일본군도 장수급만 30여 명이 전사●●●하는 등 인명피해가 매우 컸음은 물론이다.

● **침몰**
노량해전에서 조선의 전선이 얼마나 분멸되었는지는 자료 확인이 어렵다. 다만 조경남의 『난중잡록』에 우리나라 함평전선이 불탔다는 기록과 일본측 자료인 『정한록征韓錄』에 시마즈가 명 전선 2척과 조선 전선 4척을 사로잡았다는 기록이 있다. 이를 바탕으로 조선 수군은 4척, 명 수군은 2척의 전선이 분멸되었을 것으로 추정한다.

●● **희생**
18세기말에 작성된 『호남절의록湖南節義錄』의 이순신 동순동순同殉·참좌제공參佐諸公 144명 중 동순제공同殉諸公이 58명인데 그중 21명, 약 36%가 노량해전에서 전사하였다.

●●● **전사**
『선조실록』에 군문 형개가 선조와의 대화 중 "중로의 왜장 36명이 모두 죽었다."는 언급이 있다. 이는 노량해전에 참가한 시마즈 요시히로 휘하의 장수들을 의미하는 것이다.

한편 노량해전에서 패해 배를 버리고 남해 섬에 상륙한 일본군은 대부분 섬의 산이나 늪지대로 들어갔는데, 명의 군이 산에 불을 놓아 참획하였으므로 남해에 살던 조선 사람들마저 놀라 숨어 버리고 한 사람도 산에서 내려와 안접하는 자가 없었다. 이러한 상황을 손문욱孫文彧이 진린 도독에게 자세히 말하자 도독이 그제서야 금지시켰다. 그런데 노량해전에서의 수공자는 도원수 권율의 장계에서 밝힌 바와 같이 통제사 이순신이었다. 따라서 여기서 이순신의 사후 행적에 대해 간단하게 살펴보자.

노량해전이 끝난 후 이순신의 전사 소식이 전해지자 조선 조정에서는 그해 12월에 제사를 지내게 하는 동시에 우의정을 증직하였다. 그리고 많은 조야 대신들과 친척, 지인들이 그의 죽음을 애도하였다. 조정에서는 그가 전사한 지 6년 후인 1604년에 덕풍부원군과 좌의정을 증직하면서 선무일등공신에 봉하였다.

한편 당시 연합작전에 참전하였던 명의 장수들도 이순신의 전사 사실에 매우 애석해하였다. 명의 동로군 최고 지휘관인 제독 마귀麻貴는 이순신의 전사 소식을 들은 후 선조에게 말하기를, "이순신이 혈전을 벌이다가 죽었는데, 저는 그를 직접 만나보지는 못하였으나 탄복할 만합니다."라고 하였다.

서로군의 부총병 이방춘李芳春도 이순신의 죽음을 애석해하면서 선조에게 "이순신은 충신입니다. 이러한 인물이 10여 명만 있다면 왜적에 대해 무슨 걱정할 것이 있겠습니까?"라고 하였다.

또한 사로병진작전의 총사령관인 군문 형개邢玠는 1598년 11월 초에 선조를 알현하는 자리에서 말하기를, "귀방의 총병 이순신은 마음을 다해 적을 토벌하니 대단히 칭찬할 만합니다."라고 하였다. 그리고 이순신이 전사했다는 소식을 듣고는 "바다 위에 사당을 세워 충혼을 표창하여야 할 것이다."라고 언급하면서 선조에게 해상 사당 건립을 요청하기도 하였다.

# 노량해전의 승리, 조선 수군의 우수성을 알리다

노량해전은 여러 가지 면에서 그 의미를 부여할 수 있다. 우선 해전사적인 면에서 살펴볼 때 당시 조명연합군의 사로병진작전 중 유일하게 성공한 작전이었다는 점을 부각할 수 있다. 동로군과 중로군의 공격이 실패로 돌아갔고, 서로군마저 제대로 전투에 활약을 하지 못했지만 수로군만은 노량해전에서 대승을 거둠으로써 유일하게 성공을 거둔 것이다. 이러한 결과에는 물론 조선 수군의 통제사 이순신의 전략적 판단과 전술구사가 기여한 바가 컸다. 이를테면 조선 수군이 미리 가서 유리한 위치를 선점하지 않았다면 일본의 구원군이 모두 당도했을 것이고, 그랬을 경우 해전승리를 기약할 수 없었을 것이다(노량해전 종료 후 기패관 주충이 해전의 전황에 대해 보고하면서 "만약 며칠만 더 지체하여 사방의 구원병이 모였더라면 왜교의 일이 매우 위태로웠을 것이다."라고 언급한 것에서도 이를 확인할 수 있다.).

### 노량해전, 침략국에 대한 '복수전'
임진왜란 7년전쟁의 마지막 해전을 승리로 이끌면서 침략국 일본에 대한 복수적 의미도 부여되었다. 수군의 군공평가에 인색했던 선조도 이번 노량해전의 의미에 대해 "해상에서의 승리는 왜적의 간담을 서늘하게 하기에 충분하였으니 이는 조금 위안도 되고 분도 풀린다."라고 언급할 정도였다.

이 밖에도 노량해전에서 일본군에 대승을 거둠으로써 주변국들에게 조선 수군의 우수성이 크게 각인되었고, 동시에 명 수군에 대한 인식도 긍정적으로 변화되는 결과를 가져왔다. 70척 전후에 불과한 조선 수군의 세력에 400척 정도의 명 수군의 참전은 외형상으로도 조선 수군의 사기를 높이는 데 기여했을 것이다.

아울러 명 수군의 전선과 무기체계도 상당한 위력을 발휘한 바 있다. 이를테면 명의 전선은 우리의 판옥선보다 크기는 작았으나 나름대로 전투에 기여한 바가 있었다. 당시 서로군 대장 유정의 사후임무를 맡고 있던 이덕형은 "당선唐船은 선체가 작아 큰 바다에서는 좋지 않으나 작은 포구에 드나들며 탄환을 쏘고 칼을 쓰는 데에는 매우 신통하였다."라고 하였다. 이것은 예교성 수륙합공전 때 예교성 아래의 포구에서 일본군을 공격할 때 명군이 역전했던 점을 말하고 있는 것이다. 우리의 판옥선이 선체가 커서 좁은 포구에서 활동하기에 불편했던 데 비해 명 전선은 조선의 판옥선의 단점을 보완하는 효과를 보였던 것 같다. 이것은 관음포구에서도 어느 정도 역할을 한 것으로 추정된다.

또한 명 전선은 비록 판옥선보다 작지만 각종 포를 장착하여 사용함으로써 일본군을 압도하는 데 크게 기여하였다. 당시 명군이 사용한 포는 호준포虎蹲砲와 불랑기佛狼機가 대표적이다. 호준포는 명이 평양성 탈환 전투에서 이를 사용하여 큰 효과를 보았는데, 좁은 공간에서도 사용이 편리하여 노량해전 시에는 전선에 탑재하여 사용되었다. 불랑기포는 원래 15세기경 프랑스(또는 포르투갈)에서 만들어 명에는 16세기 초에 전래되었는데, 이를 모방 제조하여 실전에 사용한 것이다. 이것도 평양성 탈환전에서 사용하였는데, 노량해전에서도 사용했을 것으로 추정된다.

이와 같이 조총 외에는 도검류로만 승부를 겨룬 일본에 비해 조선과 명은 대형 화포를 장착 사용함으로써 전력 면에서 우위를 점할 수 있었다고 보인다.

나아가 이 해전에서의 큰 승리는 전쟁의 참상에 망연자실해 있던 조선 백성들에게 큰 위안이 되었을 것이다. 임진왜란 7년 전쟁으로 나라 전체가 극도로 피폐해진 상황에서 마지막 해전에서 대첩을 거두었다는 소식은 적개심을 넘어 절망 속에 빠져 있던 조선 백성들에게 한 줄기 활력의 서광을 부여하였을 것으로 생각된다.

## 전쟁은 끝났어도 '전력'은 유지되어야 한다

노량해전을 끝으로 전쟁은 종전되었다. 그러나 전쟁의 후유증은 심각한 것으로 예견되고 있었다. 이러한 점에 대해 비변사에서는 "지금 만약 적들이 물러갔다고 다행스럽게 여겨 잠시 두려워하는 마음이 해이해진다면 훗날의 재앙이 지난 날보다 더 심할 것이다."고 하였다. 따라서 앞으로 수년 동안은 국가의 온갖 기조를 초창기처럼 하여 백성들을 괴롭히거나 지치게 하는 모든 일을 일절하지 말아야 하고, 부득이 해야 할 일이 있더라도 반드시 민력이 휴식을 취할 수 있는 시기를 기다린 다음에 해야 할 것을 강조하였다. 그렇지만 방어에 관한 일만은 힘을 기울여야 할 것을 강조하였다. 특히 수군의 일이 가장 시급함을 강조하였다. 그러면서 지금의 수군 전력은 원균이 패하기 전의 성세만 못함으로 배를 많이 만들어야 함을 강조하였다. 아울러 고금도에 있는 수군을 요해지로 진영을 옮겨야 함이 타당하다고 역설하였다.

이것은 일본이 침입해 올 경우 수군의 역할이 가장 중요하다는 현실을 7년 전쟁을 통해 인식한 것으로 볼 수 있다. 아울러 조선 수군의 역할이 전쟁을 극복하는 데 그만큼 컸었다는 것을 반증하는 것으로 평가된다. 그렇기 때문에 민력이 고갈된 시점에서도 수군력만은 유지해야 함을 역설한 것이다.

한편 침략 일본군에 대한 복수를 추진하자는 의견도 개진되었다. 예컨대 전라도 관찰사 황신은 적이 잠시 물러갔지만 명군이 철수하면 다시 침입해 올 가능성이 있으므로 명군이 주둔하고 있을 때 대마도를 공격하자는 제안을 하였다. 특히 그는 정유년에 사신으로 일본을 오갈 때 대마도의 지형에 대해 유심히 살펴 잘 알고 있다는 점을 들어 공격의 성공가능성이 있음을 강조하였다. 즉, 섬의 주위는 수백 리에 불과할 뿐인데 중간에 배를 정박할 수 있는 곳이 많이 있으며, 육로는 험하고 좁지만 사방에서 넘어들어 갈 수 있다는 지형적 특성을 들었다. 그리하여 명의 절강 병력 7,000~8,000명을 선발하여 조선의 수군과 함께 공격한다면 충분히 승산이 있다고 역설하였다.

이에 대해 비변사에서는 대마도가 결코 외부의 구원을 받을 수 없는 절해고도가 아니며, 우리의 피로한 군사가 공격하기에는 무리이므로 명군의 지원을 받아야 하는데 명군의 지원을 받자면 반드시 그들 조정에 품의를 받아야 하므로 쉽지 않은 일임을 보고하였다. 군문 형개도 좌의정 이덕형에게 대마도를 공격하여 정벌하더라도 지킬 계책이 없으면 안되므로 이에 대한 대비책을 만들어야 할 것을 언급하였다. 아울러 선조는 이러한 대마도 정벌계획이 이미 일본의 정보망에 걸려들었을 것이므로 적정에 대한 정탐을 하면서 보다 신중히 처리해야 할 문제임을 강조하였다. 그러다가 결국 이 문제는 결국 실현되지 못하였다. 현실적으로 그럴 능력도 부족했지만 복수 보다는 전쟁 후유증을 치유해야 할 과제가 너무나 시급했기 때문이다.

# 09
# 이순신의 죽음, 역사는 알고 있다

　노량해전은 민족의 영웅인 이순신이 전사한 해전이다 보니 노량해전의 경과뿐만 아니라 이순신의 죽음에 대한 관심과 논란도 발생하고 있다. 이순신의 죽음에 관해서는 대다수 학자들은 전사한 것으로 인식하고 있지만, 일부에서는 그의 자살설과 은둔설까지 제기하고 있다. 특히 지난 2004~2005년에 방영된 드라마 '불멸의 이순신'의 영향으로 인해 이순신은 노량해전 때 갑옷을 벗은 채 일부러 적탄을 맞았다는 인식이 대중들에게 확산되어 있는 상태이다(대표적으로 소재영蘇在英은 이순신의 죽음이 전사가 아닌 자살이었다는 점을 많은 문학작품 속에서 제시하고 있음을 소개하고 있다(소재영, 「영웅-전승英雄傳承의 문학적文學的 형상화形象化」).). 이와 아울러 소수이기는 하지만 이순신은 노량해전에서 전사한 것이 아니라 그로부터 16년이 지난 후 비로소 사망하여 현재의 어라산 묘소에 안장되었다는 주장을 펴기도 한다(은둔설을 주장하는 사람은 소수이고, 사료해석에 오류를 보임에 따라 여기서는 그 주장의 요지에 대해 생략한다.).

　이러한 인식들은 노량해전과 당시의 사회제도를 제대로 이해하지 못한 면과 함께 정치적 역학관계와 사료해석을 자의적으로 한 결과로 보인다(예컨대 드라마에서 이순신과 선조의 갈등관계를 극의 중심적 흐름으로 전개한 것은 당시 충효사상을 근간으로 하는 국가이념과 사회제도하에서 발생하기 어려운 군신관계를 설정한 것이다.). 이와 더불어 민족의 영웅이 마지막 해전에서 전사한 것에 대한 불신의 심정을 전달하고자 하는 면도 있다. 이러한 심정을 가진 사람들의 주장에 대해 이은상은 다음과 같이 요약하여 제시하고 있다. 첫째, 지난 7년간 한 번도 패하지 않은 이순신이 마지막 해전에서 몸을 피하려면 충분히 피할 수 있었는데 그렇지 못했다는 점, 둘째 갑주를 벗고 앞장 서 싸웠다는 기록이 보이는데, 이순신이 선봉에서 그렇게 싸우다 총탄을 맞을 이유가 없다는 점, 셋째 당시 조정은 부패와 시기, 질투가 난무하여 최후의 승리를 거둔 후에는 참혹한 죽음을 맞을지 모른다는 생각에 미리 목숨을 버린 것이라는 점 등이다(이은상, 『완역 이충무공전서』(하)).

### 이순신의 전사와 관련한 의문점들

이순신의 죽음에는 위와 같은 논란이 발생하여 지금까지도 지속되고 있다. 여기서는 이러한 논란을 불식시키고 이순신의 전사 상황을 올바르게 파악하기 위하여 다음의 몇 가지 사안에 대해 집중하면서 이순신의 전사 상황에 대해 밝혀 보고자 한다.

첫째, 이순신이 전사한 위치가 어디쯤인지에 대해 밝혀 보고자 한다. 다시 말해 격전지역 또는 전사한 해역이 노량수로인가? 또는 관음포 입구 해상인가? 아니면 관음포 내부 깊숙한 곳인가? 등 격전지역에 대한 명확한 검토를 하고자 한다.

둘째, 이순신의 전사와 관련한 상황에 대한 해석문제이다. 이순신은 언제, 어떤 상황에서 전사했는가? 피격 시 무기가 무엇이었는지 여부와 이순신이 전사 당시 갑옷을 착용하고 있었는지의 여부 등에 대해서도 검토하고자 한다.

셋째, 이순신의 전사 후 상황 처리를 누가 담당했는가? 하는 의문에 대한 명확한 해답을 구하고자 한다. 실제 이순신이 전사한 후 상당 시간 동안 이순신의 유훈遺訓에 따라 전투의 마무리를 잘한 덕분에 대첩을 이룩한 것이 일반적 인식이다. 이순신이 전사한 이후 휘하 세력들을 이끌어 마무리 전투를 지휘한 인물은 누구인가에 대해서도 살펴보고자 한다. 아울러 이순신의 전사 후 운구는 어떤 경로로 이루어졌는지에 대해서도 검토하고자 한다.

이순신이 노량해전에서 전사한 사실은 앞 절에서 살펴본 바와 같다. 여기서는 이순신의 전사와 관련한 몇 가지 상황에 대하여 사료별로 수록된 기사를 바탕으로 구체적으로 살펴보고자 한다. 특히 당대의 관찬사료인『선조실록』과 임진왜란 당대의 인물들이 기록한 문집류 중『은봉전서隱峯全書』(저자 안방준安邦俊(1573~1654)은 임진왜란과 정묘, 병자호란 때 의병을 일으켰다.),『징비록懲毖錄』(저자 유성룡柳成龍(1542~1607)은 임진왜란 시기 영의정과 도체찰사로 활동하였다.),『백사집白沙集』(저자 이항복李恒福(1556~1618)은 임진왜란 시기 병조판서 등을 지냈다.),『난중잡록亂中雜錄』(저자 조경남趙慶男(1570~1641)은 임진왜란 시기 남원지역의 의병장으로 활동하였다.),『고대일록孤臺日錄』(저자 정경운鄭慶雲(1556~몰연대 미상)은 정인홍의 문인으로 임진왜란 때 함양에서 초유사 김성일의 소모유사와 의병장 김면의 소모종사관 등으로 활약하였다.),『상촌집象村集』(저자 신흠申欽(1566~1628)은 임진왜란 당시 종사관으로서 대명 관련 업무를 수행하였고, 인조 때 영의정을 지냈다), 『행록行錄』(저자 이분李芬 (1566~1619)은 이순신의 조카로 정유재란기에 이순신 휘하에 종군하면서 명군과의 외교업무를 담당하였다), 『난적휘찬亂蹟彙撰』(신흘申仡, (1550~1614)이 임진왜란 때의 경상도 사정을 기록한 책이다. 전란을 겪은 지 5년이 지난 시점에서 당시의 기록물들을 참고하고 견문한 바를 보태어 찬집한 것이다.) 등 9가지 사료들을 바탕으로 하여 살펴보고자 한다. 왜냐하면 후대의 기록들은 당대의 기록들을 모방한 면이 강하기 때문에 여기서는 생략하고자 한다.

# 10
# 노량해전 격전지, 이순신이 전사한 곳

우선 격전지가 어딘가에 대해 각 사료별로 검토해 보면, 〈표 5-7〉에서 보는 바와 같이 『선조실록』과 『징비록』에는 노량도, 노량, 묘도 등지, 남해 지경 등으로, 구체적인 위치를 언급하지 않았다. 다만 비교적 상세한 기록을 남긴 『백사집』과 『행록』에는 노량으로 언급하고 있다. 그런데 『은봉전서』와 『난중잡록』, 그리고 『상촌집』에는 관음포를 명확히 언급하고 있다. 나머지 문집류에서는 위치에 대한 언급이 없다.

표 5-7 **사료에 나타난 노량해전 격전지역**

| 사료 | 격전지(전사 해역) 관련 언급 사항 |
|---|---|
| 『선조실록』 | 구체적인 장소 언급 없이 노량도, 노량해상, 노량 등으로 언급 |
| 『은봉전서』 | 관음포 |
| 『징비록』 | 남해지경(구체적인 장소 언급 없음.) |
| 『백사집』 | 노량 |
| 『난중잡록』 | 관음포 |
| 『고대일록』 | 언급 없음. |
| 『상촌집』 | 관음포 |
| 『행록』 | 노량 |
| 『난적휘찬』 | 언급 없음. |

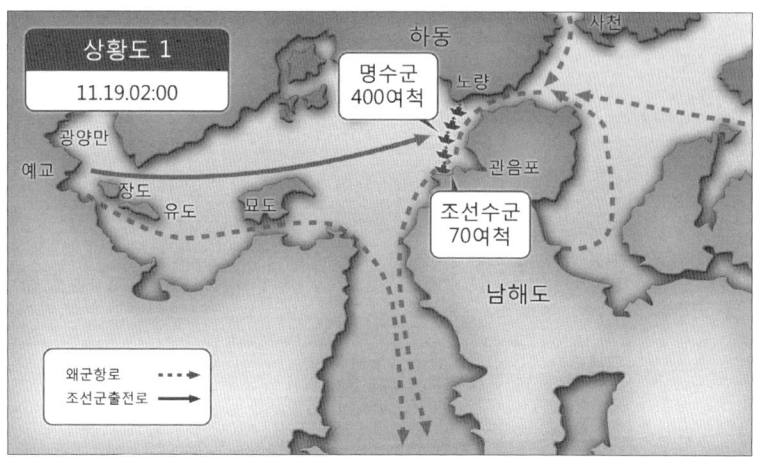

그림 5-2 **상황도 1(11. 19. 02:00시, 노량해전 직전)**

　남해와 노량이라고 사료에서 표시한 해전 장소는 넓게 보아 모두 남해와 순천예교성 사이의 바다를 가리키는 것이다. 그런데 당시의 해전상황을 구체적으로 묘사한 사료는 『은봉전서』와 『난중잡록』, 그리고 『상촌집』이므로 이들 사료에서 표현한 관음포가 가장 치열한 전투를 벌인 곳이라고 할 수 있다. 즉 처음에는 〈그림 5-2〉 '상황도 1'에서 보는 바와 같이 노량수로 왼쪽 부분에서 전투가 시작되었지만, 시간이 흐르면서 전투가 관음포 지역에 집중된 면이 있다. 이것을 다음 시간대별 상황도와 함께 살펴 본다.

　먼저 〈그림 5-3〉 '상황도 2'에서 보는 바와 같이 해전의 시작은 노량수로의 좌단부근에서였지만 점차 관음포 쪽으로 이동하고 있다. 그리하여 조명 수군의 화공전에 견디다 못한 일본군이 관음포 안으로 들어가게 된다. 관음포 안에 갇히게 된 사실을 인지한 일본군은 되돌아 나오면서 관음포 입구 부근에서 치열한 공방전을 벌이게 된다.

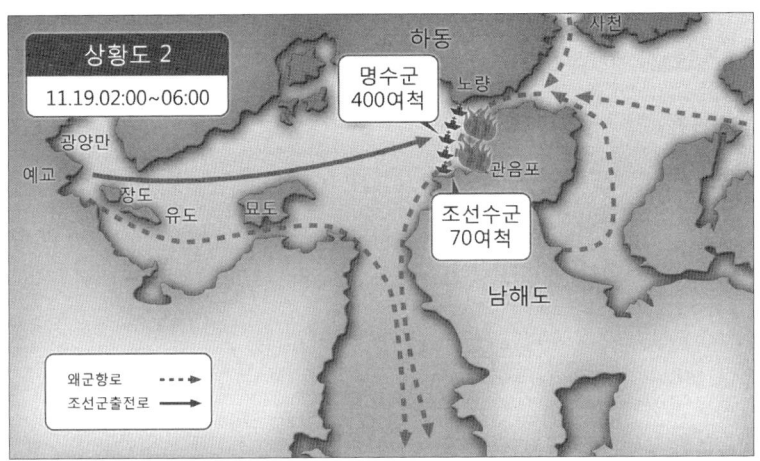

그림 5-3 **상황도 2**(11. 19. 02:00~06:00, 노량해전 전개)

그러면 일본군은 왜 관음포 안으로 들어갔을까? 일본군이 관음포 안으로 들어간 이유는 여러 가지로 유추해 볼 수 있다. 첫째는 관음포가 매우 깊숙했기 때문에 큰 바다로 오인한 적들이 퇴로인 줄 착각하여 진입했을 경우를 상정할 수 있다. 둘째는 관음포가 막다른 곳인 줄 알지만 현재의 전세가 매우 불리하므로 다른 곳으로 이동하였을 것으로 생각할 수 있다. 셋째는 두 번째 이유와 같은 맥락에서 이순신의 전술로 인해 일본군은 어쩔 수없이 관음포로 이동했을 가능성도 있다. 즉, 근접전이 계속될 경우 조선 수군의 사상자도 많이 발생할 것이기 때문에 적을 관음포 안에 가둬 두고 원거리에서 집중 포화를 퍼붓는다는 작전이었다. 그동안의 이순신 전술을 고려해 볼 때 세 번째 가정이 가장 신뢰도가 높다고 판단된다.

다음으로 〈그림 5-4〉 '상황도 3'에서 보는 바와 같이 관음포 입구 쪽에서 치열한 공방전을 벌이던 일본군은 동이 트자 조선 수군의 기함을 향

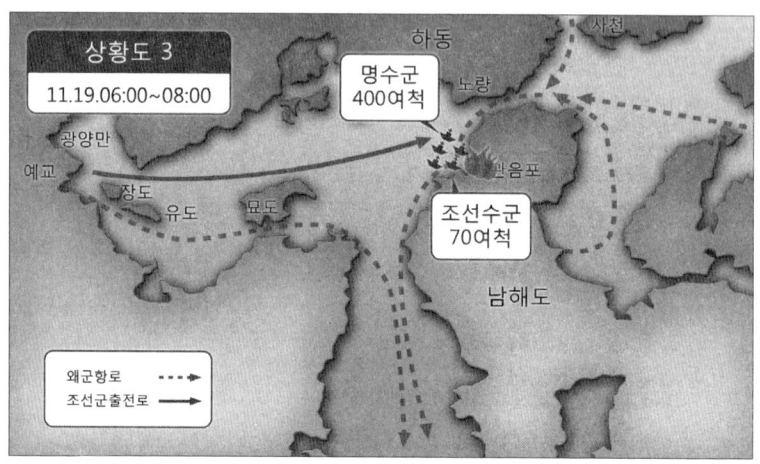

그림 5-4 **상황도 3(11. 19. 06:00~08:00, 이순신 전사 및 격전)**

하여 집중 사격을 하게 되고, 여기서 이순신은 적탄을 맞아 전사하게 된다.

### 이순신이 관음포 깊숙이 진입하지 않은 이유는?

이순신도 적을 쫓아 관음포 깊숙이 진입했을까? 결론적으로 이순신의 기함은 진입하지 않았을 것으로 생각된다. 왜냐하면 수백 척의 일본 전선들이 관음포 안으로 진입할 경우 진입 시간이 상당할 것이라고 가정할 때 적선 중 과반수가 진입했을 무렵 이순신의 기함이 진입했다면, 뒤에서 진입하는 일본전선에 의해 포위공격을 당할 수 있다는 위험성이 노정된다. 그리고 아군과 적군이 함께 엉켜 있으면, 효율적인 함포 공격이 이루어지기 어렵다고 판단된다. 비록 일부 사료에서 이순신이 선봉에 나서서 관음포의 적을 쫓다가 적탄을 맞은 것으로 기록하고 있지만, 이는 그만큼 이순신이 적극적으로 전투에 임했다는 것을 문학적으로 표현한 것이다. 따라서 전략전술에 능숙한 이순신은 직접 관음포 안으로는 진입하

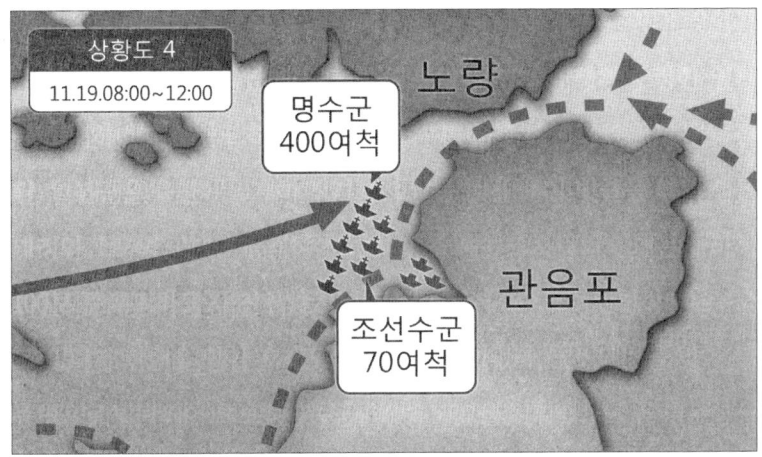

그림 5-5 **상황도 4**(11. 19. 08:00~12:00, 마지막 격전)

지 않았을 것이고, 입구 쪽에서 조선 수군을 지휘하였을 것으로 추정된다.

관음포 깊숙이 진입한 일본 수군은 막다른 물목에 다다라 일부는 배를 버리고 육지로 도망하였다. 반면에 대다수는 회항하여 퇴로를 찾고자 죽기를 각오하고 대항해 왔다. 이때 이순신 기함은 관음포 입구에 포진해 있었다고 볼 수 있다.

다음으로 〈그림 5-5〉 '상황도 4'와 같이 이순신이 전사한 후 정오 무렵까지 관음포 입구 부근에서 치열한 공방전을 벌인 것으로 추정된다. 이때 조선 수군은 명 수군보다 선봉에 서서 관음포 입구 부근에서 치열한 격전을 벌인 것으로 보인다. 비록 명 수군도 혼전을 하면서 힘껏 싸운 것으로 나타나지만 전선 척수에 비해 일본군을 막는 주축세력은 조선 수군이었을 것으로 추정된다. 왜냐하면 명 수군의 장수는 2명이 전사했지만 군선이 명 수군에 비해 우수한 조선 수군의 장수는 10여 명이었다는 점에서 이를 확인할 수 있다.

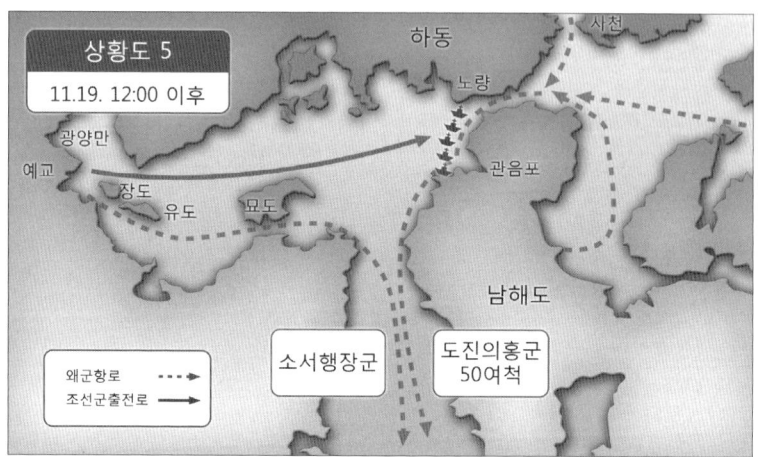

그림 5-6 **상황도 5(11. 19. 12:00시 이후)**

 마지막으로 〈그림 5-6〉 '상황도 5'와 같이 정오 무렵이 지난 후 일본군 선 중 50여 척이 남해도의 서쪽 해안을 따라 외양으로 도주하면서 해전이 종료되었다. 이때 예교성의 고니시군은 해전 종료에 앞서 도주했음은 앞에서 밝힌 바와 같다.

# 11

# 이순신의 전사와
# 노량해전 최후의 상황

두 번째 사안을 해결하기 위해서는 이순신의 전사 시각과 피격 상황에 관한 분석이 필요하다. 먼저 당시 이순신이 전사한 시각을 살펴보자. 『선조실록』에는 11월 19일 사시巳時(오전 9:00~11:00) 『은봉전서』에는 구체적인 시각이 없이 날이 밝지 않은 때라고 하였다. 『징비록』에는 구체적인 시각 표현이 없다. 『백사집』에는 동틀 무렵黎明, 『난중잡록』에는 날이 이미 밝았을 때, 『상촌집』에는 11월 25일 4경 이후로 각각 기록되어 있다. 『행록』에는 11월 19일 동틀 무렵黎明이라고 언급하였고, 기타 자료에는 언급이 없다.

이 기록들을 볼 때 이순신의 전사날짜는 11월 19일 임에 틀림없다. 그런데 『상촌집』의 이순신 전사 날짜는 11월 25일로 기록되어 있어 믿을 수가 없으므로 제외한다. 아마도 날짜에 대해서는 착각했던 것 같다. 다른 기록의 경우 11월 19일의 동틀 무렵黎明과 날이 이미 밝았을 때로 압축된다. 결국 전몰 시각은 동틀 무렵부터 오전 중의 시간대로 볼 수 있다. 다음 〈표 5-8〉을 참조할 수 있다.

표 5-8 **사료에 나타난 이순신 전사시각 및 피격상황**

| 사료 | 전사 시각 | 피격 상황 |
|---|---|---|
| 『선조실록』 | 19일 사시 | · 진린/이덕형 : 탄환에 맞아 운명<br>· 사신 : 왜적의 탄환에 가슴을 맞아 쓰러짐. |
| 『은봉전서』 | 날이 밝기 전 | 적탄이 가슴 아래 관통 |
| 『징비록』 | 언급 없음. | 날아온 적탄에 가슴을 맞음. |
| 『백사집』 | 동틀 무렵[여명] | 적탄을 맞아 넘어짐. |
| 『난중잡록』 | 날이 밝았을 때 | 총알에 맞고 인사불성 |
| 『고대일록』 | 언급 없음. | 철환을 머리에 맞아 전사 |
| 『상촌집』 | 25일 | 적탄에 맞아 죽음. |
| 『행록』 | 19일 동틀 무렵[여명] | 지나가는 탄환에 맞음. |
| 『난적휘찬』 | 언급 없음. | 왜적의 탄환에 맞아 죽음. |

한편 이순신이 피격된 상황은 모든 사료에서 탄환을 맞은 것으로 언급하고 있다. 다만 맞은 부위를 언급한 것을 보면 일부 자료에 머리를 맞았다고 했지만 이는 다른 사료에 비해 신뢰성이 부족한 사료이므로 제외한다. 적탄에 가슴을 맞았다고 언급한 사료는 『선조실록』· 『은봉전서』· 『징비록』 등이다. 이 중에서도 전사 상황을 보다 구체적으로 언급한 사료는 『은봉전서』뿐이다. 따라서 『은봉전서』의 내용을 바탕으로 하여 이순신의 피격상황을 유추할 수 있다.

### 이순신 피격 상황의 재구성

이순신이 피격된 이유는 여러 가지로 유추해 볼 수 있다. 먼저 죽기를 각오하고 탈출을 시도하던 일본군이 날이 밝아 오자 이순신이 탄 배의 위치를 알아차리고 집중적으로 포화를 퍼부었을 것이다. 이순신이 비록 판옥선의 장대 속에서 부하들을 지휘했지만, 위치를 가늠한 일본군 저격수들의 집중사격에 의해 피격 당했을 것이라는 점이다. 둘째는 첫 번째 가능성의 연장선상에서 일본군의 집중 사격으로 부하 장수 중 송희립이 먼저 총탄을 맞았고, 이보고를 받고 놀란 이순신이 굽혔던 몸을 펴던 중 가슴에 피격당한 것이다. 가슴에 총탄을 맞았다는 사실은 이순신이 몸을 엎드린 자세에서 맞은 것이 아니라 상반신을 편 상태에서 맞았다고 볼 수 있다. 따라서 두 번째의 가능성에 무게를 더 많이 둘 수 있다.

### 이순신은 갑옷을 벗었을까?

오늘날 이순신 자살설의 근거자료로 제기되는 것으로 이순신이 갑옷을 착용했는지의 여부에 대한 검토를 할 필요가 있다. 흔히 이순신이 자살했다는 증거로 이민서李敏敍(1633~1688)의 주장을 제시하고 있다. 이를테면 숙종대에 대제학이었던 이민서의 기록(『김충장공유사 金忠壯公遺事』 권 2 '실기實記')에는 다음과 같이 이순신의 죽음에 대한 안타까운 심정을 피력한 문구가 있어 주목된다.

> 김덕령 장군이 죽고부터는 여러 장수들이 저마다 스스로 의혹하고 또 스스로 제 몸을 보전하지 못하였으니, 저 곽재우는 마침내 군사를 해산하고 숨어서 화를 피했고, 이순신은 바야흐로 전쟁 중에 갑주를 벗고 스스로 탄환에 맞아 죽었으며, 호남과 영남 등지에서는 부자와 형제들이 의병은 되지 말라고 서로를 경계하였다는 것이다.

위의 언급은 오늘날 이순신 자살설의 연원이 되고 있다. 특히 위의 인용문에서 이민서가 주장한 '갑주를 벗고 스스로 탄환에 맞아 죽었으며'라는 문구 때문에 자살론자들은 이순신이 노량해전에서 갑옷을 벗고 전투에 임했다는 주장을 한다. 그러면 이순신은 과연 갑옷을 벗고 전투에 임했을까?

여기에 대해 앞에서 소개한 관련 자료 중에서 이순신의 갑옷 착용여부에 관해 언급한 자료는 『은봉전서』의 「노량기사」이다. 여기서 이순신이 숨을 거두자 휘하 군관인 송희립은 적탄이 이마를 스쳐 찰과상만 입었기에 간단한 치료를 한 후 장대에 올라갔다. 그리고 이순신의 갑옷을 벗겨 자신이 착용한 후 전투를 독려하고 있다. 이를 통해 볼 때 당시 이순신은 갑옷을 착용하고 있었음을 알 수 있다. 일본군의 총탄은 조선 수군 장수의 갑옷을 관통하는 살상력을 가졌음은 이순신이 1592년(임진년) 5월 29일의 사천해전에서 드러난 바 있다.

따라서 이순신이 자살했을 것이라는 주장은 당시 이순신의 심정을 문학적으로 피력한 것이지 실제 갑옷을 벗고 자살했다는 의미는 아니라고 본다. 당시는 혼전과 격전이 지속되는 와중에서 송희립의 피격 소식을 접한 이순신이 놀라 몸을 일으키는 순간 우발적으로 일어난 사건으로 추정할 수 있다. 이러한 상황은 당시 이순신뿐만 아니라 10여 명의 장수들이 전사한 점에서도 추정할 수 있다.

# 12
# 이순신 사후처리, 그것이 알고 싶다

이순신 사후의 상황처리를 누가 담당했는가 하는 것이다. 〈표 5-9〉에서 보는 바와 같이 『선조실록』에는 사관이 논한 부분에는 이문욱(손문욱의 오기誤記)이, 권율의 장계에는 손문욱이, 형조정랑 윤양의 보고에는 송희립이 주도적 역할을 하였으며, 손문욱은 마침 그 때 함께 있다가 자신이 처리한 것으로 잘못 전달되었다는 수군들의 불만을 반영●하고 있다.

● 수군들의 불만을 반영
『선조실록』에는 형조좌랑 윤양이 "노량의 전공은 모두 이순신이 힘써 싸워 이룬 것으로서 불행히 탄환을 맞자 군관 송희립 등 30여 인이 상인喪人의 입을 막아 곡성을 내지 않고 재촉하여 생시나 다름없이 영각令角을 불어 모든 배가 주장의 죽음을 알지 못하게 함으로써 승세를 이루었다. '저 손문욱은 하찮은 졸개로 우연히 한 배에 탔다가 자기의 공으로 가로챘으므로 온 군사의 마음이 모두 분격한다.'하였습니다"라고 언급하고 있다.

『은봉전서』에는 앞에서 살펴보았듯이 장좌將佐 몇 사람과 가족, 그리고 송희립이 알았고, 송희립이 주도적인 역할을 한 것으로 기록하고 있다. 『징비록』에는 이순신의 조카 완이, 『난중잡록』에는 아들 회가 주도적 역할을 한 것으로 기록되어 있다. 『행록』에는 회와 완, 종 금이 세 사람이 있었고, 회와 완 중의 일인이 기를 휘둘렀다고 하였다.

따라서 위의 기록들을 볼 때 당시 이순신의 죽음을 송희립 등의 군관과 손문욱 등의 일부 장좌, 그리고 아들 회와 조카 완 등이 함께 알았을 것으로 추정된다. 다만 여기서 전투 경험이 많고 전략가이기도 한 송희립이 대신 독전을 했을 것이고, 제반 사후처리를 주도적으로 수행했을 것으로 본다. 특히, 송희립은 군관으로서 임진왜란 초기부터 종전 시까지 이순신을 보좌한 유능한 장수였다. 그리고 임진왜란 종전 후에는 조정으로부터 그 능력을 인정받아 광해군대에는 전라좌수사까지 역임한 인물이다. 다만 당시 일본어에 능숙하여 통사通事 임무로 이순신 기함에 승선해 있던 손문욱●은 명군과의 연합작전을 수행하는데 주도적 역할을 담당했을 것으로 보인다. 특히 도원수 권율이 손문욱의 역할을 매우 강조하고 있었던 점과 앞에서 언급했듯이 해전이 종료된 후 진린이 남해도의 산에 불을 질러 패잔병과 함께 조선 백성들도 피해를 입었을 때 손문욱이 진린에게 직접 이러한 행위를 중지하도록 요청하여 피해를 줄인 점을 볼 때 대명군 관계에서 손문욱의 역할도 컸을 것으로 짐작된다.

● 손문욱
지난 2010년 7월 3일에 방영된 KBS 역사스페셜에서는 이순신 사후 손문욱이 부대를 지휘하였다고 언급하였다. 하지만 이는 당시 군사체제상 맞지 않는 것으로 보인다. 일개 통사가 부대를 지휘한다는 것은 상식적으로 있을 수 없는 일이다.

표 5-9 **이순신 사후처리 관련 내용 종합**

| 사료 | 사후처리 담당 |
|---|---|
| 『선조실록』 | · 사신 : 이(손)문욱이 울음을 멈추게 하고 북을 치며 진격 조치<br>· 도원수 권율 : 손문욱 등이 임기응변으로 잘 처리<br>· 형조정랑 윤양 : 군관 송희립 등 30여 명 |
| 『은봉전서』 | 군관 송희립 |
| 『징비록』 | 조카 완 |
| 『백사집』 | 언급 없음. |

| 사료 | 사후처리 담당 |
|---|---|
| 『난중잡록』 | 아들 회 |
| 『고대일록』 | 아들 아무개 |
| 『상촌집』 | 휘하 군사들 |
| 『행록』 | 맏아들 회, 조카 완 |
| 『난적휘찬』 | 아들과 조카 |

# 13

# 하늘이 울고, 땅이 울고, 사람이 울고

노량해전이 종전된 후 이순신의 시신은 어떻게 어떤 경로로 운구되었을까. 여기에 대해서도 논란이 있다. 필자가 판단하기로는 11월 19일 정오 무렵 노량해전이 종료되었지만 잔당들에 대한 소탕을 위해 약 3일간의 소규모 전투가 진행되었다. 이때 이순신을 비롯한 전사한 장졸들의 시신은 전투가 종료될 때까지 노량포구에 임시로 정박 또는 육지에 안치되어 기다렸을 것으로 추정된다. 다시 말해 관음포 입구 부근에서 전사한 후 이순신의 시신은 노량해전이 종료된 정오 무렵 이후 해로를 통하여 지금의 노량쪽으로 이동한 것으로 보인다. 일부에서 관음포 바로 옆 육지를 통해 충렬사로 운구되었다고 보고 있지만(〈그림 5-7〉 참조) 이것은 당시 전황과 부합되기 어려운 면이 있다. 이러한 사실을 기념하여 현재 남해 충렬사에는 가묘가 조성되어 있다. 약 3일간 현재의 남해 충렬사 부근에서 머물다가 당시 통제영이던 고금도로 운구되었다. 고금도로 운구를 시작한 시점은 11월 21일쯤으로 예상된다. 당시 고금도에서 남해까지 해상로 소요 시간은 당시의 해상환경을 고려해 볼 때 2~3일 정도로 추정

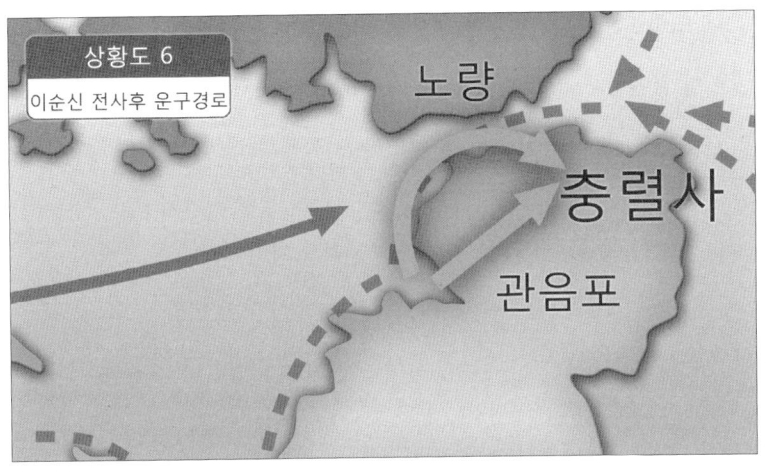

그림 5-7 **전사 직후 운구 경로**

된다. 따라서 11월 23~24일경 고금도에 도착한 것으로 생각된다.

  이후 고금도에서 며칠간의 수습절차를 거쳐 집안 인물들●에 의해 육로로 운구되었다. 운구경로가 육로인지 해로인지를 상정할 수 있는데 『연려실기술燃藜室記述』과 『선조수정실록宣祖修正實錄』에 의하면 육로로 이송한 것으로 확인된다. 고금도에서의 운구 시작은 12월 초에 이루어진 것으로 판단된다. 따라서 일단 고금도에서 뱃길을 이용하여 강진땅 마량으로 이송한 후 역로를 따라 아산으로 운구된 것으로 볼 수 있다. 그리고 12월 중순경에는 아산 본가에 도착한 것으로 판단된다. 이것은 이미 12월 11일 기록에 이순신의 시신이 아산에 도착한다고 기록되어 있기 때문에 추정할 수 있는 것이다. 그리고 당시의 장례 관습에 따라 3개월 장을 치른 후 이순신의 시신은 1599년 2월 11일에 아산 금성산 자락에 안장된다. 『경국대전經國大典』(권3, 「예전禮典」 '상장喪

● 집안 인물들
이항복, 『백사집』, 권4 '고통제사이공유사故統制使李公遺事'에는 집안 인물들[家人]로 표현하고 있다.

葬')에 의하면 '4품 이상의 관리는 3월장[三月而葬], 5품 이하의 관리는 달을 넘겨서 장례를 치른다[踰月而葬]'고 되어 있다. 따라서 이미 정1품이었던 이순신은 별세한 달(11월)을 빼고 3월, 즉 후년 2월에 장례를 치르는 것이 예법에 적합하다고 할 것이다. 따라서 이순신의 시신은 아산 본가에서 약 2개월간 초빈 형태로 장례를 치르다가 금성산 자락에 안장된 것이다.

그러다가 이후 15년이 지난 1614년에 현재의 아산 어라산 묘소에 이장되어 오늘에 이르고 있다. 현재 금성산 자락에는 손자 이지석의 묘가 있다.

### 이순신의 묘, 왜 이장되었을까?

이순신의 묘는 왜 이장하였을까? 이를 정확하게 알 수는 없지만 나라에서 예장禮葬을 원했던 것으로 보인다. 예장이란, 일종의 국장國葬으로 종친宗親, 고관高官 또는 국가 유공자가 죽었을 때 나라에서 국비國費로 예를 갖추어 치르는 장례를 말한다. 이에 공신으로서 공신책훈(1604년) 이전에

그림 5-8 **이순신 초장지인 금성산의 묘역(현재 손자 이지석의 묘가 있음.)**

사망했을 때에는 예장을 충분히 받지 못했기 때문에 예장의 혜택을 받기 위한 이장이 성행했다. 이를테면 이순신이 전사했을 당시에는 조정과 민력이 피폐하여 공신들에 대한 예장을 제대로 할 수 없었다. 그 후 이순신은 1604년에 선무일등공신에 책훈되었다. 따라서 이순신이 전사했을 당시 국가에서 어느 정도 예우를 갖추어 장례를 치렀지만 정식 예장과는 차이가 컸을 것이다. 그러다가 나라가 어느 정도 기력을 회복하였을 무렵에 이르러 선무일등공신다운 예장을 가족들이 원했던 것으로 보인다. 더욱이 공신들의 이장 성행, 선대의 묘소 치장을 통해 문벌의 과시 및 명문가로서 대외적 인정을 받으려는 사회적 분위기 속에서 이순신 집안에서도 묘소의 이장을 추진한 것으로 보인다. 더욱이 1614년을 전후한 시기는 풍수지리사상이 만연하여 이때 이장을 하는 풍습이 매우 성행했었다고도 한다. 이러한 이유들로 인해 어라산으로의 이장이 행해졌다고 볼 수 있다. 그리고 이순신의 묘소는 현 어라산 중턱에 조성된 가운데 400여 년이 지난 오늘날까지 유지되어 오고 있다.

그림 5-9 **상공에서 바라본 금성산과 어라한 묘소**(ⓒ 홍순승)

# 에필로그

　이 책에서 필자는 『이순신 백의종군』이라는 제목으로 정유재란 시기 조선 수군의 활동에 대해 살펴보았다. 정유재란 시기 조선 수군 활동의 분수령이 된 것은 바로 이순신의 백의종군이었기 때문에 이러한 제목이 이 시기 수군 활동을 대변한다고 보아도 크게 무리가 없을 것이다. 그만큼 7년전쟁 동안 이순신의 위상과 활약이 전황에 미친 영향은 실로 지대하였다.

　그렇다고 해서 이 책의 모든 내용을 이순신 위주로 언급한 것은 아니다. 오히려 이순신보다는 조선 수군의 활동상을 보다 객관적으로 피력했다고 보는 것이 좀 더 나은 표현일 것이다. 이 책자에서 언급한 부분들 중 다음의 점들을 보완 또는 강조하면서 맺음말을 대신하고자 한다.

　기존의 이순신 관련 저작들에서는 정유재란 초기 조선 수군의 활동에 대해 크게 주목하지 않았다. 그것은 승승장구하던 이순신이 투옥된 후 백의종군 중일 때 이루어진 일이었기 때문에 이를 애써 무시하려는 경향이 강하였다. 이보다는 오히려 이 기간의 이순신 백의종군의 의미에 대해 보다 집중하는 면이 강했다. 그러나 이 책에서는 이순신의 백의종군뿐만 아니라 정유재란 초기 조선 수군의 활동에 대해서도 집중적으로 살펴보았다. 왜냐하면 이 시기에 통제사가 원균으로 교체된 후 조정의 수군정책과 연계하여 일본군에 대한 공격작전을 펼쳐 나갔고, 이것의 연장선상에서 칠천량해전과 이순신의 명량대첩이 이루어졌기 때문이다.

제대로 된 연구 성과를 얻기 위해서는 통사적으로 전쟁의 흐름을 살펴보면서 개별 해전을 분석해야만 한다. 원균과 함께 전몰한 수많은 이름 모를 수군들도 한 시대를 살다간 우리 민족의 소중한 구성원들이자 오늘의 우리를 탄생하게 한 조상들이다. 따라서 그들의 활동 역시 우리 민족 역사의 한 페이지를 장식해야 마땅하다.

정유재란 초기의 조선 수군의 활동을 살펴보는 것은 향후 전개되는 여러 가지 해전들을 정확하게 분석할 수 있는 초석이 된다. 필자는 원균이 지휘한 이 시기 해전들을 살펴보면서 당시 원균의 리더십과 그의 전술적 사고를 알 수 있었고, 조정의 수군정책이 어떻게 전개되어 나갔으며, 이것이 칠천량해전 패인과 어떻게 연결되어 있는지를 알 수 있었다. 더 나아가 칠천량해전의 패인이 결코 원균의 리더십 부족때문이 아니라 조정의 수군 정책에 대한 몰이해가 선행된 가운데 여러 가지 요인들이 중첩된 결과에 의한 것이라는 사실 또한 밝힐 수 있었다.

이순신이 다시 삼도수군통제사에 임명된 후 그의 수군 수습 노력은 매우 현실성 있게 진행되었다. 이를테면 당시 상황에서 가장 중요한 것은 '사람'이라는 사실을 절감하고, 전라도 좌수영 관할 지역을 두루 답사하면서 정예인력을 확충하는 데 매진하였다. 그 결과 최소한 명량해전에서 한 번의 대회전을 수행할 수 있을 만큼의 인력을 확충할 수 있었다. 이 시기에 전선 및 무기와 군량 등 군수물자의 확보도 병행하여 추진한 것은 물론이다. 이러한 이순신의 수군 전력 확보 노력은 그동안 백의종군 중에도 수군 상황을 지속적으로 파악한 결과이자 수군에 대한 끊임없는 애착이 항시적으로 존재했기 때문이다. 이 부분에서 또한 이순신의 사욕을 초월한 집념의 위력을 실감할 수 있었다.

이순신의 명량해전 승리는 어쩌면 예견되어 있던 것이었는지도 모른다. 이순신의 일생에서 가장 힘들었던 시기를 꼽는다면 바로 명량해전 직전의 열흘간이었을 것이다. 이순신은 조선 수군이 처한 절체절명의 위기 상황을 끊임없는 연구와 노력으로 극복하여 명량대첩이라는 신화를 만들었다. 명량해전이 끝난 후 '이는 실로 하늘이 도왔다.'고 기록하였듯이 그는 하늘의 뜻을 읽은 위대한 전략가임을 확인할 수 있다.

명량해전 승리 후에도 쉴 새 없이 이어지는 그의 수군 재건 노력은 예리한 통찰력을 가진 전략가이자 리더로서 그의 능력을 재삼 알려 주는 사례일 것이다. 이순신은 명량해전 때 보유했던 13척의 판옥선으로는 이어 내원해 올 명군과의 연합작전에서 조선의 목소리를 낼 수 없다는 사실을 절감하였다. 고하도와 고금도에서 수군력을 재건하고 강화시켜 60~70척 규모의 수군력을 재건한 것은 바로 이 때문이다. 적어도 이 정도는 되어야 독자적인 작전이 가능해짐으로써 유사시 명 수군에 편입되지 않아도 기본적인 작전을 수행할 수 있었던 것이다. 현실 제도상 명 수군 도독 진린에게 작전통제를 받으면서도 민족의 자존심을 지킬 수 있었던 것도 이러한 그의 노력이 있었기 때문이다.

이순신은 7년전쟁 동안 40여 회의 크고 작은 해전들을 치르면서 실로 다양한 전술을 구사하여 전투를 승리로 이끌었다. 그의 생애 마지막 전투인 노량해전에서도 그의 능력은 명확하게 드러났다. 일본의 구원군이 노량수로를 넘어오기 전에 조명 수군이 먼저 전투현장에 도착하도록 주도한 점과 관음포구 안으로 일본군을 밀어 넣은 그의 전술은 승리의 견인차 역할을 하였다. 그리고 한 척의 적선도 그냥 돌려 보내지 않겠다는 그의 군인으로서의 확고한 대적관은 두고두고 인구에 회자되고 있다.

1598년 11월 19일 동틀 무렵에 발생한 그의 예기치 않은 전사로 그의 54년간의 파란만장한 생애는 막을 내렸다. 그는 하늘의 뜻을 안 위대한 조선의 백성이었고, 장수였고, 전략가였으며, 일상사에 감정의 기복을 드러내는 평범한 가장이었다.

이 책을 출간하면서 아쉬운 점 또한 너무나 많다. 우선 정유재란 시기의 수군 활동을 기존의 사료들을 중심으로 연결하면서 연결고리가 명확하지 못한 부분이 많았다. 이를 필자의 판단과 창의력으로 메꾸는 노력을 부분적으로 병행했지만 부족한 점이 많음을 자인한다. 아울러 조선 외에 전쟁 참여국인 명과 일본의 기록들을 충분히 반영하지 못한 점도 이 책의 큰 결함 중 하나일 것이다. 이러한 부분들에 대해서는 향후 지속적인 연구를 통해 보완해 나갈 것이고, 이러한 노력에 대해 많은 연구자들이나 관심 있는 분들의 조언을 바라 마지않는다.

그리고 필자의 이러한 조그마한 노력을 계기로 최근 쇠락하고 있는 이순신에 대한 연구가 지속적으로 추진되기를 희망한다. 우리가 이순신을 연구하는 이유는 한 가지로 답할 수 있다. 그것은 바로 위대한 조상을 둔 후손으로서의 당연한 사명이기 때문이다.

기획자의 말, 말, 말…

# 이순신 시리즈, 함께 만들어 주세요!

이 책의 기획자 홍종남입니다. 이 책을 기획하게 된 계기는 KBS에서 방영된 〈불멸의 이순신〉을 보고 있던 아이의 질문에서 시작되었습니다.

"아빠, 이순신 장군이 저렇게 위대한 분이라면
묘소에 가서 절을 하고 술도 따라 놓아야 하잖아요?"

이 질문을 받는 순간 깜짝 놀랐습니다. 역사학을 전공한 저에게 '아빠는 무엇을 하고 있어요?'라고 하는 것처럼 들렸습니다. 이때 처음으로 아이와 함께 충남 아산에 있는 현충사를 방문하였고, 근처에 있는 이순신의 묘소에도 다녀왔습니다. 그 후 저는 아버지 세대가 아이들 세대에게 어떤 유산을 물려주어야 할 것인지를 생각했습니다.

### 이순신 시리즈 1탄, 『이순신 파워인맥』이 출간되다

이순신이 7년 전쟁을 승리로 이끈 이유가 무엇인지에 대해 생각을 해 보았습니다. 이순신의 전술, 이순신의 리더십도 중요겠지만 이순신과 함께 한 '장수'들의 이야기를 책으로 출간하는 것이 좋겠다는 생각에서 이순신의 인물에 대해 기획하게 되었습니다. 이 과정에서 해군 충무공리더십센터의 제장명 님을 발견(?)하였고, 2년여 간의 집필 과정을 통해 『이순신 파워인맥, 7년전쟁을 승리로 이끌다』가 출간되었습니다.

### 이순신 시리즈 2탄, 『이순신 수국 프로젝트』가 출간되다

『이순신 파워인맥』이 출간된 후, KBS 장한식 기자님의 전화를 받았습니다. 〈이순신이 세운 나라 '수국'〉에 대한 원고를 썼는데, 이 책을 출간하고 싶다는 것입니다. 『이순신 파워인맥』이 출간된 후 어떤 책을 기획해야 할 것인지에 대한 고민을 하였는데, 그 고민을 한 순간에 해결해 주었습니다. 책을 기획하는 과정에서 제목에 대해 많은 고민을 하였는데, 이순신의 '수국'에 집중하게 되었고, 제목을 『이순신 수국 프로젝트, 경제를 일으켜 조선을 구하다』라고 하였습니다.

### 이순신 시리즈 3탄, 하늘과 땅과 사람이 함께한 이순신의 7년전쟁에 주목하다

『이순신 수국 프로젝트』가 출간되고, 7년전쟁 중 120일간 이순신의 백의종군에 주목하게 되었습니다. 이순신은 7년전쟁 최고의 영웅이면서, 백의종군을 당했기 때문입니다. '이순신은 백의종군을 당하면서 어떤 생각을 했을까?'에 대한 생각을 하게 되었고, 이 과정에서 이순신은 '하늘의 뜻'을 받아들였다고 생각했습니다. 그래서, 이순신 시리즈의 3탄은 『이순신 백의종군, 하늘의 뜻을 알다』가 되었습니다. 이 책에서는 120일간의 백의종군과 백의종군 전후 조선의 상황, 백의종군 이후 노량해전까지를 담게 되었습니다.

이순신 시리즈를 기획하는 과정에서 '하늘'과 '땅'과 '사람'에 대해 주목하게 된 계기는 한국커뮤니케이션의 송호준 님과의 대화가 도움이 되었습니다. 송호준 님과의 대화 이후에 이순신의 7년전쟁을 천·지·인(天·地·人)으로 풀어 보고자 한 것이었습니다.

### 이순신 시리즈는 현재 진행형입니다

이순신 시리즈는 앞으로도 계속 기획하고 있습니다. 이순신의 시리즈를 만들어 가는 과정에서 독자 여러분이 함께 만들어 주시면 어떨까요? 이 책을 읽고, 이순신의 대한 연구를 하는 분이 있다면 그 분께 '이순신 시리즈'에 대해 알려 주셨으면 합니다. 또한, 이순신에 대해 연구하고, 책을 쓰고 싶은 필자 분들도 저에게 연락을 주시면 감사하겠습니다. 소중한 원고 기다리겠습니다.

> "이순신 시리즈, 우리 후손들에게 물려 주어야 할
> 또 하나의 유산으로 만들고 싶습니다."

홍종남(ahasaram@hanmail.net) 드림

이순신의 백의종군,
조선의 운명을 바꾸고 7년전쟁을 승리로 만들다!